天下文化
BELIEVE IN READING

金錢心理學

打破你對金錢的迷思，學會聰明花費

DOLLARS
AND SENSE
HOW WE MISTHINK MONEY
AND HOW TO SPEND SMARTER

丹‧艾瑞利 ｜ 傑夫‧克萊斯勒 著
DAN ARIELY ｜ JEFF KREISLER

李芳齡 譯

謹以本書獻給金錢：
感謝你帶給我們的美好，對我們造成的傷害，
以及在美好與傷害之間的灰色地帶。

目 錄

前言
不只跟錢有關

　　1975 年，鮑伯・尤班克斯（Bob Eubanks）主持的節目《鑽石頭腦賽》（*The Diamond Head Game*）開播，這個只播出了七個月的短壽節目，是在夏威夷錄製的。節目中，有一場名為「金錢爆」（The Money Volcano）的追加賽，參賽者進入一個大型玻璃櫃後不久，櫃裡就會刮起狂風，裡頭鈔票狂飛，在時間到之前，參賽者必須盡可能抓到更多鈔票。在這個玻璃櫃裡，參賽者像極了瘋子，張牙舞爪，暈頭轉向，拚命抓取狂飛的鈔票。這真是有趣極了，在這短短 15 秒內，世上沒有比搶錢更重要的事了。

　　在某種程度上來說，我們全都活在這種「金錢爆」的櫃子裡，但是以比較不那麼緊張、不那麼明顯的方式在玩這種

遊戲，不只在玩，也被戲耍。金錢遊戲的種類無數，長年上演，絕大多數的人經常為了錢傷神：還有多少錢？還要多少錢？如何賺更多？如何保存所有的？鄰居、朋友和同事賺多少、花多少、存了多少？舉凡奢侈品、帳單、機會、自由、壓力，金錢觸及現代生活的每一部分，從家庭預算到國家政治，從血拚清單到存款帳戶，無一與錢無關。

由於金融世界變得更先進了，現在我們每天要思考的「錢事」更多了；我們有更複雜的房貸、各種貸款及保險；退休後，活的時間也更長了，要面對新的金融技術、更多複雜的財務選擇，以及更大的財務挑戰。

如果為了錢的事想得更多，就能做出更佳決策的話，當然很好，但事實並非如此，做出糟糕的金錢決策是人類的普遍特徵。我們非常善於搞砸財務，恭喜啊！人類。我們在這方面做得很好。

請思考下列的問題：

✅ 用信用卡或現金付款，有差嗎？反正金額都一樣，不是嗎？事實上，研究顯示，用信用卡付款讓我們願意花費更多，不僅消費金額更大，小費也願意支付更多。當我們用最常使用的支付方法——信用卡付款——時，更有可能低估或忘了自己花多少。

✅ 哪一筆錢花得更划算：花 100 美元請鎖匠用兩分鐘開門；花 100 美元請鎖匠用一小時開門？很多人認為，花

更長時間開門的交易比較划算,因為鎖匠花費較多的功夫與時間;平均來說,他的每小時費用比較低。但是,要是花費較多時間的鎖匠,其實是試了好幾次,搞壞了一堆工具才開門成功的呢?如果他要價 120 美元呢?令人訝異的是,儘管這位鎖匠能力不足,浪費我們一個小時的時間,多數人仍然認為他比那個只花兩分鐘的鎖匠價值高。

☑ 我們為退休生活存的錢夠多嗎?我們都知道(哪怕只是概略知道)自己何時會停止工作,屆時已經賺了多少、存了多少、投資成長了多少,退休後我們將繼續活多少年、花費多少嗎?不知道?我們太害怕做退休規劃了,以至於整個社會的儲蓄不及我們實際需要的儲蓄額的 10%;我們沒有信心可以存夠錢,所以認為自己必須一直工作到 80 歲,儘管我們的平均壽命只有 78 歲。我們減少退休支出的方法之一就是:絕不退休。

☑ 我們使用時間的方式夠明智嗎?比起花時間尋找更便宜一點的房貸方案,是不是花更多時間開車繞路找便宜一點的加油站?

我們為錢傷神與思考,但這些思考非但沒有改進我們的財務決策,有時反而為我們帶來更糟糕的改變。[1] 錢是導致離婚的頭號原因,[2] 是美國人的壓力的首要源頭,[3] 當人們想著錢的問題時,他們在所有問題的解決上明顯表現得更

糟。[4] 一些研究顯示，有錢人──尤其是當他們念記著自己是有錢人時，其行為往往比一般人更不道德。[5] 還有另一項研究發現，只著眼於錢，使人們更可能竊取公款，僱用不牢靠的同事，或是撒謊以獲取更多錢。[6] 思考錢，把我們的腦袋給搞糊塗了。

錢對於我們的生活、整個經濟和整個社會都很重要，但要理性思考錢，顯然是一項不容易的挑戰。我們要如何改善金錢思考呢？這個問題的常見答案就是：接受財務教育，或是更高級一點的名詞，培養「理財素養」（financial literacy）。不幸的是，培養理財素養（例如如何購車或申請房貸）的課程效力往往快速消退，長期而言對於影響我們的行為幾乎沒有多大幫助。

因此，本書不是要培養你的理財素養，告訴你每次在打開荷包時該如何花費比較精打細算。本書將探討我們在金錢方面最常犯的錯誤，更重要的是，為何我們會犯這些錯。了解這些，往後在做財務決定時，或許就更能了解背後有哪些因素在作用，因此能夠做出更好的決策，或至少做出更為明智的決策。

本書將介紹一些人，並且分享他們的故事。我們將呈現他們在特定財務境況下的行為，用科學加以解釋。在這些故事中，有一些是真實的，有一些則是像電影那樣，「根據真實故事改編而成」；有些故事的主人翁十分理性，有些則比

較愚傻一點。他們似乎都符合特定典型，我們將會強調（甚至誇張呈現）他們的特徵，以凸顯人類的共通行為。我們希望，大家能從這些故事看出人性、錯誤與希望，也看到他們和我們的生活有多麼相像。

本書揭露我們對於金錢的常見思維，以及我們在思考金錢時常犯的錯誤。我們對於金錢運作的了解、實際的用錢方式，以及應該如何理性思考並使用金錢，三者間經常存在著落差。本書將探討這些落差，剖析我們在思考金錢時面臨的挑戰，以及我們在用錢時常犯的錯誤。那麼，在看完這本書之後，花錢可以變得更明智一些嗎？當然，也許，是有一點可能。

最起碼我們（本書作者）相信，揭露那些令我們費時思考金錢選擇及控制我們生活的背後複雜因素，有助於改善我們的財務境況。我們也相信，了解金錢對於思維的影響之後，我們將能做出更好的「非財務」決策。為什麼？因為我們的金錢決策不只跟錢有關，那些形塑我們財務境況的因素，也影響了我們對生活中其他重要事物的價值判斷，包括我們如何使用時間、管理職涯、珍惜他人、發展關係、使自己快樂，以及如何了解周遭世界。

簡單來說，這本書有可能讓所有事物都變得更好一些，購買此書是否很值得呢？

第一部

錢為何物？

第 1 章

別拿來賭一把

　　喬治・瓊斯（George Jones）*需要抒解一下，他的工作壓力大，家裡的孩子吵鬧，財務吃緊，所以在出差拉斯維加斯時，他去了賭場。他把車子停在一條養護得宜的公路上的免費停車格，下了車，頭低垂，漫無目的地走入一家賭場。

　　吵雜聲把他從恍神中喚醒，1980 年代的音樂，籌碼兌換收銀機，一千多台吃角子老虎發出的硬幣及叮噹聲，他想著自己進來這家賭場有多久了？賭場內沒有時鐘，但是看看坐在角子機前的老人，也許進來已經有一輩子了吧！或者，只有五分鐘。他離門口應該不遠，但他看不到出口或入口，或任何門、窗、走廊或可以逃離的通道，只有絢麗的五光十

---

* 虛構人物。

色、衣著清涼的雞尾酒服務生、金錢標誌，還有欣喜若狂或滿面愁容的人們，別無其他風景。

角子機？好呀！玩玩看吧。喬治的第一把差那麼一點就中了高分，所以他繼續玩了十五分鐘追手氣，但是一把都沒贏，倒是多了幾回「差一點」。

皮夾裡那些惱人的小額鈔票沒了，喬治從 ATM 領了200 美元，什麼 3.5 美元的手續費就不心疼了，反正贏了就能補回那點小錢。他在一張 21 點的桌前坐了下來，遞出十張 20 美元面額的鈔票，莊家給了他一疊紅色塑膠籌碼，上面印了賭場的圖片，有幾根羽毛、一支箭和一頂圓錐形印第安帳篷。他們說這疊籌碼一個價值 5 美元，但感覺起來一點也不像錢，比較像玩具。喬治的手指轉動著籌碼，把玩著彈上彈下，他看著每個人的籌碼一下子變多、一下子變少，大家都用垂涎的眼神看著荷官手邊如彩虹般排列的籌碼，喬治要荷官對他發發慈悲。「親愛的，我不介意你全都贏走，因為這些都不是我的。」

一位甜美、友善的服務生為喬治送上一杯免費的酒。免費的，賺到了！他已經「贏」了。他拿了一枚籌碼給她當小費。

喬治玩 21 點，有喜有悲，贏少輸多，有時情勢似乎對他有利，他就加倍下注或分牌，把兩枚籌碼加成四枚籌碼，三枚籌碼加成六枚籌碼。最後，200 美元通通輸光了，但他

倒是沒像同桌的一些賭客那樣，一分鐘內面前就堆高了一大把贏來的籌碼，不久後又立刻掏腰包換購更多籌碼。這些人當中有的始終保持良好的風度，也有人惱怒別人「拿走好牌」，但似乎沒人像是能在一小時內輸掉 500 美元或 1,000美元而面不改色者，雖然這種情形一而再、再而三地發生。

那天早上，喬治在快到當地咖啡店不到十步的距離就走回頭，他想到回去旅館房間自己煮咖啡，就能省下 4 美元。但是，在同一天晚上，他輸了 40 個 5 美元的籌碼，眼睛連眨都不眨一下，呵，他甚至還賞了一枚籌碼給那位非常友善的荷官呢！

到底是怎麼回事？

賭場是「劫財」高手，用這個故事開頭，似乎有點不允當。但喬治的經驗仍然能讓我們快速一瞥常犯的心理錯誤，縱使是在不大有惡意的情況下。

下列是一些在賭場五光十色下作用的因素，後續各章會有更深入的探討：

• **心理帳戶**（mental accounting）。喬治憂心他的財務，這從他那天早上決定省下 4 美元的咖啡錢走回房間就可以明顯看出，但他又可以滿不在乎地在賭場內花掉 200 美元。這種矛盾之所以發生，部分是因為他把賭場內的那筆花費，放到與咖啡不同的「心理帳戶」裡。喬治把錢

拿去換成塑膠籌碼，此舉是開設了一支「娛樂」基金，而他的其他支出仍是來自「日常開銷」的帳戶中。這麼做，使他對於這兩筆支出產生不同的感覺，但實際上，它們全都是出自同一個帳戶：喬治的錢。

• **免費的代價**。喬治興奮於獲得免費停車和免費的酒，他固然不須直接支付這些費用，但這些「免費」的東西使他懷著好心情進入賭場，損及了他的判斷力，所以這些「免費」的東西，其實有高昂的代價。有句話說，人生最棒的東西是「免費」的。或許吧，但免費往往使我們以意想不到的方式付出代價。

• **付錢的痛苦**。喬治用賭場的彩色籌碼賭博或打賞小費時，並不覺得自己在花錢，他覺得自己是在玩一種遊戲。每付出一枚籌碼，並沒有失去錢的感覺，所以他並未充分覺察他正在花錢，沒有那麼意識到自己的選擇，也沒有那麼認真考慮到決策的影響性。花用塑膠材質的籌碼，比較沒有那種交出白花花鈔票的心痛感，所以他也就持續大方地丟出那些籌碼。

• **相對性**。相較於 21 點牌桌上的籌碼，或是從 ATM 領出的 200 美元，喬治打賞 5 美元小費給服務生，以及他從 ATM 領錢時被扣的 3.5 美元手續費，都顯得沒什麼。那些看起來都是小錢，因為他用的是相對性思維，這使得他更容易放手去花那些「小錢」。反觀那天早上，4 美元

的咖啡和旅館房間的 0 美元咖啡相比，感覺起來就貴了。

- **期望**。籌碼兌換收銀機、燈紅酒綠、金錢標誌，置身於金錢的聲光環繞下，喬治幻想著自己是 007 詹姆士‧龐德（James Bond），最終必能優雅贏過賭場機率和超級大壞蛋。

- **自制力**。賭博是許多人都有的嚴重問題，甚至成癮。不過，基於本書的探討目的，我們可以單純地說，喬治受到他本身的壓力、周遭環境、親切的賭場服務人員，以及「輕鬆」贏錢或致富機會的影響，難以抗拒賭一把的誘惑。何不試試那渺茫的好運，說不定能帶著不只 200 美元退休呢？

這一切錯誤看來似乎只會發生在賭場內；事實上，整個世界彷彿一座大賭場，相似的程度遠遠大於我們的想像與認知。2016 年，美國甚至還選出了一位賭場業主當總統呢。雖然不是所有人都以賭博來發洩壓力，但我們全都在人生的種種決策中面臨類似的心理帳戶、免費的代價、付錢的痛苦、相對性、自制力等挑戰。喬治在賭場內所犯的錯誤，也發生在我們日常生活中的許多層面，這些錯誤基本上根源於我們對金錢本質的誤解。

雖然多數人或許相信自己對金錢這個主題有相當程度的了解，但事實上，我們不甚了解錢為何物、錢帶給我們的用處；更出人意外的是，我們非常不了解錢對我們的影響。

第 2 章
當機會找上門

那麼，究竟錢為何物？帶給我們什麼用處及影響？

在賭場上的喬治，一定沒思考過這些。話說回來，我們多數人也很少思考這些。但這些是重要疑問，也是很好的起點。

錢就是貨幣，貨幣代表價值，但貨幣本身沒有價值，只代表我們可以用來換取事物的價值，它是價值的信差。

太好了！貨幣讓我們更容易衡量產品與服務的價值，更容易進行交易。不像我們的祖先，我們不必花費很多時間以物易物、竊取或掠奪，只是為了取得基本必需品。這很好，因為我們很少人會用十字弓或石弩。

貨幣還有一些特性，使它格外有用：

✔ **通用性：**我們可以用它來換取近乎任何東西。

✔ **可分割性：**可以用在任何尺寸、規模的物件上，不論多大或多小。

✔ **可替代性：**不需要單一特定貨幣，其他同額貨幣都可以取代。這張 10 元美鈔跟另一張一樣好，不論取自何處、如何取得。

✔ **可儲存性：**任何時候都可以使用，不論是現在或將來。不像車子、家具、有機農產品或大學 T 恤，錢不會變舊或腐壞。

換言之，任何金額的任何貨幣，可以在任何時候被用來購買幾乎任何東西。這項基本事實幫助我們人類（非理性人）不再彼此直接以物易物，改而使用一個象徵物——貨幣，更有效率地交易產品與服務。這賦予貨幣最後一項、也是最重要的一項特性：貨幣是一種公共財，亦即它可以被任何人用於購買幾乎任何東西。

看看這些特性，不難理解若沒有貨幣，就沒有我們所知道的現代生活。貨幣讓我們能夠儲蓄、嘗試新事物、分享、專業化（成為教師、藝術家、律師、農夫）；貨幣使我們能夠騰出時間和心力從事種種活動，探索天賦與熱情、學習新東西、享受及品味藝術、美酒與音樂。若沒有貨幣，這些東西不會那麼大量普遍存在。

貨幣改變人類生活境況的程度，絲毫不亞於其他的科技

進步，例如印刷術、車輪、電力，甚至是實境秀節目。

認識貨幣（錢）的重要性及用途，固然重要，但不幸的是，錢的一些益處，同時也是禍害的根源，造成了許多困難。誠如已故饒舌歌手聲名狼藉先生（Notorious B.I.G.）所言：「愈多錢，愈多問題。」

一個銅板有兩面，錢賜福，也賜禍，且讓我們從貨幣的特性，來探討這福禍兼具的道理。錢可以用來換取幾乎無限種東西，這固然重要且美好，但這也意味著關於錢的決策，複雜性極高。

在任何時刻，站在擺了一顆蘋果和一顆橘子的水果盤前，我們都知道自己想要哪一個。如果涉及錢，就得決定是否願意花 1 美元或 50 美分購買那顆蘋果，這是更難的決定。要是蘋果售價 1 美元，橘子售價 75 美分，決定就變得更加複雜。任何決定一旦涉及錢，就變得更複雜！

機會損失

涉及錢的決策，為何會變得更複雜呢？因為機會成本。

當我們考慮到貨幣的特性——通用性、可分割性、可替代性、可儲存性、公共財——時，可以清楚看出，我們可以用錢來做幾乎任何事。但是，可以用錢來做幾乎任何事，並不意味就可以做所有事，我們必須做出選擇，必須做出犧牲，必須選擇「不做」什麼。這意味的是，每次在用錢時，

絕對必須考慮到機會成本,不論是有意識或無意識地考慮。

機會成本就是取捨抉擇——為了做某件事,現在或後來捨棄的東西。當我們做出選擇,犧牲的就是這些機會。

關於錢的機會成本,我們應該這麼思考:當我們把一筆錢花在某樣東西上時,現在或未來的任何時刻,都不能再把這筆錢花在別的東西上了。

想像一下,此刻我們站在一盤水果面前,假設只有兩項產品——一顆蘋果及一顆橘子,那麼購買一顆蘋果的機會成本就是放棄橘子,購買一顆橘子的機會成本就是放棄蘋果。

同理,喬治可能用於購買咖啡的那 4 美元,可以被用於搭公車,或是用來買午餐,甚至在幾年後參加匿名戒賭組織(Gamblers Anonymous)時用來支付點心費。他放棄的不是那 4 美元,而是那筆錢現在或將來可以購買別的東西的機會。

我們來進一步了解機會成本的重要性,以及為何我們沒有做出足夠的機會成本考量。假設你每週一都會領到 500 美元,這是你一週能夠使用的錢。每週的一開始,你可能沒有充分考慮到用錢決策的後果,當你花錢吃了一頓美好的晚餐、小酌幾杯,買下中意的那件漂亮襯衫時,可能沒有想到自己放棄了什麼。但是,隨著 500 美元遞減,週五到來,你發現口袋裡只剩下 43 美元時,此刻就清楚意識到機會成本的存在;你認知到,前幾天的花費現在影響到你剩下可支出的錢。你在週一支付晚餐、酒、漂亮襯衫的購買決策,使你

在週日面臨了一項困難抉擇：只能買報紙，或是吃一個奶油起司貝果，不能兩者兼具。週一時，你可以考慮機會成本，但你當時並未那麼清楚意識到這件事；到了週日，機會成本終於明顯時，卻已經太遲了（雖然正面一點來看，空腹閱讀運動專欄似乎也是不錯。）

所以，在做財務決策時，我們應該考慮機會成本，應該考慮選擇現在花錢，就是放棄哪些其他選擇。然而，對機會成本的思考不足，甚至完全沒有考慮到機會成本，卻是我們在花錢方面所犯的最大錯誤，也是我們犯下許多其他錯誤的原因。我們的財務之屋，就是建築在這不穩固的地基之上。

●●軍備競賽的代價

機會成本並非僅限於個人財務領域，應用的領域很廣。1953 年，美國總統艾森豪（Dwight Eisenhower）在一場關於軍備競賽的演講中這麼說：

> 每製造一把槍，每打造一艘軍艦，每發射一枚火箭，都意味著從飢餓無食者那裡偷走糧食，從寒冷無衣者那裡偷走衣服。這個軍備競賽的世界不只是花錢而已，還耗用了勞工的汗水、科學家的才能、子孫們的希望。

一架現代重裝備轟炸機的實際成本是：超
過三十座城市一所現代化的學校；兩座發電
廠，每座可為一個六萬人的城鎮供電；兩間設
備齊全的醫院；綿延五十多英里的混凝土公
路。我們用相當於五十萬蒲式耳的小麥來支付
一架戰鬥機，用可以容納超過八千人的新屋花
費來支付一艘驅逐艦。

幸好，我們個人要考慮與應付的機會成本，大多接
近一顆蘋果的價格，而非軍事成本。

如果不買的話，可以把錢用來做什麼事？

幾年前，本書作者丹和一名研究助理，前往一家豐田
（Toyota）汽車經銷店進行調查訪談，詢問人們若購買一輛
新車，他們得放棄什麼？幾乎沒有人回答得出來。這些前來
購車者當中，沒有一個花夠多時間思考自己即將花掉的幾萬
美元，可以用於其他什麼事物上。

因此，丹試著用下一個問題引導他們：如果買了這輛
Toyota，就無法購買哪些產品與服務？多數人回答：無法購
買本田（Honda）汽車，或其他簡單的替代品。另外，有些

人回答：今年夏天無法到西班牙度假，明年無法到夏威夷度假，或是接下來幾年無法每個月上好餐廳吃飯兩次，或是學貸還得再揹個五年。他們似乎無法或不願意思考自己即將花錢買車，其實是耗用了未來購買其他體驗及物品的個人潛力，這是因為金錢太過抽象、籠統了，實在難以想像機會成本，或是考慮到機會成本。基本上，我們在花錢時，腦裡面除了考慮購買的東西之外，別無他物。

然而，我們並非只有在購車時，才沒能或拒絕思考機會成本；我們在幾乎所有消費上，都未能充分考慮到自己放棄掉的選擇。而且，很不幸的是，當我們未能考慮到機會成本時，所做的購買決策往往不符合最佳利益。

來看看一個購買音響的例子，這個例子來自尚恩‧腓特烈（Shane Frederick）、納生‧諾凡斯基（Nathan Novemsky）、王婧（Jing Wang）、拉維‧達哈（Ravi Dhar）及史蒂芬‧諾利斯（Stephen Nowlis）等多位學者共同發表的文獻〈忽略機會成本〉（"Opportunity Cost Neglect"）。他們進行了一項實驗，把實驗對象分成兩組，請第一組人決定是要購買一台 1,000 美元的先鋒（Pioneer）音響，還是 700 美元的索尼（Sony）音響；請第二組人決定是要購買一台 1,000 美元的先鋒音響，還是總價 1,000 美元的套裝產品──一台索尼音響，外加 300 美元的 CD 消費（只能購買 CD）。

實際上，這兩組人都是在選擇以不同方式花用 1,000 美

元。第一組人是在選擇把 1,000 美元全部用來購買一台先鋒音響，或是花 700 美元購買一台索尼音響，把剩下的 300 美元用在其他東西上。第二組人是在選擇把 1,000 美元全部用來購買一台先鋒音響，或是購買 700 美元的索尼音響，外加 300 美元的音樂。

實驗結果顯示，選擇索尼音響外加 300 美元 CD 的人，比選擇只購買索尼音響的人還多。為何如此？嚴格來說，不受限的 300 美元的效用，高於被限制在只能購買 CD 的 300 美元，因為前者可以用來購買包括 CD 在內的任何東西。然而，當這 300 美元被限制在只能購買 CD 時，反而更受到那些實驗對象的青睞，因為總價 300 美元的 CD，比可以購買任何東西的 300 美元更具體、明確一些。購買 300 美元的 CD，我們知道自己會獲得什麼，有形且容易評估；可用於購買任何東西的 300 美元，好像有點抽象、籠統，我們無法想像將如何花用，對我們的情感及誘導作用力比較弱一點。這個例子是我們一般如何思考花錢的好例子之一，顯示相較於以具體形象來思考金錢，我們低估了沒有具體形象表現的金錢。[1]

這個實驗使用 CD 為例，現在看來，考慮 CD 的價值固然就像考慮劍龍化石天然氣的效能那樣，但它闡釋的要點相同：光是提醒人們有很多種其他的花錢方式，不論是用於度假，或是購買一堆 CD，他們往往就會感到驚訝。這種驚訝

顯示，人們通常不會自然考慮其他選擇，而不考慮其他選擇，就不可能考量到機會成本。

這種忽略機會成本的傾向，顯示了人類思維的基本瑕疵，結果金錢的益處——現在或未來可用來換取很多不同東西，也是導致我們花錢行為大有問題的最大原因。花錢時，我們應該思考機會成本——現在花掉了這筆錢，就是放棄其他機會，但是這種思考太抽象、太難，所以我們乾脆不去思考。

讓問題更加惡化的是，現代生活中有無限的金融工具，包括信用卡、房貸、車貸、學貸等，更進一步（而且往往是有意圖地）妨礙了我們了解花錢對未來影響的能力。

當我們無法或不願意以該有的方式思考花錢決策時，便會訴諸種種心智捷徑。許多這類的思考捷徑能夠幫助我們應付金錢的複雜性，卻未必能夠幫助我們以最有益或理性的方式思考金錢的使用方式，而且往往導致我們不正確地評估。

第 3 章

價值主張

不久前，傑夫的年幼兒子在飛機上要求傑夫講故事，但童書放在託運行李中，他沒聽太太的話，把書放到隨身攜帶的行李裡！傑夫只好援用蘇斯博士的《一只毛怪在我的口袋》（*There's a Wocket in My Pocket!*），編造了下列文字。

> 你願意花多少錢買一個 dribble ？一個 zabble ？一個 gnabble ？一個 quibble 呢？
>
> 你願意花多少錢買一個 zork ？一個 nork ？一個從阿爾巴尼亞進口的三趾 blork 呢？

這聽起來好像傑夫在折磨鄰座，更別提他的小兒子了，但這些問題跟我們在真實生活中面臨的，有何明顯差別嗎？

我們怎麼知道要為一瓶 Coca-Cola，或一個月的 Netflix、一支 iPhone 花多少錢呢？對另一個星球的訪客來說，這些字就像一個 Lamp，後面接一個 Zamp 或一個 Bottle 裡的 Yottle 般陌生，我們如何評估這些東西的價值呢？如果我們不知道某樣東西是什麼玩意兒、價格多少，或其他人願意支付多少錢購買，要如何知道花多少錢購買才對呢？

還有藝術品。已逝美國抽象主義畫家傑克遜・波洛克（Jackson Pollock）的畫作，和從阿爾巴尼亞進口的三趾 blork 有何不同？都一樣獨特、怪異，不是嗎？但不知為何，藝術品都有價格。2015 年，有位買家花了 1.79 億美元買下一幅畢卡索的畫作，《紐約客》（*The New Yorker*）雜誌說：「這是畢卡索後來只能堪稱 OK 時期的一幅馬馬虎虎的畫作。」[1] 還有一個傢伙拍下人們在 Instagram 張貼、可免費觀看的照片，大肆吹噓，要價 9 萬美元。[2] 甚至還有一張馬鈴薯照片，以 100 萬歐元賣出。這些價格是誰定的？這些價值如何決定？有人願意花錢買你用手機拍的馬鈴薯照片嗎？

我們無疑都聽過很多關於「價值」的主張；價值反映出一樣東西的重要性，反映了我們願意為一項產品或服務支付的價格。基本上，價值應該反映機會成本，應該正確反映我們願意放棄多少以換取一項東西或體驗，我們應該根據不同選擇的實際價值來花用我們的錢。

最理想的狀態是，我們正確評估每一筆消費的價值：

「這項東西價值多少？我願意為它放棄什麼？購買這項東西的機會成本是什麼？這才是我實際要付出的。」但是，就像健美健身雜誌提醒我們的，我們並非活在理想的世界裡，正如同身上沒有馬甲線或人魚線，我們也不會正確評估價值。

下列是人類錯估價值的一些歷史例子：

► 美國原住民把曼哈頓賣給荷蘭殖民，換得總值數十荷蘭盾的珠子項鍊等財貨。他們哪裡知道如何評估自己從未聽聞過、沒有背景脈絡事物的價值呢？

► 在一些大城市，一間公寓的每月租金可能超過 4,000 美元，面對如此高昂的租金，我們似乎只能接受了，但汽油價格漲了 15 美分，就可能影響全國的選舉結果。

► 知名咖啡店一杯咖啡賣 4 美元，但隔壁便利商店只要賣 1 美元。

► 還沒有實際營收的新創科技公司經常被估價數億、甚至數十億美元，當它們的實際營運績效未達期望時，我們卻感到很意外。

► 有些人花 1 萬美元度假，每天卻花 20 分鐘尋找免費的停車位。

► 我們對智慧型手機進行比價，覺得很清楚自己在做什麼，也覺得自己最後做出正確選擇。

► 英王理查三世願意為了一匹馬賣掉整個王國，沒錯，用整個王國換取一匹馬！

　　我們經常用未必和價值有關的方式來評估價值。如果人類是完全理性的動物，那麼一本關於錢這個主題的書籍，應該討論我們對產品與服務的價值衡量，因為照理來說，錢等於機會成本，等於價值。但是，如同丹在其他著作，例如《誰說人是理性的！》、《不理性的力量》、《嘿，各位，我們太不理性了！》＊中所言，我們不是理性動物，會用種種古怪的心智花招來評估東西的價值，亦即我們願意支付多少錢。因此，本書探討的是我們做花費決策時的種種古怪、完全不理性的方式，以及導致我們高估或低估某些價值的原因。

　　我們把這些原因、花招與捷徑想成「價值線索」（value cues），以為這些線索和產品或服務的真實價值有關，但實際上往往不然。一些價值線索固然相當正確，但許多價值線索不適當，而且有誤導作用，還有不少價值線索是刻意操弄，但我們卻讓這些線索改變或左右了自身的價值認知。

　　為什麼？並不是因為我們喜歡犯錯，或是喜歡讓自己痛苦（雖然常有花錢找罪受的案例沒錯）。我們遵循這些線索，是因為思考機會成本、正確評估價值太難了。此外，整個世界也經常試圖困惑、苦惱我們，正確評估願意為某樣東西支付多少錢也就更難了。

　　了解這件事很重要：我們持續面對金錢的複雜性，經常

――――――――――
＊ 其實沒有這本書，呃……還沒有。

未能仔細思考機會成本。讓一切變得更複雜、惡化的是，我們也持續面對非常多的外部誘因，試圖要我們花更多錢、更常花錢、更隨意花錢。有數不清的誘因試圖讓我們不正確地評估產品或服務的真實價值，因為如果我們不理性消費，他們就能獲利。有這麼多的挑戰，無怪乎我們會喝著一瓶要價好幾百元裝在 Bottle 裡的 Yottle，前去參觀一棟開價數億元的公寓大廈，內心糾結著到底要買不買。

第二部
我們評估價值的方式，經常與價值無關

第 4 章

凡事都是相對的

　　蘇珊・湯普金斯(Susan Thompkins)是某人的蘇珊姑媽，
人人都有像蘇珊姑媽這樣的親戚，她是個快樂又可愛的女
人，每次為自己及孩子血拚時，總不忘了為她的姪子姪女買
禮物。蘇珊姑媽喜歡去傑西潘尼百貨（JCPenney）購物，她
從小就和父母及祖父母到那裡購物，幫他們尋找特價商品，
那裡能找到的特價商品實在太多了，跑來跑去尋找折扣最高
的數字，驕傲地找到隱藏起來的實惠寶物，真是太有趣了！

　　近年來，蘇珊姑媽經常拉著她哥哥的孩子去看那些其實
很醜的運動衫和不搭的衣服，只因為「實在是太便宜了，不
容錯過！」雖然孩子們不喜歡，但她喜歡就好。在傑西潘尼
百貨購買超實惠商品，仍是令蘇珊姑媽最興奮的事情之一。

後來，傑西潘尼百貨的新任執行長羅恩·詹森（Ron Johnson）廢除了傳統的折扣策略，全面改採他所謂的「公正」（fair and square）訂價，不再有降價、特價、優惠券或折扣。

蘇珊先是難過，繼而憤怒，然後就再也不去逛傑西潘尼了。她甚至在網路上和朋友組成一個「我恨羅恩·詹森」的組群，憤怒的不只有她，許多顧客跟她一樣，背離傑西潘尼。該公司很慘，蘇珊很慘，羅恩·詹森也很慘，還有那些醜醜的運動衫也很慘，因為都賣不掉了，唯一開心的是蘇珊的姪子們。

一年後，蘇珊姑媽聽說，傑西潘尼又重新提供特惠折扣，於是她再度上門，小心翼翼地翻著長褲套裝，檢視一些絲巾，檢查一個紙鎮飾品，然後她查看價格──「八折」、「下殺」、「特惠」。這一天，她只買了幾樣東西，但之後，她重返她的老傑西潘尼時代，再度開心起來，這意味的是更多的血拚、醜醜的運動衫、家人與親戚心不甘情不願的致謝卡。耶！太好了！

傑西潘尼百貨教我們什麼事？

羅恩·詹森確實在 2012 年廢除了傑西潘尼百貨傳統、有點欺騙之嫌的手法──先把商品價格提高，再提供折扣或特價來刺激消費。詹森接掌傑西潘尼之前的幾十年間，該公

司向蘇珊姑媽之類的顧客提供優惠券、特價、店內折扣，原本的「正常價格」其實是先被膨脹了，再提供「特惠價」來吸引消費者，但實際上，降低後的價格與別處的售價無異。顧客和商店就像在表演歌舞伎般，為了獲得一項商品的最終價格（實際零售價），店家先把價格調高，再用種種的創意手法降價，提供種種特惠與折扣來吸引顧客，而且一再玩這種把戲，顧客也一再上鉤。

詹森後來執行「公正」的訂價策略，不再使用優惠券、特價、折扣等花招，訂的就是實際售價，大致上相同於競爭者的售價，也就是之前的最終售價（實際零售價）。詹森認為，這項新實務對顧客更透明、更尊重，更誠實、正直而不操弄，當然他是對的。

但是，蘇珊姑媽這類忠誠顧客痛恨這項新實務，他們不愛什麼「公正」的訂價策略，所以就不再到傑西潘尼購物了。他們抱怨自己被欺騙、被誤導、被真實成本背叛，他們不喜歡誠實的公正定價。不出一年，傑西潘尼虧損高達 9.85 億美元，詹森被迫下台。

詹森被炒魷魚之後，傑西潘尼百貨大多數的商品定價立即調高了 60％以上；一張原本要價 150 美元的邊桌，被調高到 245 美元。[1] 而且，不僅定價調高了，他們還祭出更多的折扣選擇。當然，不論是折扣價、優惠券或特價，任何「優惠」後的價格，店家實際拿到的大致上就是原先的公正

定價，只是名目上不同而已，表面上傑西潘尼又提供超優惠價格給顧客了。

　　由詹森執掌的傑西潘尼百貨，用更誠實的價格販售商品，卻不敵先前提高定價再搞優惠的花招，蘇珊姑媽至今仍然討厭他。傑西潘尼的顧客用荷包投票，選擇被操弄，他們想要特惠、下殺和折扣，儘管這意味的是傑西潘尼百貨故技重施、膨脹定價，他們的確這麼做了。

　　傑西潘尼和詹森因為不了解訂價心理學，付出了慘痛的代價，＊但該公司最終學會了一課：可以利用人們欠缺理性評估價值的能力，或是像已故美國諷刺作家暨文化評論家亨利‧孟肯（H. L. Mencken）說的：「沒有人因為低估美國大眾的智慧而破產。」

折扣的魅力

　　蘇珊姑媽和傑西潘尼百貨的故事，顯示了「相對性」的眾多效應中的一些，相對性是導致我們用根本與實際價值無關的方式來評估價值的最主要影響力之一。在傑西潘尼百貨，蘇珊姑媽用相對價值來評估商品價值，相對於什麼呢？相對於原來的定價。傑西潘尼百貨貼出的折扣幫助她進行比

＊ 若你正好也經營大型連鎖百貨，考慮在定價方面做出全面性的改變，我們建議你先在一、兩家店測試一下，再考慮全面實施。但要是你想被炒魷魚，趁機獲得一筆不錯的解雇補償，就別理會我們的建議了。

價，再加上店內「優惠」、「特價」之類的標語，吸引她聚焦在這些驚人的「相對」價格上。

請問你會買哪一件：定價 60 美元的襯衫，或是定價 100 美元、再打六折的同一件「特惠」襯衫？價格完全一樣，對吧？一件 60 美元的襯衫，就是一件 60 美元的襯衫，不論價格標籤上加了什麼字樣。雖然各位都知道這點，但因為相對性對我們產生深層作用，所以我們看待這兩者的方式並不一樣。若我們跟蘇珊姑媽一樣，每次都買打折襯衫，就會痛恨那件只標示誠實定價 60 美元的襯衫。

這種行為合理嗎？不合理。了解相對性之後，會覺得有道理嗎？會。這種情形常見嗎？很常見。這會導致一位執行長丟了飯碗嗎？肯定的！

我們經常無法單就產品或服務本身來評估價值，在沒有任何其他參考值的情況下，我們如何知道一棟房子、一個三明治、一項醫療行為，或是來自阿爾巴尼亞三趾 blork 的成本呢？正確評估事物價值的這種困難性，使得我們尋求別的價值評估法，此時相對性就發揮作用了。

當難以直接評估某樣東西的價值時，我們就會拿它來和其他東西做比較，例如競品，或是同一件產品的其他版本。在做比較時，我們會創造出相對價值，這似乎不是什麼大問題，對吧？

問題不是出在「相對性」這個概念本身，而是我們應用

的方式。如果我們能將每樣東西和其他所有東西做比較，就能考慮到機會成本，如此一來非常好。但是，我們並未這麼做，只是把一樣東西和另一樣（有時是兩樣）做比較，此時相對性就可能愚弄我們。

比較起來，60 美元不是比 100 美元便宜多了，但各位還記得機會成本嗎？我們應該比的是 0，或是可以用 60 美元來購買的其他所有東西，但是我們往往沒有這麼做。跟蘇珊姑媽一樣，當我們用相對價值來比較同一件商品折扣前後的價格，並且用這種方式來決定價值時，我們並沒有考慮到機會成本，而相對性就是如此迷惑我們的。

傑西潘尼百貨的特惠價，為顧客提供了一條重要的價值線索，這不僅是一條重要的線索，也往往是唯一線索；特惠價──傑西潘尼百貨宣傳、吹噓的節省，為顧客建立了每一筆購買有多麼實惠的消費脈絡。

傑西潘尼百貨的特價標示，為顧客提供了消費脈絡；如果沒有這個消費脈絡，我們如何研判一件襯衫的價值呢？要怎麼知道這件襯衫到底值不值 60 美元呢？無法。但是，相較於花 100 美元購買一件襯衫，60 美元比較划算吧，不是嗎？感覺就像免費賺到 40 美元（省下 40 美元）一樣！所以，我們都買一件，讓姪子在學校被笑吧。

詹森廢除了傑西潘尼百貨以往慣用的「特惠」、「省錢」技倆，等於是移除了一項幫助顧客覺得自己買得很正確的比

較元素。在原本定價旁的特惠價,給了他們一條線索、一項指示:他們正在做出聰明的購買決定。但其實不是。

相對性會騙人

讓我們暫時離開荷包一下,來看更廣泛的相對性原理。我們最喜愛的錯視圖之一如下。

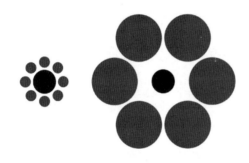

右邊的黑圈顯然比左邊的黑圈小,對吧?其實不然,兩個一樣大。什麼,你不相信?請把兩邊周圍的灰圈全都遮掉,再比比看,我們等你。

我們之所以會有這種錯覺,是因為並非直接比較兩個黑圈,而是在周圍灰圈背景中進行比較。左邊的黑圈相較於周圍灰圈是大的,右邊的黑圈相較於周圍灰圈是小的,一旦我們框架出大小,兩個黑圈的比較很容易就會變成比較它們的相對大小,而非絕對大小,這就是視覺的相對性。

◑◑ 再看一張

我們很喜歡錯視這個主題，所以再舉另一個我們喜愛的例子：艾德森棋盤陰影錯覺（Adelson checker illusion）。棋盤的一角放了一個圓柱體（為了一致性，我們用了一件很醜的運動衫代替），棋盤上有兩格標示了 A 和 B，A 那格在陰影之外，B 那格在陰影之下；相較之下，A 字的顏色比 B 字深，對吧？其實沒有，兩字顏色相同。不信？把其他方格都遮掉，再比比看，我們等你。

相對性的心理作用，以種種形式發生在生活中的許多領域。康乃爾大學教授布萊恩·汪辛克（Brian Wansink）在暢銷書《瞎吃》（*Mindless Eating*）[2] 中指出，相對性也可能會影響我們的腰圍，我們並非只是根據自己實際上能吃多少來決定要吃多少，而是根據食物選擇性的比較。舉例來說，當

菜單上有 8、10、12 盎司這三種分量的漢堡可以選擇時，我們可能會選擇 10 盎司的漢堡，在吃完時非常滿足。但是，若菜單上有 10、12、14 盎司這三種分量的漢堡可以選擇時，我們可能會再度選擇中間那個，即 12 盎司的漢堡，而且吃完後同樣感到快樂、滿足，儘管的確吃太多，多於我們每日需要攝取的營養量，也多於感覺吃飽所需要的分量。

　　人們也會把食物拿來和環境中的其他東西相比，例如盤子的大小。汪辛克教授所做的一項實驗中，他採用特別的設計把湯碗和桌子連結起來，然後請實驗對象喝湯，直到喝飽為止。有些人喝湯，喝到不想喝了就停止；另一組實驗對象並不知道湯碗下有個小孔連結管子，他們在喝湯的同時，汪辛克緩慢地以他們察覺不出的速度，偷偷透過管子多注入一些湯，他們每舀起一匙，管子就注入一些。最後，這組使用無底洞湯碗的人，比那組正常、未被注入更多湯的人喝了遠遠更多的湯，而且當汪辛克叫他們停止時（因為真的喝太多了），他們說自己的肚子還餓著呢！那些使用無底洞湯碗的人，沒有從自己已經喝了多少湯，或是飽足感中獲得暗示，而是看碗裡的湯減少多少來決定自己飽了沒。

　　這種比較也不僅限於湯或漢堡等食物的基本類別。義大利鑽石珠寶商薩爾瓦多·阿賽爾（Salvador Assael）最初嘗試銷售如今聞名遐邇的大溪地黑珍珠時，根本乏人問津，但他不放棄，也沒有把一些黑珍珠與白珍珠混在一起出貨，希

望引人注意。他說服同為珠寶商的友人哈利‧溫斯頓（Harry Winston），在他位於紐約第五大道珠寶店的展示櫥窗裡，把一些黑珍珠擺在鑽石和其他珠寶旁。沒多久，這些黑珍珠就開始熱門起來，價格飆漲。不過一年前，它們幾乎一文不值，大概比母貝還不值錢；突然間，世人皆相信，若一顆黑珍珠能夠高級到和一只優雅的藍寶石鍊墜擺在一起展示，它的價值必然非常高。

這些例子顯示，相對性是人類腦裡的一種基本運算法。若相對性影響了我們對食物和珠寶之類的有形、具體物品的價值了解，或許也高度左右了我們在花錢時的思維。

相當常見的財務相對性

除了蘇珊姑媽對特價品著魔般的喜愛，我們讓相對價值遮蔽真實價值的情況非常多，下列是一些例子。

▶ 在汽車經銷店，業務告訴我們一連串的選配項目，包括皮椅、天窗、輪胎保險、銀邊菸灰缸等，還有典型的無用推銷：底部防銹塗漆。堪稱最不老實的業餘心理學家的汽車業務員十分了解，當我們花了 25,000 美元購買一輛車時，選配 200 美元的多碟 CD 播放器，顯得非常便宜，甚至無足輕重。但如果不是買車，我們會添購多碟 CD 播放器嗎？現在還有人會聽 CD 嗎？好像不會。但在購車時，加購一台多碟 CD 播放器，只要總價的

0.8％，我們幾乎不看在眼裡。而且，這些「不看在眼裡」的價格與東西，很可能快速增加。

► 在高級度假地，一瓶汽水要價 4 美元，我們多半不會生氣，儘管在別處只要 1 美元。這有部分是因為我們懶惰，喜歡自己看起來像是海灘上的皇族般悠閒，但也有部分是因為，相較於我們花在旅遊上的數千美元，4 美元是相當小的零頭。

► 超市結帳櫃檯前的商品擺設，也用相同道理來挑逗我們對垃圾小報及糖果的抗拒力。相較於 200 美元的一週糧食費用，一盒 2 美元的 Tic Tac 糖，或是一本 6 美元報導卡戴珊家族女人的雜誌，就顯得是筆小錢。

► 對了，別忘了酒！在餐廳裡，美酒的價格比菸酒專賣店的價格高出許多，為了吃晚餐搭配美酒的便利性，付出較高價格是合理的；畢竟，誰想在吃了一口晚餐之後，急急忙忙地衝出餐廳，開車去買更便宜的薄酒萊葡萄酒呢？不過，這同樣也是「相對價值」與「絕對價值」在作祟。我們購買墨西哥玉米脆片和一罐加工起司時，大概不會花 80 美元購買一瓶中級葡萄酒；但在高級法式餐廳用餐，一餐平均每人幾百美元或上千美元，搭配一杯 80 美元的美酒，似乎不足掛齒。下次若你能在加州這家著名餐廳訂到位的話，最好能邀請本書作者同行，好讓我們確認一下這項假設是否正確。

　　說到超市，作者傑夫最近在超市購物時，有個有趣的體驗。多年來，傑夫最愛的早餐穀物是 Optimum Slim，對一個筋肉鬆軟、體型中廣、上了年紀、運動雄心有限的男人來說，它承諾提供「最適量」的苗條食物攝取量。

　　在這家超市，一盒 Optimum Slim 的售價，向來是 3.99 美元。某天，傑夫在平時擺放的貨架上，沒有看到 Optimum Slim，他找了又找，還是沒有看到，心裡頭有了小驚慌（這種小驚慌經常發生，諸如早餐穀物不見了、遙控器不見了，都會引起傑夫的小驚慌。）後來，超市的一位工作人員指著老貨架上的新包裝，盒子上的名稱是「Nature's Path Organic—Low Fat Vanilla」（自然之路有機燕麥——低脂香草），左上角有一小張舊盒裝照片，外加一行字：「New Look—Same Great Taste」（新包裝——一樣好吃）。

　　原來如此！傑夫卸下焦慮，拿起一盒。接著，貨架上一個標示映入眼簾：「Nature's Path Organic Optimum Slim—Regular \$6.69. Sale \$3.99.」（自然之路有機燕麥最優纖——正常售價 6.69 美元，特價 3.99 美元）。

　　他最喜愛的早餐穀物，售價向來是 3.99 美元，現在換了新包裝和新價格……3.99 美元，從「正常」價格 6.69 美元降價了？若公司推出新包裝當作漲價的理由，那是一碼事；若商店為了增加銷量，假裝原本的正常價格（3.99 美元）是特惠價（3.99 美元），那又是另一碼事；但同時做了這兩

件事，那絕對是操弄了一定量的相對性，而且是最適量。

超市和早餐穀物製造公司並未試圖用標價來引誘傑夫，因為他原本就喜歡這種早餐穀物，他們想吸引的是無法判斷這「新」早餐穀物價值的新顧客。新顧客沒有任何以往的購買脈絡，不知道到底好不好吃、健不健康、值不值得的情況下，他們想用新名稱和 6.69 美元 vs. 3.99 美元的容易比較來吸引新顧客，讓他們覺得：「哇！現在買很划算。」

假設我們遇到某個一直很想要的東西，姑且稱為「widget」吧！（這是傳統經濟學教科書常見的一個詞，既被用來代表價值不明的東西，也被用來折磨與困惑經濟學教科書的讀者。）這個 widget 正在特賣，打五折耶！很興奮，對吧？且慢，我們為何關心這個特賣？為何關心它先前的售價？它先前賣多少，應該不重要吧，因為那不是現在的價格啊。但是，因為我們無從知道這個 widget 究竟值多少，所以就把現在的售價拿來和特賣之前的售價（所謂的「正常」價格）相較，把這個相對性視為高度划算（高度價值）的一項指標。

特價讓我們感覺特別，而且明智，讓我們相信自己發現了別人沒有發現的價值。對蘇珊姑媽來說，一件 100 美元的襯衫省下 40 美元，就像賺到 40 美元一樣，可以花在其他東西。但如果以理性思考，我們不該評估那未花用的 40 美元的價值，而是應該評估我們花掉的 60 美元的價值，但一般

人的思維往往不是這麼運作的。

這種比較也經常出現在與容量有關的優惠上。一瓶昂貴的洗髮精售價 16 美元，兩倍量裝售價 25 美元，這更大瓶、更貴的洗髮精在我們看來非常划算，很容易就忘了思考自己是否真的需要那麼大瓶的洗髮精，或是真的要買這個牌子的洗髮精嗎？量的折扣手法吸引人們聚焦，使大家忽略了一項事實，那就是我們無從評估洗髮精裡的化學混合物的價值。

若愛因斯坦不是物理學家，而是一個經濟學家，大概會把他著名的相對論，從 $E = MC^2$ 改成 100 美元 > 200 美元的一半。

$ 與 %

看完了這些例子，你可能會想：「好吧，我了解使用相對性的錯誤了。」很好！「但是……」，你可能會說：「那些選擇是合理的，因為用花錢百分比來看，那些額外支出很小啊。」話雖沒錯，但一塊錢就是一塊錢，不論花在什麼東西上，或是做了什麼事。只因為買了一輛 25,000 美元的車子，就花 200 美元添購一台多碟 CD 播放器，這個理由站不住腳，就像是因為剛好穿了文青格子襯衫，就花了 200 美元添購一台多碟 CD 播放器那樣。

假設你打算在週六早上做兩件事，第一件就是去買中意許久的那雙跑鞋。到了店裡，你拿起那雙 60 美元的跑鞋，

但店員透露另一家店正在特價，一雙只要 40 美元。值不值得開五分鐘的車到那家店，以省下 20 美元呢？多數人認為值得。

買完跑鞋之後，你要做的第二件事，就是去添購院子家具，因為春天到了！你在一家店看中了一套家具，遮陽傘桌椅一組，要價 1,060 美元。店員透露，五分鐘車程外的另一家店剛好也在特賣，相同的桌椅一套特價 1,040 美元。你會為了節省 20 美元開車到那家店嗎？多數人不會。

在這兩個購物情境下，我們看的不是實際的絕對值──五分鐘車程，節省 20 美元，而是分別考慮 20 美元相對於 60 美元，以及 20 美元相對於 1,060 美元。多數人會比較 40 美元跑鞋相對於 60 美元跑鞋的相對利益，認為值得花五分鐘節省那 20 美元；但比較 1,040 美元院子家具相對於 1,060 美元院子家具的相對利益，會認為不值得花五分鐘節省那 20 美元。前者省下的錢是消費金額的 33%，後者省下的錢是消費金額的 1.9%，但兩者省下的錢都是 20 美元，一塊錢就是一塊錢。

這就是為何那些購買一輛 25,000 美元車子的人，能夠眼睛眨都不眨地就決定加購 200 美元的多碟 CD 播放器，卻勤於蒐集那些 25 美分的洋芋片優惠券，或是在餐廳內爭論該付一美元或兩美元的小費。在相對性思維的作用下，我們可能對花大錢的購買快速做出決定，對花小錢的購買較慢做

出決定，這是因為我們思考的是消費金額的百分比，而非實際金額。

　　這些決定合理嗎？不合理。是正確的抉擇嗎？通常不是。但是，是容易的抉擇嗎？絕對是。多數人在多數時候，通常慣於做出容易的抉擇，這是我們的一大問題。

當比較愈容易，就愈容易做出選擇

　　「你晚餐想吃什麼？」，或是「你晚餐想吃雞或披薩？」，哪個你會回答得比較快？

　　第一個問句提供了無限選擇，第二個只提供了兩個選擇，只要比較這兩個選擇，決定哪一個在此刻比較具有吸引力就好。第二種問法比較容易得到快速回答，因為它是更簡單的比較。其實，這個問題太簡單了，除非是患有乳糖不耐症的人，否則誰會不要披薩、選擇雞呢？真怪。

　　相對性建立在兩套決策捷徑之上：第一，當我們無法評估絕對價值時，我們會比較；第二，我們傾向於選擇簡單的比較。為了研究相對性，歐洲三位學者愛琳・艾丁利（Aylin Aydinli）、馬可・伯汀尼（Marco Bertini）和安雅・藍布瑞奇（Anja Lambrecht）調查了 email 行銷，例如酷朋（Groupon）提供的優惠。他們發現，這類他們稱為「價格推銷」的方法，對消費者產生顯著的情緒影響；更確切地說，當我們遇到價格推銷時，很容易就會花較少時間來考慮不同的選擇。如果

事後要求回想商品的細節，能夠想得出來的也比較少。[3]

　　這麼一說，打折似乎讓我們變得愚蠢，使我們的決策流程變得簡單。當一項商品正在「特價」時，我們的行動會更快速，思考比較不謹慎。基本上，由於我們太難評估幾乎所有事物的真實價值，當出現「減價特賣」時，亦即出現一個相對估價時，便容易選擇走此捷徑，根據特價做出購買決定。就像討厭詹森執掌的傑西潘尼百貨的顧客，我們不會努力嘗試評估商品的絕對價值；如果有選擇，我們就會走輕鬆一點的捷徑。

分心與誘餌

　　相對性，以及我們偏好簡單選擇的傾向，使我們很容易受到商家透過價格（包括誘餌在內）而為的種種外部干擾及操縱的影響。在《誰說人是理性的！》一書中，丹使用《經濟學人》（The Economist）的訂閱為例，說明了相對性的問題。在該例中，讀者可以花 59 美元取得線上訂閱、125 美元取得印刷版訂閱，或是 125 美元取得線上和印刷版雙訂閱。

　　若我們是自以為聰明的傢伙，就像丹調查的那些 MIT 研究生，有 84％的人選擇花 125 美元取得線上和印刷版的雙訂閱，沒有人選擇 125 美元的印刷版訂閱，只有 16％的人選擇 59 美元的線上訂閱。這樣的選擇，顯示我們很聰明，不是嗎？

如果只給你 59 美元的線上訂閱，或是 125 美元的線上加印刷版雙訂閱這兩種選擇呢？如果我們跟那些多花幾萬美元多讀幾年書的 MIT 研究生一樣，突然間，我們的抉擇將會大不同：68％的人選擇線上訂閱，只有 32％的人選擇花125 美元取得線上加印刷版雙訂閱，遠遠少於第一種情境的84％。

只是加了一個明顯較差的選項（125 美元取得印刷版訂

訂閱方案

感謝您考慮訂閱《經濟學人》

請選擇你想購買或續訂的方案：

☐ 線上版訂閱 – US $59.00

包含一年份的線上版訂閱，可於線上取得《經濟學人》自 1997 年以來的所有文章

☐ 印刷版訂閱 – US $125.00

包含一年份的《經濟學人》紙本雜誌

☐ 印刷版＆線上版雙訂閱 – US $125.00

一年份印刷版《經濟學人》，以及

包含一年份的《經濟學人》紙本雜誌，以及

一年份的線上版訂閱，可於線上取得《經濟學人》自 1997 年以來的所有文章

閱，但沒有人選），《經濟學人》的線上加印刷版雙訂閱量就增加到近三倍，為什麼？因為那個只取得印刷版訂閱的選項是一個相對性的誘餌，把我們推向線上加印刷版雙訂閱的這個選項。

125 美元的線上加印刷版雙訂閱，明顯優於 125 美元的印刷版訂閱，這兩個選擇相似且容易比較，形成了相對價值。我們根據這種比較做出選擇，覺得自己的選擇很聰明，而且在看了幾期雜誌之後，甚至感覺自己變得更聰明了（當然，家裡放一本《經濟學人》，會讓我們在朋友面前看起來更聰明。）但我們如何知道，在一項證明我們並不聰明的研究實驗中，我們並非完全不知情的參與者？

丹的這項實驗，顯示了相對性可能如何被（而且實際上是經常被）用來愚弄我們。我們比較「只訂閱印刷版」和「線上加印刷版雙訂閱」這兩種選擇，因為這是最簡單、最明顯、最容易的比較，因為這兩種選擇的內容與價格最相似，比較起來很容易。這使我們很容易忘記、忽略或避開其他選擇，因為那需要更複雜的比較。面對簡單的比較時，我們忘了更大的脈絡和其他選擇——在此實驗中，指的是 59 美元的線上版，以及完全不訂閱；我們走上了相對性途徑。我們喜歡對自己述說為何這麼做的故事，當我們面對相對性時，故事很容易描述，我們用這種方式將行動合理化，儘管理由根本不合理。

　　當沒有其他簡單的價值評估方法時，我們總是使用相對性來評估價值，這種傾向也發生在另一種情況：當選擇很多，無法輕易評估任何一項時。丹使用電視機的例子：國際牌（Panasonic）36 吋，賣 690 美元；東芝牌（Toshiba）42 吋，賣 850 美元；飛利浦（Philips）50 吋，賣 1,480 美元。面對這三種選項，多數人選擇中間那個——850 美元 42 吋的東芝；最便宜和最貴的選項，是把我們導向中間選項的路標。在這個例子中，相對性並未驅使我們比較兩種產品，只是引導我們去看特定的產品特性，例如價格或大小，並且引導我們以相對的方式檢視這些特性的範圍，促使我們對自己說：「價格介於 690 美元至 1,480 美元之間」，或是「尺寸介於 36 吋至 50 吋之間」，然後我們在範圍內進行選擇，通常會選擇中間那個。

　　當我們無從決定某樣東西應該價值多少錢時，我們傾向相信中庸是最佳決策——既不豪奢，也不廉價。我們往往選擇中間款，而這常常是設定選項的商家一開始就想賣給我們的東西。儘管我們不知道那是不是我們想要的，或是到底值不值得，我們就是覺得選擇中間那個似乎比較合理。當然，這未必是錯誤的抉擇，但做出這種選擇的理由跟真實價值無關，就像是基於定價是 100 美元而決定購買打折成 60 美元的襯衫，或是在 8、10、12 盎司或 10、12、14 盎司三種分量的漢堡選擇居中的那個，或是在電影院購買一桶 8 美元的

爆米花，只是因為 9 美元的桶子實在是太大了。當只有兩個選項時，相對性很完美，這類決策與選擇的絕對價值無關，純粹是相對性的選擇。

所以，我們往往訴諸簡單的比較，聰明的行銷人、選單設計者和政治人物都知道這點，並在規劃策略時善用這種傾向。現在，各位了解這種手法了，有了這樣的知識，也許就更能夠客觀一點看待這個世界。以後你進到商場時，在商業鬥智的場域，腦袋也許能夠更清楚些。

綁售模糊了我們的判斷

相對性也影響我們對綁售商品（提供多種性能與選項的商品）的價值評估。在這類境況下，相對性似乎提供了一條讓我們避開複雜性的途徑，但實際上，相對性導致了另一種問題，以及更多的困惑。

以速食店套餐為例，我們可以單點兩個品項，但為何不能同時點這兩個品項，再加上第三個品項，只要加一點點錢就好？你想點一個漢堡、一杯汽水？再加一包薯條，好嗎？要不要再加點錢，把它們全部加大？類似這樣的綁售能夠套住我們，是因為我們不知道如何評估真實價值；面對這類綁售，我們無法輕易評估每一項的價值，因為移除其中一項，就會改變整個價格結構。若每一樣食物的價格都是 5 美元，但合購只要 12 美元，哪一項的 5 美元其實是過高的價格呢？

哪一項又是物超所值？還是三項都很划算？汽水值多少，一杯幾 CC ？還有，那個造型杯值多少呀？哎呀，我只要一號餐就好，心臟科醫生警告過我了。

用這種方式看待綁售，就會發現生活中充滿了綁售，許多是刻意要困惑我們的。當我們花 25 萬美元購買一間房子時，實際的總花費不會只有這 25 萬美元，但這是我們賴以計算和思考的數字。實際上，我們會支付一筆頭期款，再加上每個月的分期付款，將支付十五或三十年，每個月支付的款項中包含本金及一筆利息（利率可能不變，也可能變動），還有保險和稅金，也會隨著時間改變。喔，對了！在成交時，還有其他費用，例如估價費、房屋檢查費、產權調查及保險費、仲介費、律師費、丈量費、履約保證費、審核費，以及其他所有可能的新費用。我們很難把這些族繁不及備載的費用一一區分開來，以尋找最划算的房子，所以就全部混在一起了，說我們買了一間 25 萬美元的房子。

當然，這些服務的提供者也偏好把收費隱藏在總額裡，好讓我們不注意到這些成本，或是在我們注意到時，利用我們愛使用相對性的傾向。

也可以想想購買手機時的情景。基本上，我們無法拿一支手機和特定資費方案，和另一家電信的手機和資費方案比較，因為難以評估每一項服務本身的價值——要如何精確比較簡訊服務和數據傳輸量的價值？ 4G 網路、超額費用、分

鐘數、漫遊、基地台覆蓋範圍、遊戲、容量、全球通訊服務……分別價值多少？電信商的服務、收費和聲譽呢？我們要如何比較威訊（Verizon）的 iPhone 和 T-Mobile 的安卓系統手機？有太多小項目整合在一起了，很難評估每一項的相對價值，所以大家只會比較手機加月費的總成本，有時甚至連這樣的比較，都未必能夠做到呢。

成功的比較級

受到相對性影響的東西和情況太多了，遠非只有手機、醜醜的運動衫之類的產品，也影響了我們的自我價值感。我們都會有朋友就讀全國頂尖學府，從所有合理的評量指標來看，這些人當中有一些算是成就非常優秀的了，但有些還是只會和那些更成功、更頂尖的同事，或是俱樂部會員或高爾夫球友相比，所以常常覺得自己的成就不夠好。傑夫至今記憶猶新且相當悲哀的一個場合是，某次他參加一個朋友的生日宴會，在他家舉行，非常高檔。站在這間位於紐約市公園大道上，有管理員、五房的豪華大樓公寓內，好友群聚，他的家庭幸福、健康、美滿，但壽星居然嘆氣說：「我以為我的人生到了此時，應該擁有一間更大的公寓了。」

客觀來說，他應該慶祝他的成功，但和其他一些更優秀的同事相比，他認為自己的成就還不夠好。幸好，身為喜劇作家和寫手的傑夫，無法拿自己和任職金融業的朋友相比，

這使得他還算有點「眼力」，對自己的生活感到相當滿意。更幸運的是，傑夫的妻子無法拿他和金融業的朋友相比，雖然她聲稱自己認識一些更有趣的喜劇作家。

相對性滲透至我們生活的每一個層面，影響甚大。花太多錢買一套音響是一碼事，哀歎自己的人生選擇是另一碼事。快樂似乎往往不是那麼反映出我們實際的幸福程度，而是反映出我們拿自己和別人比較後的感想；在多數情況下，那樣的比較既不健康，也沒有益處。事實上，我們太愛比較了，以至於必須端出戒律告誡自己不得垂涎鄰居的東西。

就某種程度來說，遺憾這個概念本身，也是另一種版本的比較。遺憾是因為我們拿自己（不論是生活、事業、財富或地位）來和其他版本的自己相比，不是和別人相比；我們拿真實的自己和想像中的自己相比——如果當初做了不同選擇的話。但這同樣也往往不健康，沒有益處。

不過，淺嚐即止就好，免得太過哲學了。先別管快樂和生命的意義了，至少目前先別討論這些。收起那些小感傷，放到小盒子裡，把它們區隔開來，就像我們經常做的——劃分。

第 5 章

這裡分一點，那裡分一點

　　珍・馬丁（Jane Martin）並不討厭自己的工作，只是討厭她在工作上有時必須做的事。她是一所小型州立學院的活動協調人員，但她有時覺得自己在協調的全都是規定、法規，以及她和同事之間的歧見。她需要向活動基金、一般基金或校友會基金申請經費，從娛興節目、桌巾到交通費，每一項都必須通過預算申請的層層文書作業，不僅每一個科系、校友會團體和學生都無情地等著看她犯錯，還有州政府和聯邦政府的法規要應付。她經常必須面對有關財務和程序的紛爭，因為每個人都要在審核後簽名蓋章。她喜歡辦活動，但痛恨各種文書作業。

　　不過，她在家裡的情形，就截然不同了。她是處理細節

的能手，能用嚴謹的預算掌控財務，她喜愛這項家中財務大臣的工作！她清楚他們家每個月能在各個項目上花多少錢：娛樂 200 美元，雜貨 600 美元……，她每個月還撥出一筆住屋修繕費用，以及納稅和醫療預備金（不管會不會用到）。她把每項預算分別裝進清楚標示的信封袋裡，當她和先生想到外面吃晚餐時，得先看看「餐費」信封袋裡的經費是否負擔得起。

珍不讓家裡過早規劃旅遊度假計畫，每年年底，她會把每個月的住屋修繕費用、納稅及醫療預備金信封袋中未花用的錢匯集起來，根據總額來規劃翌年夏天的家庭旅遊。這個方法讓她得以在過去十年間存夠錢，安排了幾趟很棒的家庭旅遊，只有一年例外，她女兒 2011 年踢足球膝蓋受傷，必須動手術，花掉了翌年夏天的旅遊經費。

珍不喜歡十月，因為有七個朋友和家人的生日都在這個月分，這個月的「禮物」信封袋的預備金總是花光光。她表哥的生日快到了，「禮物」的信封袋是空的，她決定不要挪用「娛樂」的信封袋，自己花四個小時烤蛋糕給他當生日禮物。表哥收到蛋糕時很開心，但珍可是累壞了。

心理帳戶

珍的故事為我們提供了「心理帳戶」（mental accounting）的例子，這是我們花錢時的一種思考方式，而且這種思維和

實際價值沒有什麼關連性。心理帳戶可能是一種實用的工具，但往往會導致糟糕的決定，尤其當我們完全沒有察覺到自己正在這麼做時。

還記得貨幣的特性之一──「可替代性」嗎？一張一美元鈔票和另一張一美元鈔票的價值是完全相等的，因此彼此具有可替代性。理論上是這樣沒錯，但在實際生活中，我們對每一塊錢所賦予的價值通常不同，取決於我們連結到什麼類別，或者換個方式來說，取決於我們如何看待、衡量。這種把不同的錢分配給不同類別（或者以珍的例子來說，分配到不同信封袋）的傾向，當然不是處理金錢的理性方法，但在難以估量機會成本和真實價值的情況下，這種方法可以幫助我們規劃預算，更快做出支出決策。這樣固然很好，但心理帳戶的方法也違背了可替代性的原理，使我們排拒可替代性的益處，在這種簡化的過程中，我們犯下了種種花錢的錯誤。

「心理帳戶」是行為經濟學家理查・塞勒（Richard Thaler）率先提出的概念，基本原理是：我們個人的財務行為，相似於組織和公司的財務行為。假如你任職於一個大型組織，例如珍任職的州立學院，我們都知道每個部門每年會獲得一筆總預算，部門視需要支出。若一個部門早早就把錢花光了，那非常糟糕，要等到下個會計年度開始時，才會有新的預算進來；假設到了年底，這個部門的預算還有剩，也

許部門內每個人可以獲得一台新的筆記型電腦，或是在過節辦派對時可以叫美味的高檔壽司，而不是只能吃一些剩下的貝果和甜甜圈。

這種規劃預算的方法，如何應用到個人財務方面呢？在個人生活中，我們也會把錢分配給不同的類別（或帳戶），常見的有服飾與娛樂類別、租金與帳單類別、投資與嗜好類別等劃分。各位雖然未必完全都遵循這樣的預算分配，但基本上大致都會做這樣的劃分。就跟公司一樣，如果我們把某個類別的預算都用光了，那很糟糕，在那段期間內，我們無法補充經費（假使做了，也會感到不安。）但要是期間終了時，某個類別還有餘額，那就很容易花用這些錢了。或許我們不會像珍那樣，把錢分開放到不同類別的信封袋裡，但我們全都會使用心理帳戶，儘管未必察覺到自己這麼做。

舉個例子，假設你剛花了 100 美元買票，打算看一齣最當紅的百老匯新劇，這齣音樂劇有著滿口粗話的布偶、作風大膽的超級英雄、開國元勛、高中生狂歡胡鬧。開演當天，你到了劇院，打開皮夾，發現票不見了，幸好你的皮夾裡有張百元大鈔，請問你會不會再買另一張票呢？大多數的人會說不會，畢竟已經花了錢買過票，把票弄丟已經夠糟了。如果再問問那些願意花 100 美元買另一張票的人，那晚觀賞的音樂劇花了多少錢，大多數的人會回答 200 美元，亦即兩張票的價格。

現在，想像一下另一種不同的情境：你沒有事先買票，但對那齣戲很有興趣，決定到現場買票。抵達劇院之後，你打開皮夾，發現原本放在裡頭的兩張百元鈔票遺失了一張。天呀！100 美元不見了！還好，皮夾裡還有一張百元大鈔。謝天謝地！要買票進去看戲嗎？還是就此打道回府？大多數的人表示會買票，畢竟遺失的那 100 美元，跟買票看戲有何關係呢？如果再問問那些丟了 100 美元，但仍然買票看戲的人，那晚的音樂劇花了多少錢，大多數的人會回答100美元。

儘管人們對兩種情況的反應不同，但從純粹經濟的角度而言，它們基本上相同，都是在打算看一場音樂劇時，發現自己遺失了一張面值 100 美元的紙券（不論是戲票或鈔票）。然而，從人類的角度來看，這兩種情況顯然不同，第一種遺失的紙券是戲票，第二種遺失的紙券是鈔票。一張紙券為何有此差別？遺失的紙券價值相同，但為何第一種情況讓多數人決定打道回府，第二種情況大家仍然選擇買票看戲？我們當初又為何覺得這齣百老匯票價算是可負擔得起？

我們可以從公司和部門規劃預算的角度來看，如果我們有了看戲的預算，當這筆預算用完時（已經事先買票時），就不會補充這筆預算，所以不會購買一張新的票券。但如果遺失的是皮夾裡的鈔票，因為這是總帳戶裡的錢，不是已經花用在特定項目上的錢，所以我們不會覺得這筆錢屬於特定類別的預算，因此不會認為應該「折損」任何特定類別的預

算；意思就是說，我們會認為看百老匯表演的預算帳戶裡仍然有錢，因為遺失的錢來自總帳戶，即便損失的同樣是 100 美元，我們仍然會選擇買票進戲院看一齣說髒話的愛國布偶音樂劇。

你可能認為，這種心理帳戶的邏輯似乎相當合理呀，到底哪裡錯了？

它會騙得你團團轉

從完全理性的角度來看，我們的支出決定不該受到想像中的預算帳戶的影響，不論這些帳戶的形式、地點或發生的時機為何。但是，我們的支出決定，卻總是受到想像中的預算帳戶的影響。

我們一直在做這種心理帳戶的分類，下列是常見的一些例子：

1. 把錢存在低利率的活存帳戶裡，信用卡有餘額未繳清，循環利率很高。

2. 作者傑夫有時候會去有趣的城市演講或演出，會帶著家人同行，例如不久前前往巴塞隆納。當這種情形發生時，不論他賺了多少或旅行支出多少，總是超支，因為他花的錢很容易多於演講或演出賺到的錢，因為他的收入和支出全部發生在同一時間。收入帳戶金額的增加，掩蓋過旅行經費帳戶金額的減少，導致所有

的支出原則全部失效，因為在他的心理帳戶裡，這些在演講或演出時順便做的家庭旅行，每一餐或每個景點的支出，都不是來自他們家的旅行、教育或住屋預算，而是來自他演講或演出的收入。若是純粹的家庭旅行，他在財務上就會更注意一些，或者至少他會思考被動積極性疑問，例如：「我真的需要再喝一杯卡瓦香檳（Cava）嗎？」（這個問題的答案總是：「好，麻煩再來一杯！」）

3. 拉斯維加斯這整座城市，是心理帳戶的一個絕佳例子。該市觀光局官員知道人人都有心理帳戶，甚至推出了一個行銷標語，幫助我們做這種預算劃分：「發生在拉斯維加斯的，就留在拉斯維加斯吧！」他們鼓勵我們衝動，我們也欣然同意。到了拉斯維加斯，我們自動把錢放到一個拉斯維加斯的心理帳戶，若在賭桌上贏了，棒！這是意外之財。若是賭輸了，無所謂，反正之前已經開了一個拉斯維加斯的心理帳戶準備支出了。但事實是，我們可以把錢放到任何我們想放進去的心理帳戶，那些都是我們的錢，只是我們不這麼覺得罷了。不論在拉斯維加斯發生了什麼，不論輸錢或贏錢，那些輸了或贏了的錢，仍然會跟著我們回家，的確不會留在拉斯維加斯。在 Instagram 上 po 的享樂照片也一樣，所以把手機留在飯店房內吧。

4. 蓋瑞・貝爾斯基（Gary Belsky）和湯瑪斯・季洛維奇
（Thomas Gilovich）在合著的《行為經濟學：誰說有錢
人一定會理財？》（*Why Smart People Make Big Money
Mistakes and How to Correct Them*）中，重述了一則寓
言故事：有個男人用 5 美元賭輪盤，起初運氣極佳，一
度累積贏得高達將近 3 億美元，後來一把下注把贏到的
錢全部輸掉。回到飯店房裡，太太問他手氣如何？他
說：「我輸了 5 美元。」[1] 換作我們，一定會覺得自己
輸了不只 5 美元，但大概也不會覺得自己輸了 3 億美
元，畢竟感覺起來，只有那 5 美元像是「我們的錢」，
當晚的一切從那開始。我們會把當晚贏到的每一塊
錢，從第 1 塊錢到第 3 億塊錢，全部歸類到「贏到的
錢」，所以我們「贏到的錢」那個帳戶輸了 3 億美元，
但「我們的錢」的帳戶只輸了 5 美元。當然，我們輸的
還有誠實告知配偶的能力，但那是題外話了。

把所有花掉、存起來、賭掉、喝酒喝掉的錢，都想成來
自「我們的錢」這個總帳戶時，就會知道上述這些情境都是
沒道理的。不管把錢定義為花在何處，實際上全都是我們的
錢，但誠如前述，我們卻習慣把錢分配到不同的心理類別，
而從劃分的那一刻起，這種分類就左右了我們對金錢的思
考，左右了我們對花錢在什麼名目上的安心自在感，左右了
每個月底我們會剩下多少錢。

一個特別問題

不同於本書探討的多數其他問題，心理帳戶的問題更為複雜，不僅僅是「使用心理帳戶是錯的」而已。心理帳戶不是用錢的理性方法，但考慮到現實生活和認知限制，心理帳戶可能是一種有用的策略，尤其若明智使用的話。當然，我們並非總是明智使用，所以本章還有下文，接下來要討論為何心理帳戶很特別。

想像三種人：（1）完全理性的人，亦即「經濟人」（*Homo economicus*）；（2）有認知限制的非完全理性者，若有足夠的時間和心智能力投入決策的話，將能做出最佳決策；（3）有認知限制，而且有情緒的非完全理性者，亦即人類。

對於完全的理性人而言——各位，俯首稱臣於我們的機器人主人吧！心理帳戶絕對是錯的。在完全理性的世界，我們應該把錢歸於一個帳戶，唯一的帳戶，畢竟錢就是錢，這一塊錢和那一塊錢都是一塊錢，沒有什麼不同，具有完全的可替代性。在完全理性的世界，我們有無限的心智能力可投入於財務運算，因此劃分金錢是錯的，因為這違反可替代性的原理，將導致我們無法充分獲得貨幣的益處。

對於有認知限制的人來說，現實生活限制了我們腦部掌握、處理資訊的能力，但心理帳戶能有所幫助。在真實世界中，非常難以充分辨察、考慮每一筆財務交易的機會成本，

充分做好多面向的取捨，心理帳戶能夠成為做財務決策時的一種直觀推斷法或捷徑。我們無法在每次購買一項東西（例如咖啡）時，都能夠理性思考：「喔，這筆錢現在或未來可用來買一件內衣、在 iTunes 下載一部電影、加一加侖的汽油，或……（無數種其他購買）。」

我們用心理帳戶來思考，把咖啡想成是食物帳戶的預算之一，這樣只要考慮到該帳戶的機會成本就行了，這讓我們的思考範圍變得有限，但更能夠輕鬆應付。我們可能會這樣思考：「喔！這筆錢可以用來支付今天午餐的一半費用，或是在週五下午多買一杯咖啡。」這簡化了心智運算，從這個角度來說，心理帳戶雖然仍舊不理性，但還算明智、合理，尤其是考慮到我們的心智能力往往有限的情況下。

當我們為了簡化而做出劃分時，就不需要在每次花錢時，都思考整個機會成本的世界，那樣太累了！我們只需要思考較小筆的預算（例如咖啡、晚餐或娛樂）和伴隨而來的機會成本。這雖然不完美，但確實有所幫助；事實上，一旦我們認知到心理帳戶不理性、但有所幫助時，就能夠思考如何正面運用。

接著，來到第三種人：有情緒、壓力、煩惱、各種期限，還有許多數不清的事情要做的人！也就是「我們」，真實的人們。雖然不是完全不可能在每次交易時，都考慮到全部的機會成本，但經常這麼做的話，哪怕是在比較小的範圍

內考慮所有的機會成本，也是相當累人、煩人的一件事。要是每次買東西（咖啡、加油、下載應用程式、書）時，都必須瞻前顧後、思考所有利弊，考慮所有機會成本的話，那真的會煩死人。這就像要節食者斤斤計較每一大卡，最後往往導致他們惱怒、沮喪，乾脆自我放棄，狂吃豪飲了起來，完全不在乎什麼卡路里。同理，複雜的預算分類，往往也導致人們乾脆不規劃預算，而這不是我們想要的解方。

當人們告訴我們很難掌控支出時，我們知道他們雖然可以對所有事物都規劃預算，但我們也告訴他們，這麼做可能太煩、太累，他們最後有可能會乾脆放棄。所以，我們的建議是：先決定他們想在「任意花用」（discretionary items）這個廣泛類別支出多少；沒有這些東西，他們照樣活得下去，例如特選咖啡豆、潮鞋或喝一晚的美酒。以一週為單位，把額度存入一張儲值卡裡，每週一你可以獲得一筆「任意花用」的預算，儲值卡餘額會告訴你這筆預算如何被使用，以及這個廣泛類別的機會成本。如此一來，消費決策的機會成本就會更明顯，只要查看「任意花用」預算的餘額，就可以控制消費。雖然這仍然需要一點心力，但不會像劃分咖啡、啤酒、Uber、電子書等細項帳戶那麼煩、那麼累人。考慮到現實生活既複雜、充滿了各種壓力，我們可以用這種方法善用心理帳戶，幫助自己做決定。

◖◗更多解方在第三部

各位已經在前文中了解，心理帳戶是我們在思考金錢時的一種獨特的錯誤方式；總的來說，我們不應該使用心理帳戶，但由於這麼做有助於簡化我們的生活，所以往往無可避免。看完前文，各位應當知道，這麼做是錯的。有了這種認知，當我們能夠理解並接受人類的花錢本性時，就可以重新設定花錢的方式。

本書的第三部會有更多訣竅，討論如何把有瑕疵的財務思維考慮在內，轉換為有益的方式善用這些思維。接下來，先繼續探討我們在金錢方面的不理性行為，至於其他各種解決方案，將集中在本書的最後一部——或者，你也可以說是另一個「心理帳戶」。

如何獲得錢財，會影響我們花錢的方式

我們對金錢的分類，影響我們看待、使用金錢的方式，但我們並非總是那麼明確劃分我們的錢。跟公司行號不同，個人生活中並非充滿了辦公用品和薪資帳冊，當我們把錢劃分為各種心理帳戶時，是基於不同的規則，看我們是如何取得、花用這筆錢，以及它帶給我們什麼樣的感受而定。你花

的這筆錢，是來自工作，還是在路邊撿到一張彩券換來的，抑或來自繼承，或是不正當占用，還是你以線上玩家為業賺來的？

舉例而言，若我們從亞馬遜網站或 iTunes 獲得一張禮物卡，我們可能會用來購買平常不會自掏腰包買的東西。為什麼？因為禮物卡被分類到「禮物」的帳戶，而我們辛苦工作賺來的錢，則被分配到一個更具保護性、不那麼輕率花用的帳戶，這兩種帳戶的花用原則不同，儘管都是我們的錢，同樣都是具有可替代性的貨幣。

關於這種金錢的分類方式，一項有趣的研究發現，當人們對取得的錢財有罪惡感時，往往會將一部分捐給慈善機構。[2] 可以這麼理解：我們花錢的方式，視我們對這筆錢的感覺而定。沒錯！影響我們如何劃分金錢的方式，另一項隱藏因素是我們對這筆錢的感覺。當這筆錢是在負面或不當的情況下獲得的，我們是否感到不安？當這筆錢是因為贈與得到的，我們是否會覺得這是不勞而獲之財？或者，我們會覺得這是自己應得的，就像辛苦賺來的錢那樣？

人們通常把薪資之類的錢，用於「負責任」的東西，例如支付帳單，因為那些錢感覺是「很辛苦、認真賺來的錢」；相反地，那些感覺像是「玩樂得來的錢」，例如賭博贏了 3 億美元，通常會被用於享樂的事物上，例如賭更多、賭更大。

　　史丹佛商學院教授強納生‧李瓦夫（Jonathan Levav）和科羅拉多大學波爾得分校利茲商學院教授彼得‧馬葛羅（Peter McGraw）的研究發現，當我們對自己獲得的錢財產生負面感覺時，就會試圖「漂白」這筆錢。例如，若我們從某位心愛的親人那裡繼承了一筆遺產，我們會對這筆錢的感覺良好，會欣然使用。但若這筆錢來自我們不喜歡的源頭，例如在這兩位學者的實驗中，來自菸商菲利普莫里斯（Philip Morris）公司，就會對這筆錢產生負面的感覺。為了洗掉負面感，我們會先用正面的方式花用一部分，例如購買教科書，或是捐給慈善機構，而不是先花在自利用途上，例如買冰淇淋給自己吃。一旦部分的錢被用於正面、良善的事物上後，我們會覺得這筆錢乾淨了，然後便放心把剩餘的錢花在更縱容自己的事物上，例如度假、購買珠寶或冰淇淋。

　　李瓦夫和馬葛羅稱此為「情緒帳戶」（emotional accounting）。情緒性「洗錢」有很多種形式，對於汙染較為「嚴重」一點的錢，我們可能會把一部分花用在嚴肅的事物上，例如還債，或是用於善良之事，例如買冰淇淋給孤兒院的小朋友吃。做我們認為良善的事，可以消除我們對錢的不安感，讓我們安心花錢。這種情緒性洗錢，當然是不理性的，但它讓我們產生良好的感覺。[3]

　　關於我們在許多情況下處理錢的方式，下列敘述相當正確：我們並非以「合理」的方式處理錢，而是以「感覺良好」

的方式處理錢。這句話或許也適用在生活中大多數的層面，但不在本書的討論範圍內。

換了名目，也許更貴

在一些不幸的層面上，我們的行為就像公司的會計部門，使用作帳手法來玩弄制度以圖利個人，就像某些公司，例如惡名昭彰的安隆（Enron）一樣。各位還記得安隆嗎？那間在 2000 年代成為企業舞弊經典案例的能源公司，使用欺詐會計手法讓局內人致富。該公司的主管和財會部門開設境外帳戶隱匿費用，製造假收入，虛假地進行基本上不存在的產品的衍生性交易，整個會計作帳由一家他們本身融資的會計稽核公司「審核約束」。他們全都是詐欺者，而且技術高明到開始相信自己的會計舞弊方法的合理性。

2008 年的全球金融危機，有很大一部分是會計手法釀成的——一些金融公司用錢滾錢，只是把錢搬來搬去，切割、售出。它們大撈油水，善用各種方便門，把各個帳戶裡的錢轉來轉去。

我們本身也會使用類似的會計手法，舉例來說，我們都會刷卡購物，然後很快就忘了這些花費；我們也會動用到原本要存起來的錢；預算不足，就不會認真思考大筆帳單；還會把錢在活存、定存和緊急預備金之間調來調去，以便有錢去做點「特別」的事。只不過，在大多數的時候，我們的會

計手法並不會導致世界經濟崩潰，只會導致個人將來的財務崩潰而已。

或許，我們不像 21 世紀初的安隆和同類那樣，但我們的心理帳戶還是大有問題，人類的各種情緒、自私本性、衝動、欠缺規劃、短視近利、自我欺騙、外部壓力、自我辯解、困惑和貪婪，很容易導致我們踏上迷途。或許，我們可以把這些視為財務十宗罪，雖然不若七宗罪那般重大，但也絕對不是好事。

就像安隆和同類一樣，我們的心理帳戶僅由懶惰的稽核者約束，這些稽核者不想思考太多，喜愛花錢之樂，受利益衝突之累。這些稽核者就是我們自己，我們就是守護自身財務雞窩的老狐狸。

假設現在要吃晚餐了，你的肚子很餓。昨晚，你已經叫過外賣了，今晚打算自己煮，但沒有買食材。預算告訴你，不該再到外面吃晚餐了，尤其不能到街上那家新開的餐廳。雖然朋友們今晚外食，但你應該在家自理，把省下來的錢放到退休帳戶裡去生利息，利滾利，直到 80 歲，就能時時在外用餐了。你可能忘了自問：「要是馬丁或摩斯夫婦，他們會怎麼做？」然後，就這樣拿起電話請鐘點保姆來，一小時後人就坐在餐廳內，手裡拿著特調雞尾酒。

當然，你內心也許會向自己承諾點些便宜、健康一點的菜，但是瞧瞧菜單上的這一區！原本以為會點雞肉的，但是

紅酒奶油龍蝦肥美又多汁，正在招喚你那發饞的喉嚨，而且「時價」聽起來不錯，之前聽過今年龍蝦盛產，應該不貴吧。於是，你就這樣點了龍蝦，還用厚片吐司把醬汁抹乾吃下肚。喔，還有，原本是打算只喝免費的水就好了，但後來居然對一瓶高級黑皮諾葡萄酒說：「好。」真的也不該點甜品的，但是三層舒芙蕾耶！好吧。

等到帳單送來，已經遠遠超過在家吃一盤義大利麵加一顆柳橙需要花費的 6 美元。就像這樣，我們違反了自己的飲食和帳務規則，但沒有人會告發我們。

對於吃和花費，我們不會感到不安，反正都得吃東西，辛苦工作一週了，應該犒賞自己一下吧，不是嗎？再說，多喝了點酒，認知能力下降了，無法思考儲蓄或支付帳單之類的無聊事。

儘管心理帳戶不理性，但就跟公司會計一樣，明智使用的話，對我們的確有所幫助。預算分類能幫我們規劃財務、掌控支出，但就跟公司會計一樣，心理帳戶並非萬靈丹，仍有很多灰色地帶，就像一些公司利用漏洞來做出「創意會計」，我們也有彈性支出的神邏輯。當我們不使用任何分類，金錢支出就會失控；縱使用了分類，仍會扭曲支出分類、改變規則，有時還會編造故事加以合理化。

馬克・吐溫（Mark Twain）曾經描述過這種創意操縱規則的情形之一。他限制自己每天只能抽一支雪茄，結果他開

始尋找、購買愈來愈大支的雪茄，直到有一天，他找到一支
大到「可以當拐杖」的雪茄。⁴社會學家稱這種創意簿記法
為「可塑心理帳戶」（malleable mental accounting），當我們
容許自己含糊不清地分類支出時，當我們發揮創意把支出歸
類到不同的心理帳戶時，就是在玩弄我們的可塑心理帳戶。
我們玩弄帳戶的所有人，就是我們自己。若心理帳戶不具可
塑性，我們將會嚴格遵守收入與支出的規定，但因為心理帳
戶具有可塑性，我們便操縱心理帳戶，為支出合理化，還容
許自己超支，而且感到心安。

　　就是這樣，縱使我們知道預算不容我們到餐廳吃晚餐，
還是會設法如願，也許把這一餐的費用從「食物」類別記到
「娛樂」類別，也許我們會暫時決定孩子的大學學費不是自
己的責任。基本上，這些行為都像安隆一樣，用立可白修改
財務計畫，以滿足當下的欲望。雖然我們不會因此吃牢飯，
但我們違背了自己的原則，親手打掉「食物」帳戶和「娛樂」
帳戶中間的那道分隔牆，那一頓龍蝦大餐，還有三層舒芙
蕾，全都擺脫了束縛。

　　我們不僅改變了分類的方法，還改變了定義那些分類方
法本身的原則。當我們有不良的習慣（例如買彩券或香菸）
時，通常會隨意設定一些規定，容許自己在何時可以購買，
例如：「只在總獎金超過 1 億元時購買威力球。」當然，這
樣的規定是傻氣的，不論總獎金累積多少，購買威力球都是

一項壞決策,那就彷彿是在說:「我只在陰天抽菸。」但因為有了這樣的規則,我們會對自己了然於心的壞選擇,感到比較心安。

為了自我合理化,我們通常會自己設定一些原則。例如,當整間辦公室集資購買威力球時,當我們在結帳櫃台大排長龍時,當這天白日夢做得特別起勁時,或是當這天特別辛苦時,我們覺得這樣做,沒什麼不好的嘛!原則是自己定的,所以通常只有自己知道,很容易修改,用新的來推翻舊的,也不會受到任何反彈(最新規定:「穿著咖啡色寬鬆長褲時,不適用總獎金必須超過 1 億元才能購買威力球的那條原則。」)不論政黨對立有多嚴重,不論多麼欠缺深思熟慮,我們內心的立法部門,一定會通過原則修正案。

劣幣驅逐良幣

假設我們得了一筆意外之財,例如中了一筆金額不算太大的樂透,或是到巴塞隆納的演講費用還不錯,在未經充分思考之下,我們花的錢很容易超過這筆意外之財許多倍,讓放縱享樂、毫無罪惡感的「獎金」帳戶,連帶導致其他帳戶大出血。我們大肆揮霍,告訴自己,這些全都由意外之財來買單,儘管餘額早已用盡。

舉例來說,傑夫將巴塞隆納的幾筆額外消費合理化(往往是多喝幾杯,但並非總是如此!)他認為,每一筆消費都

是由他的演講費用來買單；當下，他很容易把每一筆消費想成特別支出，慶祝他的演講之旅成功；實際上，那所有的放縱消費，累計之後是一筆相當大的支出，但他從未那麼思考過，至少在一個月後信用卡帳單到之前沒有（後文將探討更多有關信用卡的消費。）

可塑心理帳戶讓我們動用到長期的儲蓄帳戶，以支應當前的需要或欲望；它讓我們動用到醫療預算，以支應臨時需要；也讓我們因為一時念頭，編造出全新的預算類別；更糟的是，一旦開啟一個全新的預算類別，將來就更容易用這個類別來花錢。誰曉得，突然間，就有了「慶祝週三小週末的快樂時光」這個新類別，而且往後每週都會重來一次？

有時候，我們好不容易存了一筆錢，為了獎勵自己，就做出平時不會購買的奢侈消費，儘管一個心理帳戶的積蓄，並不是為了去花費另一個帳戶的錢。當這種情況發生時（雖然不是經常發生，但發生的次數也夠多了），意味的是，我們將用不良行為來獎勵良好行為，結果不良行為直接破壞了良好行為。一週多存了 100 美元，這是個好的開始，但為了慶祝這筆小積蓄，我們卻花了 50 美元購買原本不會買的東西，例如一頓大餐或一份禮物，而這對財務整體並無助益。

還有一種玩創意會計的方法，就是「合併」。我們會把兩筆不同支出視為同一筆，把金額比較小的那筆，加到同類別金額比較大的那筆，欺騙自己，告訴自己說，這只是一筆

大支出。相較於一大一小的兩筆支出，只有一筆大支出，可以減輕內心的不安。

以前文舉過的例子來說，我們會把 200 美元的多碟 CD 播放器，加到 25,000 美元的購車費用上，當作購車的一部分。或者，我們在買一棟 50 萬美元的房子時，會添購 600 美元的庭院家具，以便之後能夠坐在美麗的庭院裡好好享受時光；這兩筆消費很容易被當成一筆消費──買房子。把買房子和買家具這兩筆消費合併起來，使我們感覺不是兩個帳戶（住屋、居家布置）同時出血，是只有一個帳戶在出血（買房）。或者，在逛街購物了一整天感覺疲憊時，我們去吃了一頓昂貴的大餐，然後又吃了甜點，再去酒吧。最後，我們把這些放縱消費合起來，記為「假期再次大出血」。

不但如此，我們也會用錯誤的分類方法作弊。例如，前文提過，珍不想花錢買生日禮物給表哥，所以自己花了四小時烤蛋糕，這件事是有價值的，這四個小時可以用來做別的事──放鬆、拜訪家人，甚至是賺錢。從財務的角度來說，這四個小時的總值，是否高於買一只相框當作生日禮物所花的 15 美元呢？有可能（當然，為親友親手製作禮物，內含了情感價值。）但純粹從金錢的角度來看（這是珍聚焦的），為了節省 15 美元，花四個小時的時間和精力烤蛋糕，是壞決策，是她基於糟糕分類而做出的決策。

我們個人的心理帳戶規則既不明確，也未嚴格執行，它

們的存在往往只是我們腦海裡含糊不清、粗略的想法，因此每當需要或想找漏洞時，很容易就能夠找到。如前文所述，在有選擇的情況下，多數人會選擇容易的路走；我們會選擇當下最誘人的選項，再用分類手法加以合理化，而且通常不會注意到自己這麼做，儘管這些決策意味的是在欺騙自己。

人類總是盡力避免思考。我們並非壞蛋，多數人也不是刻意貪心、犯蠢，或天生具有惡意。我們不是公然或毫不在乎地違反自己所設的心理帳戶原則，但我們的確使用心理帳戶原則的可塑性，將自己違反原則的花費決策合理化。[5] 就像節食者有時也會偷吃作弊一樣，我們也會利用身為人類本身具有的創意，為幾乎任何事情合理化。比方說，前幾天的午餐我只吃了沙拉，所以今天吃個冰淇淋，不為過吧？畢竟，那台冰淇淋車也算是我們應當支持的地方事業？拜託，一年就只有一個夏天，吃個冰淇淋是應該的，沒錯吧？所以，就吃吧！

時機很重要

我們無法拉長時間，對吧？但我們一直試圖這麼做。事實上，最常見的心理帳戶作弊方法，源自我們對時間的思考和錯誤思維；更確切地說，源自我們花錢購買一物品和實際消費此物品之間的時間差。

我們的財務決策分類方式最有趣的特徵之一，是關於我

們會把一筆消費歸屬在什麼心理帳戶、對此有何感覺,而這通常和購買與實際消費的時間差有關,而不只是和此物品的實際價值有關。舉例來說,學者艾爾達・夏菲爾(Eldar Shafir)和理查・塞勒研究葡萄酒的消費(真是明智又可口的選擇),發現人們往往將預先購買葡萄酒,視為一項「投資」。[6] 幾個月或幾年後,其中一瓶葡萄酒開瓶倒入杯中,被細細品味、獲得讚美時,人們很容易會覺得這是免費的,當晚的美酒不花錢,是很久以前明智的投資結成的果實。

但如果葡萄酒是今天才買的,或者不小心把這瓶酒給打破了,我們就會覺得它花掉今天的預算。在這種情況下,我們不會稱許自己做了一項明智的投資,因為購買和實際消費之間沒什麼明顯的時間差,無法把它歸到另一個不同的類別。不管在哪一種飲酒情況中——以前買,今天喝;今天買,今天喝;以前買,今天打破,我們都是花錢在一瓶酒上,但因為購買的時間點,以及購買和實際消費的時間差,導致我們對成本的思考大不同。

如此一來,我們可真是自我欺騙的麻煩製造者,至少在喝酒時,同時也在製造麻煩。

而且,不僅花錢的時間點有影響,賺錢的時間點也有影響。請問,如果你是領薪水的上班族,會選擇哪一個:每個月加薪 1,000 美元;年終多領 12,000 美元的獎金?理性來說,應該是偏好每個月加薪 1,000 美元,因為可以先存起

來，或是用來投資、還債，或用於每個月的需求上。

　　如果再問：一次動用 12,000 美元，或每個月可多花 1,000 美元？大多數的人會選擇前者，說自己要買某樣東西，讓自己更快樂。這是因為一筆獨立在每個月之外的費用，很容易被記在經常帳之外；反觀每個月獲得 1,000 美元的話，這筆錢將被歸類為薪資，多數人會用來支付尋常消費。獎金沒有這種每個月的時間架構，所以可用來購買我們想要，但平時買會有罪惡感而不會買的東西。

　　我們偏好把獎金花在樂趣上，有更多證據是來自國稅局，儘管這個機構通常不會令人聯想到「特別」或「樂趣」等字眼。美國人喜歡退稅，在 4 月 15 日取得退稅，就好像領了一筆獎金一樣。我們可以把扣繳稅額設定得剛剛好，這樣到了年底時，預繳的稅既未過多、也未過少，到了隔年 4 月 15 日，既不需要補稅，也沒有退稅。但是，很多人選擇讓每筆薪資被扣過多的稅，刻意讓自己整年實領較少的薪資，以便在隔年 4 月 15 日獲得一筆猶如獎金般的退稅——一筆來自「政府」的年度獎金，很特別。要是我們在其他更有效益的用途上也這麼支出金錢的話，那就太好了。

花錢購買免費使用的權利

　　居住在城市的擁車者，知道在城市裡擁有、使用一輛私家車有多麼昂貴：城市的汽車保險費較高；汽車的耗損

率也較高,因此維修成本較高;在市區停車要繳費,還要繳交完全不公平的罰單;此外,城市居民的汽車使用率,低於郊區居民的汽車使用率。理性而言,許多城市居民應該要改搭計程車,偶爾在週末出城度假,或是到郊區大型商場購物時才考慮租車,因為這些費用相加起來,還遠低於擁有私家車的成本。但是,每當城市居民開車去購物、度週末、造訪郊區朋友時,很多人都覺得這些行程不花什麼錢,彷彿省下許多計程車資和租車費一樣;這是因為他們在定期、持續性的付款中,支付了這些行程的費用,而不是在行程的當下直接付費。

同理,我們預付了一大筆錢,取得在任何想要的時候,使用分時度假屋的權利。「免費」使用!嗯,是的,入住度假屋那週不必付錢,但那絕對不是免費,因為早已支付了一大筆錢,通常是一年支付一次。之所以可能讓人覺得像「免費」,是因為購買的時間和使用的時間不同所致。

應付帳款

心理帳戶對我們的花錢決策影響甚大,它引導、也錯誤引導了我們的注意力,影響我們對該花什麼錢、不該花什麼錢的思考。不過,可別忘了!心理帳戶並非全然有害,在人類認知能力有限的情況下,心理帳戶有時能夠創造一些有用的捷徑,維持一點財務秩序感。不過,在這麼做的同時,我

們往往創造了寬鬆的會計規則，有可能負面影響我們評估價值的能力，尤其是當我們根據時間、付款方式或注意力，將一項消費所獲得的愉悅和付款的痛苦區分開來時。

　　什麼？你沒有注意到自己花錢找痛苦嗎？看緊荷包，翻到下一頁……

第6章

我們會逃避痛苦

> 傑夫已婚,他度蜜月的體驗,對我們的財務思考甚
> 具啟示作用,下列是他的愛與金錢的浪漫故事。

安妮和我,發現了一個我們想去住一陣子的地方——加勒比海上的安地卡島(Antigua Island)。我們從朋友那兒聽聞這座迷人的島嶼,聽起來是慶祝我們結婚(並且從婚禮後的疲累中復原)的好地方。從照片上看起來,那裡真的很美。為了婚禮忙翻天之後,我們知道,躺在安靜、迷人沙灘上的念頭,著實令人難以抗拒。

我們決定購買預購套裝行程,我們討論過,套裝行程可能會比隨選付費行程貴,而且在行程中,我們可能也會吃喝

過多，但是為了結婚禮服穿起來好看，我們已經節食了好多個月，就買套裝行程吧！它看起來十分誘人，一部分是因為很簡單，下單付款之後，我們那份看似無止境的待辦清單事項就減少了一項。誰知道辦場婚禮會那麼難、那麼累？不是只要租租禮服，等著打開禮物就可以了？沒想到事情那麼繁雜，捧花、花飾、安排座位……，當然還有結婚誓詞，真的好累。

●● 良心小建議

我們認為，婚禮規劃應該列為第一次約會的必要活動，若一對戀人能夠通過這項考驗，就可以去看電影了。否則，是行不通的。我們敢打賭，若以婚禮規劃為起點做為戀愛的標準過程，那麼不合的夫妻檔將會減少許多，因為結婚實在是太累人了！

PS. 我們的觀點未必全都正確啦。

不管怎樣，我們的婚禮很棒，充滿了愛和歡笑，還有班傑利（Ben & Jerry's）的冰淇淋婚禮蛋糕，我們高度推薦！

幾天後，我們搭機抵達安地卡島。睡飽了之後，我們就開始度假了。真的沒錯，我們暴飲暴食，一切都過量，有太多事情可以做了，整天吃吃喝喝個沒停。豐盛的早餐，喝點

血腥瑪麗；海鮮午餐，椰汁基調雞尾酒；午睡醒來，喝些蘭姆酒；晚餐搭配美酒，然後吃甜點。我們吃了大量的甜點，每晚都會推出一盤盤的甜點，哪能抵擋得住誘惑？在自己家裡，我們絕對不會如此放縱，雖然我們也相信，所有過多的卡路里，是過不了回程的海關。

除了大吃大喝，我們也參與很多活動，包括游泳、打網球、玩帆船、浮潛等，甚至還去了幾趟遠足，但最後都縮短行程（是因為我們想進一步了解安地卡島的歷史，還是因為蘭姆酒喝得不夠？就留給各位想像吧。）我們覺得自己有點被寵壞了，但也覺得這一切好像是應得的，唯一讓我們對放縱享樂心生罪惡的時候，是偶爾留下半瓶美酒沒喝完時──並非是我們只喝了半瓶，那半瓶通常是我們當晚喝的第二瓶或第三瓶。

我們這趟預付套裝行程的意外驚喜之一是，在度假中心的每一處、每樣東西上，都張貼了價格。食物、海灘浴巾上有價格標籤，沙灘椅上也有價格標籤，搭船及島上旅行也有價格。起初，我們覺得這有點俗不可耐，但後來想到自己享受的所有免費食物和樂趣全都免費，想到自己省下的錢，就開始沾沾自喜。

我們的度假是逃離現實，逃離婚禮和親友，在安地卡島吃得肥肥的、喝得茫茫的、曬得紅紅的。

後來，開始下雨，而且連續下了三天。這通常會讓人

感覺很掃興，在海島上度蜜月，當然想要躺在沙灘上，對吧？但有時候，生活給你檸檬，你就得學會調製檸檬蘭姆潘趣酒。

雨天，我們就在度假中心的酒吧裡待著，品嚐每一種酒，我們喜歡其中一些，但有些嚐過就算了。我們結識了同樣到酒吧打發時間的新婚夫妻，相談甚歡，他們都是好人，至今我們還和其中一些保持聯絡，偶爾還會去拜訪他們，不過，時間及蘭姆酒，已經模糊了我們對那些雨天的記憶。

其中有對夫妻來自倫敦（姑且稱他們為「史密斯夫婦」吧！）開始下雨，他們就會進來酒吧。他們拒絕加入我們「品嚐每一種酒」的挑戰，會把自己點的每一杯、每一滴都喝下肚，就算不喜歡也是一樣，一滴不剩。

連續下了幾天的雨停了之後，我們在沙灘或餐廳經常遇到史密斯夫婦，也會加入他們的行列，但只會在晚餐時間遇到他們。他們經常省略早餐，只吃豐盛的晚餐，也沒有喝太多酒，雖然他們笑談了很多在英國晚間流連酒吧的事，顯然是愛酒之人，但在安地卡島上，他們在晚餐只會喝幾杯，在沙灘上則是幾乎不喝。他們似乎常常爭論，原來他們買的是隨選付費行程，兩個人對花錢在什麼項目上有不同意見，這就難怪了！因為酒品價格及各種活動的收費並不便宜，光是討論要做什麼、要花什麼錢，就已經為這對新婚夫婦增添了不少對峙。

我們離開安地卡島的日期，跟史密斯夫婦的一樣。在準備搭巴士前往機場時，我們看到史密斯夫婦正在櫃台和人員對帳，帳單長達十九頁，密密麻麻。這樣結束和他們共處的時光，真是遺憾，尤其是他們沒有搭上機場巴士，差點還錯過班機。

不過，錯過班機可能也是不錯的事，困在安地卡島上嗎？不，我們困在邁阿密。雖然這是座可愛的城市，但如果是短暫、意外的造訪，就不是那麼有趣了！我們原本是要在邁阿密轉機的，但先是因為飛機的問題，然後是一場熱帶暴風雨來襲，導致我們受困邁阿密幾個晚上。航空公司安排我們住飯店，我們接受了，雖然可以升級到比較好一點的飯店，但我覺得不值得多花那 200 美元。結果，我們住的飯店又髒又暗，位置也不好，但我們盡量想著這場小小的意外，既然兩個人都沒來過邁阿密，何不好好把握這意外停留的36 小時呢？

入住飯店後，我們立刻就上床睡覺，沒去尋歡作樂。翌日早上，我們到當地一家熱門餐廳吃早餐，兩人一起吃了一大盤歐姆蛋。我沒有那麼餓，所以沒有吃完我的那一份。15美元的價格，只吃幾口，好像太貴了，但這早餐還挺美味的。之後，我們前往海灘，但沒有租船、滑水或租大陽傘，只是坐著放鬆，這樣也挺好的，可以看到地平線那端逼近的暴風雨。午餐還是兩個人一起吃，然後計畫著晚餐要吃什

麼，還打算去看一場秀。

晚餐時間，我們去了一家好餐廳，有很棒的景觀，可以看到暴風雨尚未真正來襲的海洋景觀。我們吃了很多麵包，沒有點開胃菜和沙拉，兩人各點了一道主菜，沒有點葡萄酒，但我們喝了幾杯雞尾酒，不吃甜點。我們在安地卡島時，已經把一生的甜點分量都吃完了（喔，前面預測的，過多卡路里過不了回程海關是錯的，真可惜。）晚餐之後，我仍然有點餓，但我想，看秀時可以吃點心。

後來我們並沒有去看秀，當地有個加力騷（calypso）樂團在一家新開幕的俱樂部表演，我們抵達時只剩下 35 美元一張的門票，就一個我們從未聽聞過的樂團而言，票價似乎稍貴了一點，於是我們決定作罷，散步回飯店。不久後就開始下雨，而且雨滿大的，是熱帶暴雨，我們用跑的回飯店房間，關上門，跳上床，拿出幾本書，讀到睡著。就這樣，度過簡單但美好的一天。

當我們終於回到家時，那可惡的長期停車場，向我們多要了一天的停車費，我花了一點時間爭論。回到家已經很晚了，必須立刻睡覺，隔天早上才能準時起床上班。一次美好的旅行，有個不好的結尾，不過，人生故事不就是如此嗎？

那週稍後，朋友們想聽聽我們的蜜月之旅，我們也很期待向他們述說，於是大家決定在一間很棒的餐廳共進晚餐。那晚的聚會很有趣，我們很高興看到大家，聽他們說我們的

皮膚曬成古銅色，這些都是生活中簡單的美好。等到帳單送
來，思索了好一會兒，我忍不住指出，我們沒有喝朋友點的
任何香檳或酒（可能是想戒除酒癮吧！）大家討論了一下誰
該付什麼，最後決定各付各的。

　　我問服務生，收不收貝殼及曬成棕色的皮膚代替帳款，
她連笑都沒笑。我遞上信用卡，美好的一晚，有個不愉快的
結尾，不過，人生故事不就是如此嗎？

●● 結尾愉快很重要

　　一項體驗如何結尾非常重要，想想宗教儀式最末的
祈福、一餐最後的甜點、夏令營終了的驪歌，美好的
結尾之所以重要，是因為一項體驗的結尾，會影響我
們如何回憶、想起、評價整個體驗。

　　學者唐納德・瑞德梅爾（Donald Redelmeier）、喬爾・
卡茲（Joel Katz）和丹尼爾・康納曼（Daniel Kahneman）
研究大腸鏡檢查的結尾，如何影響病人對整個檢查過程
的記憶。[1] 醫生對一些病患採用標準方式結束檢查，對
其他病患則在最後加了五分鐘的程序，雖然時間稍微
長了一點點，但比較不痛苦。他們的研究發現，當醫
生採取時間較長、較不痛苦的方式收尾時，病患認為
整個檢查的體驗比較不那麼難受，儘管檢查過程也是

標準程序，只不過加了較長的結尾步驟。

當然，度假完全不同於大腸鏡檢查，但結尾一樣重要。度假常會發生一些不愉快的事物做結，一些我們最討厭的事物，比如飯店帳單、機場接駁巴士、機場、計程車、行李、洗衣、鬧鐘、回去工作等，這些收尾活動可能會影響到我們對整個度假體驗的感想，而且是負面的影響。

若一場度假（縱使包括了三個雨天），有比較愉快的結尾，我們對該次度假的記憶會更好。如何讓結尾盡量愉快呢？可以在不那麼愉快的結尾發生之前，就提前結束該趟旅程，例如在退房的前一晚慶祝旅行結束了；這麼一來，我們在心理上就會把打包、到機場、踏上回程等體驗，歸到「日常生活」中，而非「度假結尾」。換言之，我們已經把度假打包起來了，不讓不愉快的結尾進到盒裡。

另一個方法是把度假延伸下去：回到家，恢復正常生活和工作之後，可以騰出一點時間回憶、談論度假的體驗，看看當時拍下的照片，寫寫回憶筆記，讓整趟旅程在腦海中再次浮現。花點時間回味度假，把美好的體驗帶入日常生活中，也能讓我們有一個比較愉快的結尾。

最後，如果想起度假遠比做大腸鏡檢查要來得愉
快，或許也能改善我們對度假體驗的感想。

花錢會痛

傑夫的蜜月體驗，為我們例示「花錢之痛」的許多表現形
式。所謂「花錢之痛」，指的是當我們付款時，感受到某種版
本的心痛，提出、探討這種現象的，是學者卓瑞森・普瑞雷
克（Drazen Prelec）和喬治・羅溫斯坦（George Loewenstein）
的研究文獻〈紅與黑：儲蓄與負債的心理帳戶〉（"The Red and
the Black: Mental Accounting of Savings and Debt"）。[2]

我們全都熟悉身心的痛苦，例如被蜜蜂蜇了、被針刺
了，或是慢性疼痛、心碎之痛等。「花錢之痛」是一想到一
筆錢沒了時的感覺，但這種痛苦並非來自付款本身，而是來
自我們想到錢被花掉了，而且愈想心就愈痛。倘若我們在消
費某樣東西時想到了花費，花錢之痛就會更加影響到整個消
費體驗，使它變得比較不那麼快樂。

「花錢之痛」這個名詞，原本是指花費所導致的苦惱與
不安，但近年來使用神經成像及磁振造影所做的研究顯示，
付款確實會刺激腦部涉及處理身體疼痛的區位。而且，高價
對那些腦部機制的刺激更加強烈，但不是只有高價會導致痛
苦，任何價格都會。當我們捨棄了某件事物時，就會感受到

痛苦。[3]

不痛，不痛

當我們感受到任何痛苦時，第一本能就是試圖擺脫，會想要抒解痛苦、想要控制。當我們看到痛苦來臨時，會退縮、逃避，當然也會這麼應付「花錢之痛」，但問題是：我們試圖逃避花錢之痛的方法，往往導致長期而言更大的麻煩。怎麼說呢？因為我們從痛苦的付款逃向無痛付款，沒有考慮到其他更重要的因素，而這種逃避痛苦的方法，無助於我們的財務麻煩，雖然可以幫助逃離現在的苦，但往往帶來更高的未來成本。

逃避痛苦是一種強而有力的激勵因子，同時也是狡猾的敵人，導致我們忽略價值。由於我們聚焦在購買過程中感受到的花錢之痛，而非聚焦在消費本身的價值，這會導致我們做出錯誤的決策。

痛苦固然難受，卻十分重要，它告訴我們事情不對勁。斷腿之痛告訴我們必須求援，燙傷的痛告訴我們別玩火；七年級時，被一位名叫梅根的女孩拒絕了，教會我們要對那些名叫梅根的女孩當心，抱歉了，如果妳剛好也叫梅根的話。

碰觸熱鍋的小孩會感到疼痛，歷經時日，就知道是什麼導致疼痛，學會別去碰觸滾燙的熱鍋。同理，我們應該學會什麼導致痛苦，盡量避免，是嗎？我們應該停止做會導致痛

苦的事，還是乾脆被痛苦麻痺，繼續做會痛苦的事，也許就
不再那麼令人痛苦難耐呢？聖菲德先生，你怎麼說？

> 很多事情可以證明，人類並不聰明，安全帽是我個
> 人很喜歡的一個例子。我們必須發明安全帽，為何
> 要發明安全帽？喔，是因為我們從事許多可能會撞
> 破頭的活動。我們看到這種情況，卻選擇不避開這
> 些活動，而是去製造一種帽子，以便繼續從事那些
> 可能會撞破頭的活動。唯一比安全帽更笨的東西，
> 就是安全帽的法規，那些試圖保護笨腦袋的規則，
> 甚至沒有嘗試阻止安全帽裡的腦袋別撞破。

> ——傑瑞・聖菲德（Jerry Seinfeld），
> 《我最後再跟你說一次》（I'm Telling You for The Last Time）

照理說，花錢之痛應該會讓我們停止做出痛苦的花錢決
策才對，但實則不然。為了終結花錢之痛，我們在信用卡等
金融服務的「協助」下，使用一些「減輕」痛苦的法子。舉
凡刷卡、改用電子錢包、自動轉帳等，這些行為就像戴上
「財務安全帽」，就像江湖郎中，治標不治本。而且，這是影
響我們評估花錢決策時所犯的最嚴重錯誤之一。

花錢之痛是兩項因素的結果，一是錢離開荷包的時間和
我們實際使用東西的時間兩者的時間差，二是我們對付款本

身的關注程度。因此，公式就是：花錢之痛＝時間＋注意力。

　　在生活中，要如何避免感受到花錢之痛？這種逃避的行為，將如何影響我們對金錢的評估方式？我們的做法和上述公式背道而馳，把付款和實際使用之間的時間差拉長，以減少對款項的注意力；拉長時間，減輕關注的程度。

　　以傑夫的度蜜月體驗為例，他和他那可愛、有耐心、善良、傑夫高攀的太太（親愛的，妳正在看這本書嗎？），早在蜜月之旅前就已經付款。他們開出那張面額高的支票，當然會皺眉，但等到他們抵達安地卡島時，那個花錢之痛早已遠離。實際在度蜜月時的每一項體驗、每一種享受、每一杯酒，感覺起來就像是免費的。他們在叫另一瓶酒或搭船時，不用考慮到錢，或是考慮這東西值不值得，因為早已做出購買決定，只要隨著興致、欲望和衝動而為。事實上，看到他們不用支付隨選付費的高昂價格，令他們感覺更好；當下，他們感覺就像免費獲得那些東西一樣。

　　反觀史密斯夫婦，在島上停留的期間，經常感受到花錢之痛。每當他們想做某件事，不管是喝酒、吃東西、游泳、浮潛等，都必須付費，因此就會感受到花錢之痛，而這些痛苦導致他們體驗到的樂趣下降。雖然他們不需要在當下掏出腰包，但必須權衡成本與利益，考慮是否讓費用掛到房間的帳單上，考慮小費付多少等。縱使項目小，也得付錢，因此也有花錢之痛。固然，他們在加勒比海一座休閒度假島上喝

熱帶調酒時，必須賦予少許的注意力，這或許是教科書上定義的「第一世界問題」(first-world problems)，*但仍然堪稱顯著。在度蜜月的期間，史密斯夫婦經常得應付花錢之痛，這顯現於他們的爭吵對峙上，而「至死不渝」的盡頭似乎正在快速接近中。

當傑夫和新婚嬌妻受困邁阿密時，仍然處於度蜜月的期間，身處於一個相當有魅力的地方，也是一個他們不熟悉的地方。當時，他們仍在旅行中，有機場、飯店、海灘及其他種種場合，因此在支出上願意稍微豪爽一點，嘗試一些不確定的東西。他們的飯店費用是航空公司支付的，所以他們覺得彷彿有一些多出來的錢可以花用（心理帳戶），但這不同於預先支付的套裝旅遊，仍然必須自掏腰包，付現或刷卡，必須留意花錢，注意到錢從銀行帳戶消失。因此，在停留邁阿密的期間，他們節制了一點，沒有隨心所欲，觀賞一場不確定是否值得的秀，也沒有喝太多酒，比在安地卡島上時更節儉，雖然這對佛羅里達州的經濟不利，但對傑夫的荷包有利。

回到家後，他們變得更吝嗇了，因為他們感受到花錢之痛的威力了！他們重返正常生活，不再處於度蜜月時的心理帳戶下。在付完了一大筆婚禮和蜜月的費用之後，和朋友聚餐時，他們面對必須為他人喝的酒買單的負擔，花錢之痛令

---

* 生活水準比較高的國家才會有的問題。

他們感覺不適，為了稍微減輕痛苦，他們使用信用卡。誠如後文所述，使用塑膠卡片的痛苦，會比付現來得低。

● 要刻意避免花錢之痛嗎？

當花錢之痛消除時，我們就會花用得更自在、享受得更多；當花錢之痛增加時，我們的支出將隨著有意識的節制而減少。那麼，我們是否應該刻意增加或降低花錢之痛呢？當然不用，凡事都有適當的天時地利。

有些體驗，例如度蜜月，一生只會發生一次，或是兩次，或至多三次（如果你是政治人物的話。）這些是特殊的情況，在這種情況下，我們認為降低花錢之痛是好事，應該好好享受一生一次的體驗。但是，在日常生活中，有很多事是一再發生的體驗。或許，有一些還是我們應該刻意增加花錢之痛的，例如吃午餐、隨手購買八卦雜誌，運動後喝一杯昂貴的思慕昔等，這些都是我們可以重新考慮是否消費，但不會破壞珍貴時刻的情況。

重點是，我們可以增加或降低在任何時候、任何交易中的花錢之痛，但我們應該在想清楚後才做，視想要享受或節制的程度而定，而不是在毫不知情或毫無控制下，任由花錢之痛增加或減少。

時間滴答滴答，我的荷包感覺不痛了

當實際使用和付費的時間點相同時，消費的樂趣就會大幅降低；當實際使用和付費的時間點分開時，我們對付費的注意程度就會減輕，忘了花錢這件事，結果同樣一筆消費可以享受更多。這就好像每次付款時，都有一筆罪惡感的稅加到我們身上，但作用力是暫時性的，僅限於我們付款之時，或是想到付款時。

基本上，付款的時間點有三種：享受產品或服務之前，例如傑夫的蜜月之旅；使用產品或服務之時，例如史密斯夫婦的蜜月之旅；或是用了產品或服務之後，例如傑夫返家後，刷卡支付和朋友的聚會費用。

來看看荷西・席爾瓦（Jose Silva）和丹對於時間點所做的一項實驗，[4] 他們支付 10 美元給每位參與實驗的大學生，請他們在實驗室內坐在電腦前 45 分鐘，可以坐在那裡什麼都不用做，領走 10 美元，也可以選擇用低價使用一些娛樂。他們可以在線上觀看三種內容：卡通，這是最受喜愛的類別；新聞和科學文章，這是第二受喜愛的類別；以及後現代主義文學的文化研究文章，這當然是最不受喜愛的類別，你猜對了。他們可以點閱任何想看的內容，但是都要付費，電腦會自動追蹤他們觀看什麼內容，每部卡通收費 3 美分，一則新聞或科學文章收費 0.5 美分，至於後現代主義文學的文章，想看多少都免費。

◐◑ 一個不簡單的誤解

你是後現代主義文學的粉絲嗎？你了解後現代主義文學，或是想要別人知道你了解後現代主義文學嗎？

那你應該上一個很棒的網站，名為「後現代論文生產機」（Postmodernism Generator），網址為：www.elsewhere.org/journal/pomo/。這個網站可以隨機創作出後現代論文，做法是擷取一些引言，再丟入一些名字，例如「Foucault」、「Fellini」、「Derrida」，就能快速產生論文。一開始閱讀這個網站生成的論文時，你會覺得自己了解每一個句子，但細讀之後，你會發現自己什麼都不懂，這就是後現代主義文學帶給許多人的感覺。

我們曾經考慮使用這個「後現代論文生產機」來撰寫本書，誰知道？說不定我們真的這麼做了。

不同組別的付款方式也有所不同。後付組的實驗對象被告知，先觀看、後付費，就像月底的帳單一樣。預付組的情形則很像禮券，實驗對象獲得 10 美元，但錢是入到電子錢包帳戶裡，方便用來支付觀看內容的費用，而且他們被告知在實驗結束後，可以兌換帳戶內所有餘額。第三組則是微型

支付模式，實驗對象每開啟一條內容，當下就要付費。在點選連結時，電腦螢幕自動會問：「確定要為這篇文章支付 0.5 美分？」，或「確定要為這部卡通支付 3 美分？」若點選「OK」，就馬上扣款，螢幕右上角會一直顯示帳戶餘額。（傑夫經常納悶，丹是從哪裡找到這麼多願意參加實驗的學生？不知道能否聯絡他們，請他們來接受粉刷房屋或當保姆的「實驗」。）

所有的實驗對象觀看的線上內容價格相同，而且花費不高（單位價格都很低）。但是，想到要付費，這三組學生的消費情形大不相同。

當這筆錢一開始就被放到實驗對象的娛樂帳戶內──亦即預付組，每個人的平均花費是 18 美分；如果是採取類似月結帳單的模式──亦即後付組，每個人的平均花費是 12 美分。這顯示，如果有針對特定活動的專門帳戶時，這些人會消費得更多，在這個例子中，消費多了 50％。影響最顯著的是微型支付的模式，這組實驗對象的付款和使用發生在同一時間，被迫在每次購買前想到自己要付款，每個人平均只消費了 4 美分。大致而言，他們平均觀看了一部卡通和兩篇科學文章，其餘時間則是閱讀難看、但免費的文化研究論文。這顯示，付款方式從後付及預付改變成當下付款時，將會改變我們的選擇；最重要的是，當付錢這件事變得格外明顯時，我們就會顯著改變消費型態。簡單來說，由於花錢之

痛，若是採取預付模式，我們會願意消費得更多；若是採取後付模式，我們的消費將會減少；若是在使用當下立即付款，我們的消費會變得更少。付錢的時間點影響了我們的消費，甚至可能讓我們選擇看難看的後現代主義文學呢！

當然，我們無意批評後現代主義文學，對一些人來說，它無疑具有價值，但我們要指出的是，這項研究的實驗參與者，並不喜歡閱讀後現代主義文學，甚至說自己寧願聽指甲刮黑板的聲音，也勝過閱讀那些後現代主義文學文章。也就是說，免費活動──閱讀後現代主義文學，導致的花錢之痛最低，但造成的使用痛苦指數最高。人們在閱讀後現代主義文學時體驗到的享樂程度，遠遠不及看卡通時體驗到的享樂程度，但為了避開看卡通的花錢之痛，寧願忍受閱讀後現代主義文學的痛苦。那些在微型支付模式下的實驗參與者，大可花 12 美分獲得遠遠更好的 45 分鐘體驗，但花錢之痛太強烈了，所以沒有這麼做。

同理，假設你度蜜月買的是隨選付費的行程，當你躺在沙灘上看夕陽時，休閒中心的服務員問你是否要開一瓶上等的香檳，但所有費用的累加和詢問香檳價格一事令人惱怒，所以你決定只喝白開水。沒錯，你是避開了花高價買香檳的痛苦，但也避開了一生一次蜜月旅行時啜飲香檳看夕陽的愉悅享受。

在使用當下付費，可能難以權衡花錢之痛和享受之樂何

者重要，但就像「後現代論文生產機」網站告訴我們的，風格哲學思想家暨文學評論家米歇爾・傅柯（Michel Foucault）說：「生活不易呀！各位。」

預付的商機

傑夫的蜜月之旅是用預付方式購買的，比起當下付錢或事後付錢，他消費得更多、享受得更多。也許，他預付的總價多於實際消費的金額，但他的快樂程度仍然比較高。不少企業也注意到這件事，所以預付模式變得非常盛行，例如洛杉磯的法國餐廳 Trois Mec、芝加哥的分子料理餐廳 Alinea、紐約的二星餐廳 Atera，現在都鼓勵顧客在線上預付餐費。

但預付並非只是一種流行趨勢而已，其實無所不在，包括百老匯的戲票、機票、火人祭（Burning Man Festival）的門票，全都是預先購買。各位正在閱讀的這本書，也是購買後才開始消費，而不是等到讀完後才付費（屆時，你大概會寄張謝卡，外加豐厚小費給我們吧？哈。）

若你用預付的方式購買商品，等到你開始使用時，幾乎感受不到花錢之痛。你不會有當下付款的痛苦，也不必擔心未來付錢，這是「無痛交易」，除非你購買的是會導致身體疼痛的交易，例如攀岩、拳擊課程，或是女性施虐狂──這是一本「普遍級」的書，所以就不討論這個了。

亞馬遜網站把運送成本，轉嫁到預付的 Prime 會員年費 99 美元；預繳了這 99 美元，這一年就免運費。當然，實際上並非免運費，因為我們已經先繳了 99 美元，但在未來一年內的每筆購買，我們就不會感受到任何支付運費的痛苦。我們在購買的當下，感覺好像是免運費，尤其是看到亞馬遜在商品價格旁標注了鮮豔的彩色字樣：「Prime 會員兩天內免運費出貨」，讓你覺得好像必須買更多，因為免運費，真的太實惠了！彷彿買愈多就愈便宜，因為可以享受愈多的免運費，真是划算！

想像一下，你即將參加為期一週的非洲狩獵之旅，價格是 2,000 美元，有兩種付費方式，一種是提前四個月付費，第二種是在結束狩獵之旅時支付現金。被問及哪種付費方式更經濟？我們顯然會說在結束時付費，因為別的不說，至少這筆錢能在四個月的期間放在銀行裡生利息啊！但是，這趟旅行的樂趣呢？透過哪種付費方式會令人感覺更愉快，尤其是在最後一天呢？如果我們跟多數人一樣，那麼選擇預付，會讓這趟狩獵之旅變得更愉快。為什麼？因為如果選擇在旅行的最後一天付費，那麼我們在旅行的前幾天，會不斷地想著：「這趟花得值得嗎？」，「好玩嗎？」在這些想法不斷浮現的情況下，整個體驗的樂趣就會大大降低。

禮物卡和賭場的籌碼，也都是一種預付體驗。一旦把錢存入星巴克、亞馬遜或寶寶反斗城（Babies "R" Us）的禮物

卡，就將這筆錢分配給特定類別的支出。比方說，20美元
的星巴克儲值卡，這筆20美元就被分配在消費拿鐵和司
康，不能用來消費可樂或中國菜。此外，一旦一筆錢被分配
在特定類別，我們就會感覺這筆錢好像已經付出去了，在實
際花用時，感覺自己沒有在花錢，所以比較沒有罪惡感。平
時，我們可能只會買小杯的咖啡，但使用禮物卡消費，可能
會揮霍買一杯特大杯的印度茶那堤，順便帶一塊義式脆餅。
反正不用付現，對吧？使用禮物卡消費時，我們比較不會感
受到付現的那種花錢之痛。

我們全都愛消費，也都不愛付錢，但誠如學者普瑞雷克
和羅溫斯坦所言，花錢的時間點影響甚大，對於早已付款的
消費，我們的感覺會比較好。[5]

使用當下付費

使用當下付費，將對花錢之痛和消費的價值感有何影
響呢？

假設你打算為自己買一輛跑車，當作退休或中年危機的
禮物。你打算用貸款的方式買，每個月支付車貸。這輛跑車
開起來的感覺果然很棒，也幫助你忘卻自己離辭世愈來愈
近，以及人生中那些糟糕的選擇。但是，你後來開車的時間
愈來愈少，就連開跑車的那種興奮感，也開始漸漸消散；在
此同時，每月的車貸提醒你，這其實是一筆魯莽且昂貴的消

費，於是你愈來愈覺得這筆消費有點不適當。最後，你提前償還全部貸款，一次性付清當然很痛，但可以抒解每個月支付貸款的痛苦，以及伴隨而來的罪惡感，甚至可以恢復一點開拉風跑車的快感。你不用再擔心每個月的車貸，就算開跑車的時間減少了，你恢復了一點樂趣。

在使用當下付費，不僅會讓我們感受到更強烈的花錢之痛，也會降低消費的樂趣。假設一家餐廳的老闆發現，平均而言，人們一餐吃 25 口，付費 25 美元，相當於一口 1 美元。有一天，這個老闆決定來個五折促銷，每一口只收費 50 美分，依照顧客吃多少口來收費，沒吃的部分不收費！在餐點送上桌後，服務生站到桌邊，拿著一個小本子，每當客人吃下一口，服務生就在本子上畫一下。等我們吃完後，服務生送上帳單，一口 50 美分，吃幾口就算多少。這當然是十分經濟的一餐，但吃起來有趣嗎？應該不怎麼有趣，對吧？

丹曾經買了披薩帶到課堂上，學生每吃一口就索費 25 美分，結果呢？學生當然咬很大口。為了避開花錢之痛，這些學生想到了一個法子——每口咬下一大塊披薩，這種吃法當然很痛苦，嘴巴塞得滿滿的，還噎到喉嚨，臉也弄得髒兮兮的，既不划算，也吃得不愉快。一般來說，依照吃幾口來付費，通常不是好的消費方式，因為這種用餐體驗非常不愉快，但或許這是個不錯的減肥方法，因為吃的

不愉快大過吃的樂趣，更何況計算吃幾口比計算卡路里要容易多了。

使用當下付費有多麼痛苦，有一個商業實例可以為證，美國線上（AOL）把付費和使用區分開來。千禧世代的讀者，如果你不知道美國線上這家公司，可以請教谷歌大神。

1996 年，美國線上總裁鮑伯·皮特曼（Bob Pittman）宣布，他們打算推出新的資費方案——不限時數，均一價19.95 美元，取代原本的兩種資費方案——前 20 小時 19.95美元，之後每小時 2.95 美元；以及前 10 小時 9.95 美元，之後每小時 2.95 美元。美國線上的員工預期，這項新方案將導致用戶上網的時數顯著變化；他們調查過原資費方案的數據，掌握了多少人上網的時數接近 10 小時和 20 小時的門檻，預期新方案將使一些用戶的上網量增加。他們也預期，大多數用戶的上網量將會如常，除非他們在原資費方案下的上網時數，已經逼近 10 小時或 20 小時的門檻。他們相信，若用戶在舊資費方案只上網 7 小時，不可能在新方案增加上網時數太多。在這些假設下，美國線上只把伺服器容量提高了幾％，他們相信，這樣就足以應付「不限時數，均一價」的新方案。

結果呢？他們當然錯了。用戶的上網總時數，在一夕間暴增一倍。美國線上當然完全準備不足，被殺個措手不及，被迫向其他服務商求援，對手自是樂意伸出援手，也趁機向

美國線上大敲一筆。皮特曼為此大錯辯解：「我們是全球最大的網路服務公司，沒有前例可以參考。誰會想到上網量會倍增呀？這就像電視台的收視率倍增呀。」

美國線上的那些數據分析員，真的無法預測到這種趨勢嗎？若該公司團隊仔細了解付款及花錢之痛的學問，就會知道，當使用與付費發生在同時，如果顧客不時得關心剩餘時間，便很難不去思考自己離門檻時數（舊資費方案）還剩下多少時間，以及超過門檻將必須再付多少；如此一來，他們的上網樂趣就會降低。當門檻時數被廢除了，不用再擔心剩餘時間，花錢之痛也會消失！上網的時間當然會增加，而且是大大增加。

使用當下持續付費的那種心疼，不盡然都是壞事，只是讓我們更意識到自己正在花錢。能源消費就是一個有趣的例子，幫汽車加油時，看著油表和金額往上加，我們經常感覺到花錢之痛，或許會想著要買部更省油的車子，或是找一下共乘夥伴。但在家裡，能源量表通常不在眼前，我們也鮮少看表；再者，一個週期的居家能源消費帳單，要一個月或更久之後才會送來，而且不少是設定自動轉帳代繳，不容易得知我們在任何一刻消耗了多少能源，就沒那麼清楚意識到自己正在花錢，也感受不到花錢之痛。有什麼方法能夠幫助降低居家能源的使用量？有喔，第三部有更多討論。

後付的迷思

啊，未來。想了解先使用後付費如何影響到花錢之痛，就必須知道一點：我們認為未來的錢的價值，低於現在的錢的價值。若是讓你選擇現在，或是明天、一週後、一個月後、一年後獲得 100 美元，多數人會選擇現在就獲得 100 美元。未來的錢有一個折現值（很多研究都探討我們以種種不理性的方式折現未來的結果），[6] 當我們打算未來才付錢時，花錢之痛會低於使用當下付費的花錢之痛，而且實際付費的未來時間點愈遠，現在感受到的花錢之痛就愈低；在某些情況下，現在甚至不會感受到任何花錢之痛。現在不必付錢，要到未知的樂觀未來才付錢，真是太好了！說不定屆時我們已經中了樂透、成為大明星，或是發明了太陽能飛行裝而致富呢。

那些塑膠卡片呀！

信用卡狡詐的一點就是：把付款的時間點和實際使用的時間點分開來。信用卡讓我們在未來付款（請問你的繳費期限在每月何時？），使得我們的財務視野變得較不清晰，機會成本變得更模糊，也減輕了我們在刷卡時的花錢之痛。

請問：你在餐廳刷卡消費時，會有花錢消費的感覺嗎？好像不大明顯，只是簽簽名而已，實際付款是在未來的某個

時間點。同理，等到帳單到了之後，你會感覺自己在花錢嗎？好像也不會，因為在那個時候，你會覺得自己已經在餐廳付過錢了。信用卡公司不僅利用時間點轉移來減輕我們的花錢之痛，還做了兩次，先是讓我們覺得這筆消費將在未來付費，後來讓我們覺得這筆消費已經付過費了。真是高明，這讓我們更加享受消費，花錢花得更自在。

信用卡利用我們想逃避花錢之痛的欲望，能夠改變我們對價值的認知。更容易且較不明顯的支付方法，再加上錯開付款與實際使用的時間，信用卡降低了我們在購物時感受到的花錢之痛。這些塑膠卡片創造出一種隔離感，使我們更願意消費。誠如學者伊麗莎白・鄧恩（Elizabeth Dunn）和麥克・諾頓（Michael Norton）所言，[7] 這種隔離感不但影響了我們在消費當下時的感覺，也改變了我們對購買體驗的記憶，使我們較難記得自己花了多少錢。* 如果你到賣場購買襪子、睡衣、運動衫，選擇刷卡付費，回到家時，你可能不記得自己花了多少錢。信用卡就像科幻片中的記憶橡皮擦，但真實存在於大多數人的皮夾裡。

研究發現，使用信用卡時，人們不僅更願意消費，[8] 也會買得更多、給更多小費，而且更可能低估或忘記自己花了

---

* 鄧恩和諾頓也指出，研究顯示，學生低估信用卡帳單金額高達30%，MBA學生用信用卡競標物品時，出價也比使用現金高一倍。

多少錢，同時更快速做出購買決定。此外，光是貼紙或刷卡機那樣展示可用信用卡——讓我們意識到可用信用卡及其益處，就能產生這些受到信用卡影響的行為。這可不是筆誤，早在 1986 年，[9] 就有一項研究發現，光是把信用卡擺在桌上，就能誘使人們花更多錢。

換言之，信用卡——甚至只是暗示一下可以使用信用卡，能夠促使我們花更多、花更快、花得更大方、花到忘記多少錢。就某種程度來說，信用卡就像藥物一樣，模糊了我們處理資訊和理性運作的能力，雖然我們不像喝酒、吸毒、抽菸那樣使用信用卡，但信用卡對我們所造成的影響，一如這些東西那樣深切且堪慮。

此外，信用卡讓我們對購買有不同的價值評估。刷卡購物時，我們傾向思考購買的好處；反觀付現購物時，則會讓我們思考購買的壞處，以及把錢花掉的壞處。刷卡消費，我們想的是這道甜品有多好吃、壁爐有多好看？付現時，我們會更聚焦在吃了這道甜品將使我們增胖多少，或是不買壁爐，有什麼好處？[10]

相同的商品和價格，但付款工具、付款容易度的不同、花錢之痛的感受程度不同，導致我們對消費的價值評估也不同。

花錢不遺餘力

信用卡不僅改變享樂及付錢的時間點，還降低我們對付錢的注意力；我們對付錢的注意力愈低，花錢之痛就愈低，會愈看重東西的價值，不去思考後果。

比起掏出皮夾，看看自己剩下多少錢，再拿出鈔票，數一數付款，等店員找錢，刷卡不是簡單多了？當我們使用現金時，往往會想一想、看一看、碰觸鈔票，記一次剛才花了多少錢。在過程中，我們感受到失去金錢；刷卡時，這種失去感沒有那麼強，也沒有那麼痛。

信用卡每月記帳一次，這使得花錢變得更容易，而且更不那麼痛苦了。信用卡公司是優秀的整合者，把卡友所有的消費，食物、衣服、娛樂等，全部匯整成一筆總數。我們買出了一筆餘額，再買一筆、增加一點支出，也不會那麼心疼，因為總額就是那麼多。

如同前面討論相對性那一章所述，當一筆消費金額（例如 200 美元的晚餐費），擺在另一筆更大的消費金額（例如 5,000 美元的信用卡帳單）之前，這 200 美元的金額看起來比獨立存在的 200 美元更小一點，花起來也比較沒那麼心疼。所以，刷卡付款使我們更容易低估新增一筆 200 美元的消費，這是一種常見的偏誤，就像貸款買了一間 40 萬美元的房子，再多花好幾千美元鋪設更好的地板，或是花了

25,000 美元購買一部新車，再花 200 美元加裝多碟 CD 播放器一樣。

然而，像這樣減少花錢之痛，以總額混淆單筆消費金額的金融工具，不只有信用卡。理財顧問也從投資人那裡，賺取種種的服務費，例如，他們通常對資產組合(他們稱為「受託管理的資產」)，收取 1% 的管理費。所以，我們賺錢，他們也撈了油水。我們從未看見過那 1%，沒有實際感受到失去那筆錢，因為它從未進入到我們的充分意識裡，所以不會感受到花錢之痛。但如果我們用不同的方式付款給理財顧問呢？如果改成每個月支付 800 美元，或是在年底開一張 1 萬美元的支票呢？會不會改變我們看待理財服務的方式？我們會要求提供更多服務嗎？若我們更意識到管理成本，會不會尋找其他的選擇？

沒有大型投資組合的人，也可以想想史密斯夫婦那筆長達十九頁的度假帳單，或是我們都有的手機帳單，有各種名目的費用結合在一起，包括通話費、上網費，還有《工程師巴布》(Bob the Builder)的訂閱費，因為「小寶寶會用遙控器嗎？」是的，一定行。

有限使用

回頭談談禮物卡。這是「有限使用付費方法」的支付工具之一，能夠讓我們做特定的事。其他「有限使用付費方法」

的例子，包括賭場的籌碼、飛行累積哩程，它們顯著減輕花錢之痛，藉由心理帳戶，以及和尋常的價值線索隔離開來，也藉由大舉減輕做決策的痛苦心理負擔，使得花錢更為容易。

如果你手上的禮券只能在百思買（Best Buy）使用，或是這些籌碼只能在哈拉斯（Harrah's）賭場酒店使用，或是飛行累積哩程只適用於聯合航空（United Airlines），你可能就不會思考百思買、哈拉斯或聯合航空提供的是不是最佳價值，而會不假思索地花用那些錢，因為你的支付被限定在這些特定的類別。因為不假思索，你也比較不可能評估自己的花錢決策是否恰當。

說到賭場，那就順便一提，賭場非常善於讓人們自掏腰包（金融業是緊追在後的第二名），從兌換籌碼、免費酒精、消失的時鐘、二十四小時供應的食物和娛樂，他們很懂如何讓每位訪客大失血。還記得本書一開頭提到的那位喬治・瓊斯嗎？他玩 21 點抒解財務壓力，這就是賭場的威力。

當然，付款方式影響消費價值評估的情形還有很多種。照理說，消費的難度不應該改變我們對一項消費的價值評估，但其實會。

你感覺得到嗎？

不知道各位曉不曉得，亞馬遜捍衛的第一項專利是「一鍵點選」（one-click）技術呢？只要用滑鼠點一下，就能夠

購買某件商品（不論多大或多麼不必要），這使得消費變得太容易、太無痛了，而且對亞馬遜的成功貢獻太大了。如今，線上付款變得太容易，只要在臉書上浪費個幾分鐘，一張全新的沙發就會開始安排出貨，我們甚至沒有意識到自己已經花錢了呢。

而且這件事——沒有意識到花錢，堪稱是企業愈來愈熟稔於引誘眾人避開花錢之痛的手法中最嚇人的一點。近年來，太多科技進步，使得付款變得太容易，以至於我們幾乎沒有察覺到自己正在花錢。收費站的快易通（E-ZPass）自動收費，我們甚至要到月底才會知道金額（如果查看帳單的話。）其他各種自動轉帳代繳也是一樣，每個月的車貸、房貸和其他貸款，直接從銀行帳戶中扣款，連「一鍵點選」都免了。再加上智慧卡、手機付款、電子錢包、PayPal、Apple Pay、Venmo，說不定很快就會有視網膜掃描付款服務問世了。這些科技進步使得付款更容易、更無摩擦、更無痛、更不用思考，如果我們連發生什麼都不知道，又怎麼會有感覺呢？又如何能夠了解後果呢？在壞人偷割我們的腎臟的都市傳說中，我們泡坐在滿是冰塊的浴缸裡醒來，至少還知道發生了什麼駭人的事，但在這些先進的自動付款技術的輔助下，我們可能連發生什麼事都沒察覺呢。

當我們察覺到某件事（這裡指的是付款），這件事就會變得明顯；唯有察覺到（亦即付款這件事變得明顯），我們

才會感覺到痛，並且做出反應與判斷，評估選擇的潛在成本和利益。唯有感覺到痛，我們才能學會把手從滾燙熱鍋上移開。

付現讓花錢這件事變得明顯，因為我們會看到、摸到錢，數錢付款，再確認店員找給我們的錢沒錯。開支票的顯著程度比付現稍微低一點，但我們仍然得寫金額，把支票交出去。如前所述，刷卡的顯著程度更低，包括實體方面的不顯著——只需要刷一下，或是按一、兩個鍵，還有花費金額方面的不顯著——我們往往沒有注意到金額，大概只會在計算要付多少小費時留意一下。至於各式各樣的數位支付工具，顯著程度就更低了。

感覺不到，就不會痛。別忘了！我們喜歡輕鬆、無痛的東西，選擇輕鬆、無痛，遠遠勝過每一次都要理智一點、好好思考。

花錢之痛雖然會讓我們在吃了一頓昂貴的大餐後心生罪惡感，但在某種程度上，也能阻止我們衝動購物。在電子錢包將成為未來主要的付款方式的趨勢下，付款過程中的所有摩擦，都有可能盡力被消除，使大家更容易上鉤。這就好比整天躺在沙灘上，享受著觸手可及的免費美酒、零食和甜點。結果呢？當然是不利於長期健康或儲蓄。

我們希望的是，未來的「錢」景，並非只是減輕花錢之痛，也要提供機會讓人們可以選擇更謹慎、帶有一點痛苦的

支付方法。如果是只能使用實體貨幣，我們別無選擇，必須掏出腰包、數鈔票，確認店員找的錢無誤。但如果是電子貨幣，我們會傾向選擇隱藏花錢之痛的支付方法。如果銀行提供了比較痛苦、需要思考的支付方法，我們會刻意選擇感受到花錢之痛嗎？我們會選擇在當下感覺到一點痛苦，但日後蒙益嗎？一點痛苦其實是好的，可以提醒自己正在花錢，提醒自己，無論是種樹或應用程式都不會生出錢來，但我們會這麼做嗎？

免費的吸引力

若生活總是像傑夫的蜜月之旅那樣，感覺所有的東西都免費呢？我們會因此吃更多？當下享受得更多？如果某樣東西感覺起來像是免費的，沒有任何花錢之痛，當然很爽，但長期來說，真的對我們好嗎？

免費是一種奇怪的「價格」，是的，免費也是一種價格。當某樣東西免費時，我們通常不會使用成本效益分析，而且我們很容易就會選擇免費的東西，雖然這並非總是最佳的選擇。

舉個例來說，午餐時間到了，路邊有很多餐車，你正在節食。你看到一輛簡餐餐車，販售的是用全麥麵包夾了大量新鮮蔬菜和低脂配料而成的營養低脂三明治。嗯，非常理想！但另一攤居然是感謝顧客的回饋日，免費提供酥炸起司

三明治！你可能對這種食物向來沒有興趣，也不是特別喜愛美國起司，但很樂意被感謝，獲得回饋。所以，要花錢買那份理想的午餐，還是吃那份不大理想的免費午餐呢？多數人會選擇免費的。

從食物到財務，生活中有許多部分存在著這種誘惑。想像一下，你可以選擇申辦這兩種信用卡的其中一種：一種提供 12% 的年利率，免年費；另一種提供 8% 的年利率，年費 100 美元。多數人會過度看重免年費的價值，選擇第一張信用卡，但日後當他們過期未繳款，或是使用循環信用時，長期成本就會變高。

還有一個例子是，有兩家線上報紙可以訂閱：一種每個月花費 2 美元，另一種每個月只要 1.5 美元。我們大概會考慮兩家報紙的內容和立場，然後選擇自己比較感興趣的那份，畢竟只差了 50 美分，相較於讀報的時間，實在沒什麼；換言之，我們比較的是兩份報紙的資訊價值。但如果成本稍微不同，第一份報紙每個月只要 50 美分，而第二份報紙完全免費呢？我們還是會考慮自己的時間價值和報紙的內容價值，進而做出審慎的選擇嗎？還是直接就訂免費的報紙？注意喔，兩者的價差仍是 50 美分，而且讀報仍是重要、很花時間的活動。當免費列為選項，多數人就不再思考，直接選擇免費的那一個，這完全是因為我們想要避開花錢之痛。

免費還有一項特點，當某樣東西起初設定成免費，日後

就很難開始收費了。我們都老實面對吧！當沒有花錢之痛時，我們往往會過度興奮，習慣於這樣的價格（免費）。假設在你的手機上，有一個辨識歌曲的應用程式，你很愛找新音樂，時常聽電台和電影原聲帶，不論在商店或在車上聽到自己喜歡的歌曲時，只要用手機的這款應用程式來辨識歌曲，就能找到——對，就是這首沒錯！

某天，當你再度開啟這個應用程式時，有一則訊息跳出，告訴你從現在起，使用應用程式要收費 99 美分。你會怎麼做？花錢繼續使用自己喜愛的東西嗎？還是再找一個免費、但功能沒那麼好的應用程式？1 美元顯然不是很多錢，尤其是對一項能夠豐富生活的東西來說。相較於每天花在咖啡、交通或打扮上的錢，這實在是不算什麼。但是，從原來的免費變成收費 1 美元，使我們吝於為一項已經習慣免費取得／使用的東西付費。每天花 4 美元買一杯拿鐵，我們不會吝嗇，但支付 1 美元使用一款原本免費的應用程式？我們會覺得這太超過。

如果各位有勇氣，可以試試看這個小實驗：在人來人往的交叉路口上，立一個牌子寫著：「免費試喝。」你可以看看，有多少人連問都不問這是什麼、你是誰、為什麼可以試喝，就拿起杯子來直接喝掉。這雖然有點淘氣，但很有趣。

請客？還是分開付？

我們再回到傑夫和太太度蜜月回來後與朋友的聚餐。一項研究顯示，要是知道帳單將由大家共同分攤，有些人會消費更多，占別人的便宜，就像該研究中點昂貴美酒的葛瑞格一樣。[11] 這種愛占小便宜的傾向顯示，最佳的付款方式就是一開始就說明各付各的。但是，這是最有趣的支付方式嗎？是最無痛的支付方式嗎？都不是。

如果考慮到花錢之痛，那麼我們建議和朋友分攤帳單的最好方法，就是玩信用卡輪盤。在用餐結束後、服務生前來結帳時，每個人都把自己的信用卡擺到桌上，服務生拿起哪張，就由那個人支付全部的餐費。另一種相似、但不是那麼靠運氣的方法，就是大家輪流作東。這最適用於一群定期聚餐的朋友，雖然有人可能會在輪到作東時「意外」缺席，這種伎倆雖然可以省下一餐或幾餐的費用，但也會讓你失去一些朋友。

為什麼我們推薦信用卡輪盤的方法？考慮到餐桌上每個人將獲得的價值，考慮到這一餐對每個人的效益和愉快程度，就不難理解為何應該由一個人買單比較好。各付各的，每個人都會感受到某種程度的花錢之痛；若全部由一個人買單，這個人的花錢之痛固然將會較高，但不會高過其他人的總和。事實上，為所有人買單的痛苦，並不會比支付自己的

餐費高出太多。花錢之痛的強度，不會隨著金額的增加而線性增加；我們對支付自己的餐費感到痛苦，但當我們支付自己和其他三位朋友的餐費時，花錢之痛不會增加為四倍。實際上，此時的花錢之痛明顯低於四倍，而且用信用卡輪盤的方法支付，最好的一點就是不付錢的人會吃得完全無痛。

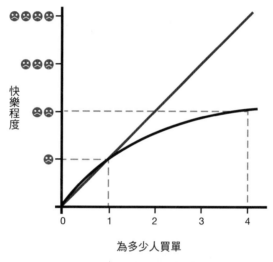

付錢痛苦敏感度遞減

當一起用餐的四個人各付各的，我們可以說，合計的花錢之痛是四張不悅的臉孔；但是，只由一個人買單，那就是一張非常不悅的臉孔，加上三張快樂的臉孔。我們也應該考慮到輪流作東所提高的共同樂趣，買單時朋友開心，招待朋友的我們也會因此感到開心。

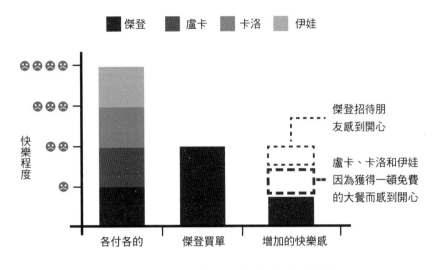

長期來說，一人買單，大家會比較開心

這就像在運動場上「為了全隊挨一下」的典型例子。但在這裡，「全隊」指的是我們的朋友，挨的那一下是帳單。

這種方法具有財務效率嗎？恐怕沒有，因為每一次的餐費都不同，出現用餐的人也可能不同，我們可能沒有那麼喜歡其中的幾位朋友。不過，縱使就長期而言，我們因為這種方法多付了點錢，感受到的花錢之痛可能也會比較輕，從聚餐獲得的快樂可能比較多，同時可能獲得更多免費的大餐。

輪流請客的概念顯示，花錢之痛本身並非壞事，只是一種現象。了解它如何作用，可以為我們的財務及社交生活帶來一些助益。

我們的生活中全都有痛苦，也全都會設法減輕或逃避痛苦。有些人靠喝酒或嗑藥，有些人靠觀看電視節目《紐澤西貴婦的真實生活》(*The Real Housewives of New Jersey*)，有些人靠結婚和度蜜月來慶祝這輩子有人一起分擔（或製造）痛苦了。只要我們意識到為了逃避痛苦所做出的選擇，就能夠正確看待、評估這些痛苦，限制它們對生活造成的影響。

第 7 章
我們太相信自己

　　1987 年，亞利桑那大學兩位教授葛瑞格利・諾斯克萊福
（Gregory Northcraft）和瑪格麗特・尼爾（Margaret Neale），
決定做一場有趣的研究實驗。他們邀請亞利桑那大學所在地
土桑市一些最受信賴的房地產經紀人，同來看一棟要出售的
房子。他們都是土桑市房地產業的專家，比任何人都要了解
當地的房市和住屋行情。諾斯克萊福和尼爾讓這些經紀人查
看房子，提供他們一些參考價格、來自聯賣資訊網（multiple
listing service, MLS）的資訊，以及其他敘述性的資訊。

　　每個經紀人獲得的資訊都一樣，只有一項不同：希望售
價。四組仲介分別被告知賣方開價為：119,900 美元、
129,900 美元、139,900 美元、149,900 美元（各位看到這樣

的房價，請別哭出來，因為那是很久很久以前了。）這些經
紀人在查看房子時，首先被告知的就是這些希望售價。

兩位學者問土桑市這些房屋專家，他們認為這棟房子的
合理成交價是多少？被告知希望售價 119,900 美元的經紀
人，估值為 111,454 美元；被告知希望售價 129,900 美元的
經紀人，估值為 123,209 美元；被告知希望售價 139,900 美
元 的 經 紀 人， 估 值 為 124,653 美 元； 被 告 知 希 望 售 價
149,900 美元的經紀人，估值為 127,318 美元。[1]

掛牌價（單位：美元）	專家估價（單位：美元）
$119,900	$111,454
$129,900	$123,209
$139,900	$124,653
$149,900	$127,318

也就是說，希望售價愈高（經紀人首先掌握的資訊），
經紀人的估值就愈高。若希望售價高了 3 萬美元，他們的估
值就會提高大約 16,000 美元。

且慢，先別急著嘲笑這些專家的能力，兩位學者也用完
全一樣的方法測試一般人。他們發現，希望售價對非專業人
士的影響，遠遠大於對這些房地產經紀人的影響：若希望售
價高了 3 萬美元，一般人的估值就會提高大約 31,000 美元。

沒錯，雖然專業人士也會受到希望售價影響，但影響程度只有非專業人士的一半。

理性來說，賣方開價不該以任何方式，影響任何人對一棟房子的估價，房地產的價值應該由近期銷售（行情）、房子品質（房子檢查及 MLS 資訊）、房子大小、附近學校的水準、競爭價格（類似條件房屋的售價）等市場情況來決定。對熟悉房市的專家而言，更應該如此，但實則不然，希望售價顯然影響了他們的評估。

最有趣的部分來了！絕大多數的房地產經紀人說（高達81％），他們在估價時完全不會考慮賣方開價多少；63％的一般人（非專業人士）也聲稱，他們在估價時不會考慮賣方開價多少。也就是說，賣方開價確實影響了人人對房地產的評估，但大多數的人完全不知道自己實際上受到影響。

定錨效應

誰是最值得我們信賴的顧問？在心存懷疑、感覺不確定時，我們會尋求誰的意見？父母、牧師、老師、政治人物？

我們最信賴的人，其實是自己，但這未必是好事。不管有沒有意識到這件事，我們在做出價值判斷時，經常倚賴自己的經驗和才智，儘管可能不如其他人，我們不像自己以為的那麼有經驗、那麼聰明。我們對自己過度信賴，最顯著、最危險的時候，是我們對人事物的第一印象；此時，我們很

可能陷入定錨效應（anchoring effect）。

　　定錨效應發生在當我們受到與決策無關的資訊影響而得出結論時；我們讓無關的資訊，影響了決策流程。如果我們認為，那些數字並不常影響到我們的決策，很可能會認為不必太擔心定錨效應；但定錨效應危險的地方在於，那些不適當的起點，可能就此演變成未來決策的基礎。

　　土桑市那些房地產經紀人經歷的就是定錨效應，他們看到了一個數字（賣方開價），考慮了這個數字，並且受到數字的影響，但是他們相信自己。

　　當被告知這棟房子應該要賣 149,900 美元時，這個數字就登錄在經紀人的腦中，和這棟房子的成本串連在一起。從那一刻起，這些經紀人未來的成本估計，就有了一個參考數值，變成他們信賴的一個資料點，不管他們是否意識到這點。

　　然而，光是看到或聽到 149,900 美元，不應該和這棟房子的價值扯上關係才對，那只是一個數字罷了，但其實不是！在缺乏其他清楚的資訊之下，在缺乏可證明的確定價值可供參考的情況下，儘管有大量脈絡可以推估，但這些專家改變了他們的估價，因為他們被告知特定數字，從此受到影響。這些數字就像磁鐵、黑洞或巨大鐵錨般，緊緊吸住他們。

你願意花多少錢買一罐汽水？

　　每天為別人遛狗一個小時，你會收費多少？你願意為一

罐汽水花多少錢？諸如這類問題，不需要多少時間，我們很快就能回答出來，或至少給出一個範圍的答案，例如一罐汽水 1 美元。這是我們的保留價格（reservation price），也就是我們能夠接受的最高價格。對於汽水之類的東西，多數人的保留價格通常相近，為什麼？是因為我們喜歡汽水的程度相同嗎？還是因為我們的可支配所得基本水準相同？或是全都會考慮相同的替代選擇嗎？在決定自己願意花多少錢買一罐汽水時，我們究竟經歷了什麼樣的流程，使得多數人得出一個相近的答案呢？

　　根據供需法則，在決定保留價格時，我們應該只考慮到這樣東西對「我們」的價值，以及其他的支出選擇。但在現實中，我們也高度考慮這樣東西的售價：它在超市通常賣多少錢？在飯店賣多少？在機場又賣多少？售價其實是供需架構之外的考量，就跟其他定錨因素一樣，也會影響我們願意支付的價格。這變成一種循環關係，我們願意花 1 美元買汽水，因為這是一罐汽水的通常價格，這是定錨效應；這個世界告訴我們，一罐汽水的價格大約是 1 美元，所以我們願意支付這個價格。一旦我們花 1 美元買了一罐汽水，這項決定從此就一直跟著我們，影響我們此後如何決定一罐汽水的價值。我們把 1 美元和一項商品結合起來，以後無論生老病死，至死不渝。

　　定錨的影響性最早由阿莫斯・特沃斯基（Amos

Tversky）和康納曼兩位學者，在 1974 年使用一項與聯合國
有關的實驗來證明。[2]他們讓一群大學生轉動一個輪子，這
個輪子事先被動過手腳，轉動後指針總是落在 10 或 65 兩個
數字上。每個學生在轉完輪子之後，他們會問兩道問題：

1. 在聯合國會員國當中，非洲國家總數的比例，是高於或
   低於 10%（或 65%，視學生轉完輪子後，指針落在哪
   個數字而定）？
2. 在聯合國會員國當中，非洲國家總數的比例是多少？

　　那些轉到 10 的學生，第二道問題的平均回答值為
25%；那些轉到 65 的學生，第二道問題的平均回答值為
45%。換言之，轉完輪子後在第一道問題出現的數字，大大
影響了他們在第二道問題的回答，而這原本應該是一道獨立
的問題。學生被提示了數字（10 或 65），影響到他們對原本
應該無關的第二道問題的思考，這就是定錨在發揮作用。
（如果你剛好是求知若渴的讀者：1970 年代在聯合國會員國
當中，非洲國家總數的比例是 23%。）

　　這提醒了我們，當我們不知道某樣東西的價值，例如
房子值多少錢、一部有天窗的車子 CD 播放器值多少錢、
聯合國會員國有多少個是非洲國家等，就特別容易受到暗
示的影響，無論暗示是來自隨機數字、刻意操弄或我們本
身的愚蠢。當我們在不確定性的大海上迷失時，會奮力抓
住漂過身邊的任何東西，而定錨價格提供我們一個容易且

熟悉的起始點。

　　土桑市那棟房子的希望售價，為房屋價值的評估與看法提供了一個起始點，就像前述實驗中轉輪轉出的數字，賣方開價愈高，仲介的估值就愈高；儘管我們都知道，實際價值應該取決於我們願意支付的價格，而我們願意支付的價格應該取決於機會成本，而非取決於賣方的開價。

　　土桑市的實驗故事具有重要啟示，因為那些房地產經紀人是資訊最靈通、最有經驗的專家，理應有能力做出合理的價值評估。照理說，他們應該是大海上最不會迷失的人，若說有誰能夠純粹從價值評估一棟房子，應該就是他們。但實際上，他們沒能這麼做。或許你會說，這證明了房地產業充斥著虛假和欺騙，擁房者大概也會這麼認為；但更重要的一點是，如果這種情形發生在專業人士身上，也會發生在任何人身上，而事實的確如此。

　　我們全都經常受到定錨效應的影響，而且通常不自知，這點可從前文中提及，有 81％ 的房地產經紀人和 63％ 的一般人表示，自己不會受到定錨價格的影響，就可以看出。

　　定錨效應其實就是信任自己，因為一旦一個定錨進到我們的意識裡，成為我們接受的東西，我們就會相信它切要、允當、很有道理。畢竟，我們不會欺騙自己，對吧？而且，不會出錯呀，因為我們很聰明。我們也絕對不樂意對自己或任何人承認我們錯了，不信，問問任何談戀愛的人：承認自

己錯了，容易嗎？不容易，這是世界上最難的事情之一。

　　在我們探討的這些情況中，不喜歡承認自己錯了，主要是因為懶，不是因為自負（這當然不是說自負不是一項重要的行為驅動因子，只是在這些情況中，自負不是重要的驅動因子。）我們不想做出困難的抉擇，若非必要，我們也不想質疑自己。於是，我們傾向做容易且熟悉的決定，而這些決定往往受到定錨效應的影響。

從眾與自我因循

　　我們來討論一下從眾（herding）與自我因循（self-herding）。「從眾」指的是跟隨眾人，根據他人的行為來認定一件事物的好壞，若別人喜歡或對它有好評，想要看到、從事，或願意購買，我們就相信這件事物是好的。因為別人似乎高度看重某樣東西，我們就認為這樣東西的價值高，像Yelp之類的評價網站背後運作的原理，基本上就是從眾心理；此外，我們會被門口大排長龍的餐廳或俱樂部吸引，這也是從眾心理。難道那些熱點就不能讓年輕人在裡頭排隊嗎？不能，在外面排隊比較好，讓這些人充當流行、誘人的指路明燈，吸引那些想花錢在伏特加和喧鬧聲中的人們。

　　自我因循是第二種更危險的定錨，基本概念相同於從眾，差別在於我們的決策不是跟隨大眾，而是跟隨我們以往做過的類似決策。我們認為，某樣東西的價值高，是因為過

去曾經如此。我們根據某樣東西「平常」或「向來」的成本
來判斷價值，因為我們相信自己。我們記得自己曾經一再做
出某項價值評估決定，所以就不用麻煩了，還要花時間和精
力反覆評估？直接認定之前的評估是最好的，不是比較容
易？畢竟，我們是優秀的決策者，以前如果做過那樣的決
定，必然是最佳決定、最合理的決定吧。所以，一旦我們曾
經花過 4 美元買一杯拿鐵，或是花 50 美元換過機油，未來
就更可能會這麼做，因為我們曾經做過這種決定，我們會記
得並且偏袒自己做過的決定，縱使那意味的是不必要的花
費，縱使那意味的是，我們沒有考慮有個地方換機油只要
25 美元，而且提供免費咖啡。

定錨就是這樣始於一項決定，然後經由自我因循，成為
一個更大的問題，形成自欺、謬誤、不正確評價的持續循
環。我們因為一個建議價格，以某價格買了一樣東西，建立
了一個定錨，然後那個購買價格就變成是一項良好決策的證
明，此後就是購買同類商品的一個起始點。

另一種操縱價值評估的認知偏誤，就是確認偏誤
（confirmation bias），它是定錨偏誤及自我因循的近親。「確
認偏誤」指的是，我們用確認自身成見和期望的方式來詮
釋新資訊，或是用確認以往決策正確的方式來做出新決
策。過去，我們曾經做出一項財務決策，往往會認為那是
最佳決策，然後尋找資料證明，進而肯定並讚賞那項決

策。於是，該決策遭到強化，不論現在或未來，我們很容易仿效那項決策。

只要看看我們取得資訊的方式，就可以知道確認偏誤的威力有多強。我們全都會選擇提供資訊的新聞管道，而且通常傾向拒絕那些與我們既有看法抵觸的資訊，聚焦在強化、認同自身觀點的新聞。雖然這種傾向對我們個人來說是更愉快的體驗，但對於身為公民的我們或國家來說，並非好事。

我們信賴自己以往的決策，其實是有道理的：我們不想要生活中充滿了自我懷疑的壓力，過去所做的一些決定可能十分合理，所以值得重複。在此同時，仰賴以往的決策，也對以往的自己——那個做出最初價值決策的自己——加諸了相當大的壓力，不論那項決定是謹慎選擇花 4 美元買一杯咖啡，或是下意識考慮買一棟 149,900 美元的房子。人家常說，只有一次機會建立第一印象，這句話大概不只適用於人際關係上，也適用於財務決策上。

定錨影響的，不只是房地產估價，舉凡薪資議價（第一筆開價影響結果甚巨）之類的財務性質決定、股價、評審獎，以及看到「買 12 送 1」的標示會買更多的傾向，都是受到定錨的影響。[3] 例子多不勝數，下列只是一些。

▶ 很少人在買車時，會買車商給的建議售價，但建議售價總是標在那裡，是有理由的：定錨效應。

▶ 想像你人在一家購物商場裡，你走過一家鞋店，有一雙

華麗的高跟鞋吸引了你，標價也確實吸引到你的注意力：2,500 美元！一雙鞋 2,500 美元？你想了幾秒，覺得難以置信，但還是走進店裡，買了另一雙 500 美元的漂亮高跟鞋，而且真的非常非常喜歡，雖然你知道自己真的非常非常不應該買。在這個一雙美鞋賣 2,500 美元的國度裡，這雙 500 美元的鞋是王道呀，便宜得嚇嚇叫！

▶ 什麼，你比較喜歡美食嗎？想像一下，你現在人坐在一家高級餐廳裡，看著設計精美的菜單，你會先看到什麼？豪華龍蝦搭配松露佐人工按摩草飼神戶牛，125 美元？雖然那可能不是你最後點的，但 125 美元是這份菜單的一個定錨點，使其他選項顯得很平價。*

▶ 美國企業高階主管的薪酬高到令人咋舌，這有部分得歸功於定錨效應，一旦市場上出現了 100 萬美元、200 萬美元或 3,500 萬美元的執行長時，這些數字就抬高了人們（或至少是其他高階主管）對高階主管報酬的期望與估計。他們稱這種薪酬定錨為「標竿」（benchmarking），因為這聽起來比「唬弄人們」要好太多。

▶ 還記得前文討論相對性時提及的黑珍珠嗎？它們被展示在鑽石和其他珍貴寶石的旁邊，以彰顯價值，這也是一

---

* 菜單設計顧問葛雷格‧拉普（Gregg Rapp）表示，最高價的品項實際上創造的營收是刺激人們購買次高價的品項，這就是使用定錨效應和相對性的訂價策略。

種定錨手法，拜戴比爾斯（De Beers）家族所賜，後者的價值非常高。

這些，還有無數的例子告訴我們，許多定錨方式可以左右我們的價值認知。

換個方式想一下

定錨也可以維持低價，但省錢並不代表我們對事物做出了「正確」評價。回想一下前文提過的免費應用程式，應用程式有一些價格範圍，這些價格一旦建立了，人們未必在思考應用程式的效益時，妥善比較同樣一筆錢用於其他事物上獲得的效益，因為大家會聚焦在應用程式的價格相對性。

如果說，有一款新的應用程式，每次使用十五分鐘，一週使用兩次，一年的價格是 13.5 美元，這個價格是高還低呢？人們很難衡量自己可能從一項體驗中獲得的樂趣和效益，並且拿來和其他的花錢方式相比。我們會比的，通常是兩款應用程式的價格，然後決定新的這個值不值得。等等！這個應用程式可以讓我們獲得 27 個小時的娛樂，等同於看 18 部電影，若是在 iTunes 上租片，大約要花費 70 美元，到電影院還得花更多耶？這也等同於觀看 54 集 30 分鐘的電視劇，如果串流服務一集要收費 99 美分，總共得花 53.46 美元耶！這樣一比，花 13.5 美元取得 27 小時的娛樂，似乎不貴？問題是，我們很少這麼仔細比較，只會勤於比較應用程

式的價格，尤其是定錨於零的價格。結果是，我們花錢的方法並未使得樂趣最大化，從財務的角度來看也不划算。

無知就是福

而且，我們對一樣東西了解得愈少，就愈仰賴定錨。再回頭看土桑市房地產的例子。向房地產經紀人和一般人告知一棟房子的定錨價格（希望售價），請他們評估這棟房子的價值，理應比一般人更了解房屋價值的經紀人，受到那些定錨價格的影響程度小於一般人。我們也可以假定，如果還有另一組人，並未獲得聯賣資訊網、參考價格及其他相關資訊，那麼對這棟房子知之更少的這組人，受到定錨價格（希望售價）的影響程度會更大。

當我們對價值有一些粗略概念時，定錨效應會比較小一點；當我們對價值完全沒有概念時，定錨效應就變得比較大——這點非常重要，值得銘記在心。若一開始，我們心中就有一個既定的價值和價格範圍，外人就比較難以用定錨來影響我們的價值評估。

作家威廉‧龐士東（William Poundstone）在著作中，[4] 敘述了普普藝術教夫安迪‧沃荷（Andy Warhol）去世後，他位於紐約長島蒙托克（Montauk）的房子被出售的故事。藝術界的訂價似乎相當「隨意」，見仁見智。我們要如何決定一位知名藝術家的故居（有時居住的地方）的價格呢？決

定價值的因素是什麼？他的風采、他的氣質、他的名氣？那棟房子開價高達 5,000 萬美元，後來降價到 4,000 萬美元，既然能夠降價 1,000 萬美元，為何一開始要開那麼高？為了定錨。那 5,000 萬美元是個定錨，不久後，有人就用 2,750 萬美元買下那棟房子，大約是原始開價的一半。若起初的開價是 900 萬美元——仍然相當高，但更接近該地區的房地產價值，最後售價不大可能提高到三倍。超高開價抬高了人們對這棟房子的價值認知，或許這是對這位罐頭藝術作品創作家詮釋的消費文化所做的貼切身後評論。

遇到沃荷故居這類我們無法確切評價的商品時，定錨效應就變得相當大；當廠商推出前所未見的新產品時，定錨效應會更大。新商品沒有既有市場、沒有比較對象、沒有脈絡可循，彷彿來自外太空一樣。史蒂夫‧賈伯斯（Steve Jobs）推出 iPad 時，沒有人見過這種東西。他在螢幕上打出「999 美元」這個數字，告訴大家，所有專家都說這玩意兒應該賣 999 美元。他再講上好一會兒，那個數字繼續停留在大螢幕上，最後才揭露 iPad 的實際售價是……499 美元！哇！真是高招，好便宜，孩子們歡呼！電子業大騷動！

丹曾經做過一項實驗，詢問人們，若把他們的臉整張塗成藍色的，要收費多少？若要他們去聞三雙鞋子，要收費多少？若要他們殺死一隻老鼠，要收費多少？若要他們在街角唱歌 15 分鐘，要收費多少？若要他們擦三雙鞋，要收費多

少？若要他們遞送 50 份報紙，要收費多少？若要他們幫忙
遛狗一個小時，要收費多少？他刻意選擇殺老鼠、聞三雙鞋
子這種沒有市場行情的事，讓人們無法訴諸熟悉的方法來建
立價格。至於擦鞋子、送報、遛狗，這些事情有特定的標準
收費範圍，大約是最低工資。當人們被問及做那些有定錨價
格的活動，將收費多少時，他們提出的收費基本上和最低工
資相差不遠。但被問及前四項活動——把整張臉塗成藍色
的、聞三雙鞋子、殺一隻老鼠、在街角唱歌 15 分鐘，由於
沒有定錨價格，大家回答的數字天差地遠，有些人願意不收
費，有些人開價數千美元。

為什麼？在考慮聞鞋子這種事時，我們不知道市場價
格，所以必須以考慮自己的喜好做為起始點。人們的喜好大
不相同，而且往往難以決定。我們得深掘，考慮自己喜歡什
麼、不喜歡什麼，願意花多少錢，可以從中獲得多大樂趣，
願意放棄什麼（機會成本）等，才能決定。這可能是頗具難
度的思考過程，但我們必須經歷，最後才能得出一個價格，
而價格將因人而異。

當某樣東西（例如一台烤箱）有市價時，我們不必思考
自己的偏好，只要接受市價做為一個起始點就好了。當然，
我們可能仍然會考慮機會成本、考慮自己的預算，但會從市
價開始思考，最終得出的價格也不會和那個起始點的價格相
差太多。

再換個方式思考，如果要你用錢衡量一夜好眠的愉悅程度，每個人提出的答案將會不同，視個人入睡的容易度及對睡眠的享受程度而定。一夜好眠的體驗價值多少呢？很難說。但若要我們對吃一條巧克力或喝一杯奶昔的享樂程度給予一個價格，我們可能馬上就會知道價值多少，但這不是因為我們算得出體驗的快樂程度，而是因為有售價可以參考，所以提出的答案會很接近這些售價。

同理，我們很難決定願意收費多少，讓某個人重踩自己的腳三十秒，但如果有踩腳市場，大概就會比較容易決定了。這當然也不是因為我們算得出被踩腳有多痛苦，而是因為我們可以訴諸捷徑（定錨——市場價格）來開價，雖然開出的未必是正確價格，但仍舊是個答案。希望這些例子可以啟發一些讀者成為踩腳或聞鞋子領域的創新創業者。

任意連貫性

你大概已經注意到，定錨可能來自我們看到的第一個價格，例如建議售價，或是我們以往支付過的價格，例如一罐汽水通常買多少。建議售價是外部定錨的例子，我們看中意的那款車子，車商主張售價是 35,000 美元。汽水價格是內在定錨的例子，來自我們以往購買可樂、健怡可樂，或新無咖啡因、零卡路里櫻桃檸檬健怡可樂的經驗。這兩種定錨對我們決策的影響基本上是相同的。[5] 事實上，定錨來自何處

並無所謂，當我們考慮以某一價格購買時，定錨效應就發生了。定錨點甚至可能是完全隨機、任意的數字。

我們最喜愛的定錨實驗，是普瑞雷克、羅溫斯坦和丹所做的種種實驗。其中一項實驗，他們詢問 MIT 一群大學生願意為一些產品支付多少錢？包括滑鼠、無線鍵盤、專賣店巧克力、高評價的紅酒等。在詢問這些學生願意對這些產品支付什麼價格之前，研究人員請每位學生先寫下自己的社會安全號碼的最後兩碼（這是隨機數字），然後問他們是否願意以這個數字的金額購買每項產品。比方說，如果你的社會安全號碼最後兩碼是 5、4，就會問你是否願意以 54 美元的價格購買無線鍵盤或紅酒，然後再請你說出願意支付多少（確切數字）購買每一品項。

非常有趣的是，學生願意支付的金額，和社會安全號碼最後兩碼成正相關；數字愈高，他們願意支付的價格就愈高；數字愈低，他們願意支付的價格也愈低。儘管社會安全號碼和這些產品的實際價值絕對無關，卻影響了他們對這些產品的價值評估。

三位研究人員問這些學生，是否覺得自己受到社會安全號碼最後兩碼的影響，才會有這樣的評估和出價，他們都說沒有。

這又是定錨效應的例子，而且這次是完全隨機的數字，卻仍然影響了學生們的價值評估。就算是最隨機的數字，一

旦我們在腦海裡建立了這個定錨價格，就會影響我們現在及未來對其他相關產品的價值評估。[6]邏輯上雖然不應該如此，但實際上就是發生了，我們早就把邏輯拋諸腦後。

這件事很重要，值得再說一次：定錨點可能是任何數字，不論這個數字有多麼隨機，只要我們把它和一項決策連結起來，這項決策就可能會影響到我們日後的決策。定錨效應顯示以往評估決策的重要性，這些評估在我們腦海裡建立了一個價值，影響了日後的價值評估。

等等，還沒說完。定錨經由「任意連貫性」（arbitrary coherence）流程，對我們產生長期的影響。任意連貫性的基本概念是：實驗參與者願意對一物品支付的價格，高度受到某一隨機定錨數字的影響，一旦他們提出價格之後，這個價格將成為此產品類別中其他產品的定錨。在前述實驗中，研究人員請學生對同一產品類別的兩項產品——兩款紅酒，兩個電腦配件（鍵盤與滑鼠）——出價，他們對第一項產品的出價，是否會影響到他們對同一類別第二項產品的出價？看到這裡，你應該不會對結果感到意外了，答案是：會。先看到普通紅酒的人，會願意對第二款較高級紅酒支付較高價格；先看到較高級紅酒的人，則願意對第二款等級較低的紅酒支付較低價格。而且，電腦配件產品類別的情形，也是一樣。

這表示，從相同類別的第一項決策移至第二項決策時，

我們想到的不再是初始的定錨點，參考的是第一項決策。若你的社會安全號碼最後兩碼是 7 和 5，表示願意花 60 美元買一瓶紅酒，然後要你考慮願意對另一瓶紅酒支付多少錢時，你會拿第二瓶和第一瓶相比，不再想到 7 和 5 兩個數字；換言之，你從定錨效應移轉到相對性。當然，7 和 5 這兩個數字形成的定錨，仍然是主要的影響因素，因為它讓我們對第一瓶酒出價 60 美元，而不是 40 美元；如果最後我們決定第二瓶酒的價值是第一瓶酒的一半，我們會出價 30 美元，而不是 20 美元。

在生活中，我們很常經歷相對性的評估，我們會比較電視、車子和房屋。任意連貫性顯示，我們可能會使用兩種法則：首先，用完全任意的方式，決定某一產品類別的基準價格；一旦我們在此產品類別中做出一項價格決策後，往後在此類別中，我們將以相對方式做出價格決策，亦即拿它們互相比較。這看起來似乎合理，其實不然，因為以一個任意定錨點做為起始點，意味的是這些價格都沒有反映出真實價值。

普瑞雷克、羅溫斯坦和丹的這些研究實驗發現，隨機性質的起始點，以及起始於這些定錨的後續評價型態，形成了一種秩序錯覺。但是，當我們對某樣東西的成本毫無概念，或是心生不確定性時，就會緊抓住任何能夠抓住的東西。應用程式、iPad、無泡沫豆漿拿鐵、聞鞋子，這些都是沒有

（或最初沒有）既定價格區間可以參考的商品，一旦出現了
建議價格，我們也相信這些建議價格都是合理的，這些建議
價格就會印入我們的腦海裡成為定錨，此後影響我們對類似
商品的價格評估。

這樣說來，初始定錨是我們的財務生活中最重要的一些
價格訂定者，決定了現實中的一條基線——我們認為合理的
實際價格，而且這條基線會存在、影響我們很久。大多數的
魔術師、行銷人和政治人物，應該會很想要一個簡單、效力
大如社會安全號碼定錨數字的招數；至於對我們其他人來
說，這些數字、相對性和價格說明了一點：我們可以喝杯
酒，不論是好酒或等級較低一點的酒。

突破定錨

青少年時期的我們，經常相信自己無所不能，是超級英
雄。隨著年齡增長，我們認知到自己的有限。我們都會犯
錯，不是超級英雄，只是穿著紅色緊身衣的凡人。我們認知
到自己的體能限制，有時真的很蠢，經常做出糟糕的選擇。
但是，我們也會從有意識的決策中汲取洞察，雖然有時是令
人汗顏的洞察，但仍然是洞察。我們從來不懷疑自己在無意
間、甚至做過就忘了的決策，而其中一些未經思考就被我們
拿來當作衡量工具。

其實，我們並不知道哪些東西對我們而言是值得的，或

是價值多少。我們太容易不自覺地受到建議價格（定錨點）的影響，了解這點之後，應該讓我們更深切了解到評估價值有多麼難。就因為評估價值太難了，所以我們會尋求協助，但往往求助於自身經驗，不論自己以往的價值評估決策有多麼明智或多不明智。我們站在「巨人」的肩上，儘管那些巨人是我們本身犯下的大錯。

絕大多數的投資廣告，都會有這麼一條免責聲明：「以往的績效，不保證未來的投資成果。」想想定錨對我們價值評估的影響有多大，以及有多少定錨是根據以往的選擇？或許，我們應該把相似的免責聲明應用到生活上：以往的決策，不保證未來決策的正確性。

或者，換句話說：別相信你所有的思考。

第 8 章

我們會高估自己擁有的東西的價值

　　湯姆和瑞秋・布萊德利（Tom and Rachel Bradley）夫婦，居住在美國一座中等規模的城市裡，有三個小孩、兩部車、一隻狗，他們的生活充滿了俏皮話、情境喜劇、含糖飲料。瑞秋是個自由接案的廣告文案，湯姆是全國知名 WidgeCo 公司的資深客戶經理，該公司產銷高品質的小機件（widget），他的工作需要向客戶解釋，一個 widget 只不過是經濟學家用來代表無名產品的話術。湯姆一天大概要告訴客戶五次：「widget 對你的事業很重要！很適合你的組織，也是唯一可能的成長引擎。不管你是否了解它們的功用，現在就必須再訂購一些！」他在這家公司服務了十五年（對了！瑞秋這個名字取自傑夫在高中時代迷戀的一個女生，湯姆這個名字取

自他在中年時期迷戀的新英格蘭愛國者隊的四分衛。）

湯姆和瑞秋的雙胞胎孩子羅伯特及羅伯塔上大學了，所以他們家打算換一間比較小的房子。他們不想要離開原來的區域，因為第三個孩子愛蜜莉剛上高中，在這裡有很多好朋友（還有一些不那麼親近的亦友亦敵），但他們不需要四間臥室了，況且換棟比較小的房子，多出來的錢也可以做為他用。

他們開始賣屋流程，而且是自售，心想這樣可以省下仲介費。他們開價130萬美元，*結果不但沒有感興趣的買方開口還價，他們還搞得一肚子火。潛在買方來看屋時，挑剔了那些小小的不完美，例如幾處油漆剝落、熱水器上有個地方生銹、設計「很怪」等。湯姆和瑞秋向前來看屋的潛在買方，談及孩子們在廚房和客廳做過的種種趣事、他們如何與愛犬趣味肉搏、對房子做過哪些裝修、如何規劃出最大空間等，但那些看屋的人似乎都不感興趣，好像都看不出這房子有多棒、價格有多划算。

最後，布萊德利夫婦找上了房地產經紀人海瑟・巴登尼塔（Heather Buttonedup）幫忙，她建議將售價改為 110 萬美元，但他們不同意。布萊德利夫婦記得，他們的朋友在三年前用 140 萬美元的價格，賣掉了同一條街另一棟相似的房

---

* 美國目前中型城市的房價，大不同於1987年土桑市的房地產行情。

子。當時，甚至有人主動出價要買布萊德利夫婦的房子，一個出價 130 萬美元，另一個出價 150 萬美元。而且，那是三年前了，他們的房子現在應該至少值那樣的價格，搞不好還更高，尤其是把通膨考慮在內的話。

海瑟說：「但那是在房地產榮景時期。」

瑞秋說：「已經過三年了，一定增值了……而且，我們的房子比他們的棒多了。」

海瑟說：「在你們看來，或許如此。但想想要整修的地方？現在的人不喜歡開放式格局，買的人要重新做一些大改造。」

湯姆大驚：「什麼？妳知道我們花了多少時間、心力和金錢，做了這些裝修嗎？工程浩大耶。」

海瑟把手指向一處問：「我相信對你們而言是這樣，但那是什麼？」

「腳踏車架。」

「設在餐桌上方？」

「可以增加每一餐的興奮感。」

海瑟翻了一眼說道：「唉，你們自己決定吧！但我的建議是，如果你們真的想要賣掉這間房子，就開價 110 萬美元。能夠賣到接近這個數字，就應該高興了。」

布萊德利夫婦在十四年前以 40 萬美元買下這間房子，所以不論如何都能夠賺不少錢，但他們仍然納悶，海瑟和潛

在買方怎麼就看不出這房子有多特別呢？太不可思議了。

經過多晚考慮，他們同意讓海瑟代理售屋，開價 115 萬美元。有個買方出價 109 萬美元，海瑟興奮極了，建議布萊德利夫婦立刻接受，但他們想再堅持一下。過了一週，海瑟施壓：「務實點吧！最好的情況是你們繼續等，等到多個 15,000 美元或 20,000 美元，但真的不值得，現在就賣了，搬新家吧！」

最後，他們以 108.5 萬美元賣掉這間房子，海瑟的公司獲得 65,000 美元的仲介費。

在此同時，布萊德利夫婦自行尋找新居，他們去看的每一間房子都不滿意，覺得設計全都很怪、沒道理，而且到處都有孩子的照片。至於價格方面，湯姆和瑞秋都難以置信有些屋主竟然妄想開出遠高於實際價值的價格：「他們以為房市還是三年前的榮景嗎？」，「是瘋了嗎？」，「時代變了，開價也該改變了吧。」

終於，他們找到一間不錯的房子，開價 65 萬美元，他們開 63.5 萬美元，賣方想再觀望一下。經紀人告訴他們：「最好趕快決定，因為有新買方出現。」布萊德利夫婦不相信，最後他們以 64 萬美元買下了那棟房子，夠滿意了。

敝帚自珍

布萊德利夫婦的住屋買賣經驗或許是虛構的,但這是根據許多真實故事改編的;更重要的是,這個故事顯示了我們如何高估自己擁有的東西的價值。

在一個理想、理性的市場,買賣雙方都應該對一物件得出相同的評價,這個評價是效用和機會成本的函數。但是,在大多數的真實交易中,物件擁有人對物件的評價,總是高於買方的評價。布萊德利夫婦認為,他們的房子比潛在買方和海瑟認為的價值高,只因為他們擁有了這棟房子很多年,對房子做了種種「很棒」的裝修,讓這棟房子變得更像是「他們的」房子。對一物件的投資,提高了我們對它的所有權感,所有權導致我們對這物件的評價方式與其實際價值沒有多大的關連性。對一物件的所有權——不論這所有權是如何產生的,導致了我們高估價值。為什麼?因為「敝帚自珍效應」(endowment effect)。

我們對自己擁有的東西賦予較高評價,這個概念最早是由哈佛大學心理學家愛倫・蘭格(Ellen Langer)提出,後經行為經濟學家塞勒擴大闡釋。敝帚自珍效應的基本概念是:一物件的目前擁有人高估了它的價值,對此物件開出的售價,高於潛在未來擁有人願意支付的價格。[1] 由於此物件的潛在買方不是它的擁有人,所以不會受到敝帚自珍效應的

影響，偏愛自己擁有的東西。通常，在測試敝帚自珍效應的實驗中，賣方開價大約是買方出價的兩倍。

布萊德利夫婦對房子的開價（他們對這棟房子的評價），高於潛在買方願意支付的價格；當角色倒轉、他們變成買方時，開價的差異也倒轉：身為買方的布萊德利夫婦對他們觀看的售屋的評價，低於那些賣方對自己房子的評價。

表面上來看，這種情形不足為奇。想要把售價最大化、把買價最低化，這種欲望完全合理；經濟學基本策略教我們要力圖買低賣高。你大概會想，這種現象只不過是「開高價，出低價」的一個例子？其實不然，這並不是一種議價技巧；實驗顯示，開價較高是因為物件擁有人真的認為值這麼多，而開價較低也是因為潛在買方真的認為值這麼多。如前所述，當我們擁有某樣東西時，不但相信它值更多，也認為其他人自然看得出價值，願意支付這更高的價格。而這種高估現象的原因之一是，所有權導致我們更聚焦於物件的種種優點。

布萊德利夫婦在自售房屋時，沉湎於美好的回憶——愛蜜莉最早學會走路的地方、雙胞胎在何處爭執誰比較受寵、孩子們在哪裡玩溜滑梯、那些驚喜派對，還有他們結結巴巴喊錯了孩子的名字等。他們在無意間把那些體驗加到房子代表的樂趣之上，也加到房子的評價上。他們根本沒像潛在買方那樣，注意到熱水器老舊了、樓梯搖晃不牢固了，或是餐

桌上方那個腳踏車架有多危險，只聚焦在房子的好處，以及他們曾經在此度過的美好時光。

布萊德利夫婦對房子的超值評價，是基於非常個人的理由，他們陷入了自己的觀點，卻期望陌生人也能這樣看待這棟房子。他們在評估房子時，在無意間攪入了情感與回憶，這些當然與房子本身的實際價值無關，任何沒有這些情感與回憶的人在評估這棟房子時，也不會攪入這些。然而，我們在評估自己擁有的東西時，總是無視於這項事實：我們從中獲得的情感價值只屬於我們，並未附著在這些東西之上。

所有權感的產生

所有權感可能、也的確產生自許多形式，所有權感提高的原因之一是，我們對擁有的東西投入了心力。投入心力會使得我們產生所有權感，感覺好像自己創造了什麼。幾乎任何事物，一旦我們投入了心力，就會覺得自己更愛這個參與創造的東西。但是，我們參與的部分未必要很大，甚至不需要是實質的，只要我們認為自己跟這個東西的創造有關，對它的愛就會增加，掏錢的意願也會增加。我們對某樣東西投入得愈多，不論是房子、車子、被子、開放式格局設計、書籍製作等，對它的感情就會愈深，也愈覺得自己參與其中。此外，如果某件事的過程愈困難，我們就愈感覺到自己的參與程度，對它的愛也就愈深。

　　麥克‧諾頓（Michael Norton）、丹尼爾‧莫勤（Daniel Mochon）和丹，把這種現象稱為「IKEA 效應」（The IKEA Effect），命名自宜家家居（IKEA），店內結合了販售肉丸的瑞典式餐廳、大型家具家飾賣場、兒童遊樂場。想想看，家裡要有一件 IKEA 家具得花多大的工夫：得先開車到占地甚廣、並不便利的 IKEA 專賣店，找停車位，同時要留心別人的小孩，再拿一個超大型購物袋或推推車，沿著箭頭往前進，先看太空時代的廚房器具，想辦法讓另一半將注意力從太空時代的廚房器具移開，嘲笑一下幾個看不懂的名稱，提貨，再使勁搬上車，然後開車回家，卸貨，把東西搬上樓，花幾個小時流汗研究那些看起來好像很簡單、卻最難懂的組裝說明，然後深信包裝內的工具或零件一定有錯，因為……啊？原來被壓在我的腿下？但這根本就裝不起來嘛！親愛的，幫我拿一下鐵錘，好嗎？沒有問題的，一定可以裝好！再幾分鐘就好了！唉，乾脆把那部分拆了，反正在背後看不到。終於，裝好了！床頭櫃和一盞檯燈！喔，有幾個多出來的零件，收起來吧。

　　經過這番努力，難道你不會對它們產生強烈情感，覺得驕傲、很有成就感嗎？這些東西是我們的，我們打造出來的！絕對不會為了一點錢就賣掉！這就是 IKEA 效應。[2]

　　想想布萊德利夫婦對房子投入的心力：開放式格局、照片、腳踏車架等，所有心力使得房子感覺起來就像他們創造

出來的一個特別物件。在他們眼中，每一個小改變和改善，都讓房子增加價值，這房子是如此完美地適合他們、切中他們的喜好，因為他們投入過不少心力，讓它變得特別，他們不僅非常喜愛這棟房子，也無法相信別人不會愛上它。

當然，我們也可能在不費心力的情況下，專橫地對一些東西產生所有權感。齊夫‧卡蒙（Ziv Carmon）和丹一起對杜克大學學生進行了一項實驗，[3]他們發現，在摸彩中贏得籃球賽門票的學生，在轉售門票給其他學生時，開價會高於願意購買者的出價。儘管是同一場比賽、同一個時間、提供相同體驗、價值相同，摸彩贏得門票的學生沒有理由對這些門票的價值評估得比別人高，但只是因為他們擁有了這些門票，所有權感就使得他們提高評價。同樣地，對康乃爾大學學生所做的實驗也發現，獲得免費馬克杯的學生對這些馬克杯的評價，是那些未獲得免費馬克杯者的評價的兩倍。[4]這當然不是因為那些大學生在下午兩點前需要喝咖啡，而是因為那些隨機獲得免費馬克杯的學生，立刻就覺得自己擁有這些馬克杯，所以做出過高評價。

有形的東西往往受到敝帚自珍效應的影響，人們對自己手上的東西賦予較高評價。早年，美國線上在邀請人們使用該公司服務的函件中贈送 CD，或許就是這個原因。雖然我們不知道為什麼社會學家這麼喜歡在研究實驗中使用馬克杯，也曾經想過，紅色塑膠啤酒杯或許更迎合大學生，但俄

亥俄州立大學和伊利諾州立大學的研究人員，也使用馬克杯來證明直接接觸對所有權感的重要性。他們發現，那些手上拿了一只咖啡馬克杯超過三十秒的人，願意購買這只馬克杯的價格，高於那些拿了馬克杯不到十秒或完全沒拿過的人願意支付的價格。[5] 想想看：只要三十秒，就能夠產生較高的所有權感，高到足以扭曲我們對一物品的評價，實在是太威了！或許，百貨公司可以規定客人試穿衣服時至少要穿三十秒，汽車經銷商也可以讓客人試乘得稍微久一點，小朋友也可以玩玩具稍微久一點，然後大喊：「這是我的！」

想想那些提供免費或低價試用的服務，例如每個月或三個月 1 美元試閱雜誌，電信服務商提供免費使用一支新手機一年，有線公司提供有線電視／網路／電話綜合服務，第一年每個月只要 99 美元。這些費率後來都會調高──訂閱雜誌每個月 20 美元，手機帳單每個月增加 30 美元，有線電視帳單每個月增加 70 美元（只是為了在電視上看我們可以在新手機上看的節目，或許可以把時間拿來看雜誌。）

儘管我們可以在「任何時候停止使用」這些服務，但通常不會這麼做。為什麼？因為雖然我們不會真的「擁有」有線電視之類的東西，但免費或低價試用已經使我們產生所有權感。一旦用過這些服務或產品，我們就會認為它們更有價值，只是因為自己已經使用過。所以，後來雖然價格調高了，也不會讓我們終止服務，因為我們「擁有」了它們，願

意支付更高價格留住它們（雖然可能有點不情願）。

廠商很懂這點，他們都知道一旦我們「擁有」了某樣東西，無論是有線電視的套裝方案、家具、美國線上送的 CD 等，觀點就可能改變，我們的評價會高於不曾擁有過時的評價。可以這麼說，提供免費或低價試用的公司，使用的商業模式相同於毒販使用的商業模式：第一份免費，讓你上癮，要求更多。當然，不是說有線電視公司就是毒販，只是電視上有很多節目，網路上都能看到（還可以選擇的「毒品」有：啤酒、紅酒、香菸，或一罐 Chunky Monkey 冰淇淋。）

而且，我們也可能產生所謂的「虛擬所有權」（virtual ownership）感：一旦品嚐、觸摸、感受過一項商品夠久，即使沒有購買，也已經產生了所有權感。虛擬所有權不同於廠商提供的試用，因為我們從未擁有過這項商品。

假設你在 eBay 競標一只米老鼠手錶，結標時間快到了，你是最高出價者，但競標還沒結束，你還不是真正的所有者，不過此時你可能感覺自己已經得標了，是這只手錶的所有者。你可能開始想像要如何使用這只錶，倘若有人在最後一刻冒了出來，出價比較高，我們通常會相當氣惱，這就是虛擬所有權在作祟。我們從未擁有過，但感覺就像是已經擁有了；在此過程中，我們對這只米老鼠手錶的評價提高了。

丹曾經聽一位仲介講述銷售一棟豪宅的故事，那棟豪宅

價值數千萬美元，整個買賣和議價過程持續超過半年。起初，各買方決定願意出價多少，隨著時間過去，議價過程拉長，這些買方願意出的價格愈來愈高。但過程中，豪宅並沒有什麼改變，也沒有出現任何新資訊，只是時間流逝了，到底是什麼改變了呢？原來，在這段期間內，這些出價的人開始視自己為豪宅主人，思考要如何使用，想像住在裡面的模樣等。他們在自己的想像中擁有了它，雖然價格還沒有談好，但虛擬所有權使他們不想放棄實際擁有的可能性，隨著買賣過程拉長，他們的虛擬所有權感提高，對這棟豪宅的評價也就愈來愈高。

所以，厲害的廣告文案就像魔術師一樣，會讓人感覺好像擁有了廣告商品——好像已經開著那部車、正在和家人度假，或是和廣告模特兒一起喝著啤酒。這不是真實的所有權，是虛擬所有權、廣告激發的想像，讓我們和廣告商品建立連結，那樣的連結（心理和商品碰觸三十秒）創造了所有權感，讓我們提高付費購買商品的意願。什麼時候科技才會進步到讓廣告主把我們的影像投射在廣告上？我們會在廣告中看到自己，在海灘上和二十幾歲的失業年輕人一起喝著啤酒。希望在廣告上看起來會比較瘦，或是比較討喜。

沒有人喜歡損失

敝帚自珍效應和「損失趨避」（loss aversion）傾向有密切的關連性，損失趨避原理最早是由康納曼和特沃斯基共同提出的，[6] 基本概念是：我們對得與失的評價有所不同，失去的痛帶給我們的感受強過獲得的快樂，而且兩者差距可不小，約莫兩倍。也就是說，失去 10 美元的痛感，是獲得 10 美元的快樂感的兩倍；以相同程度的情緒衝擊來說，必須獲得 20 美元，才能抵消失去 10 美元的痛。

損失趨避傾向和敝帚自珍效應相伴相隨，我們不想失去自己擁有的東西，有部分是因為我們高估了價值；而我們高估了價值，有部分是因為我們不想失去它。

因為損失趨避傾向，我們對潛在損失的估值，大於我們對潛在得益的估值。從冷酷的經濟觀點來說，這是沒道理的，我們應該一視同仁地評估得失，它們應該是對等、但對立的財務夥伴。我們應該讓期望效益指引自身的決策，應該當台冷血、客觀、中立的超級電腦——幸好，我們不是那些期望效益最大化的機器，也不是冷血的超級電腦，而是人類（但這也是我們終將被冷血的超級電腦統治的原因。）

一個物件的擁有者，例如布萊德利夫婦，對於失去房子所有權的重視，遠大於買方對於獲得房子的重視。由損失趨避傾向導致的這種落差，導致我們犯下了種種的財務錯誤。

在前文中，我們可以看到，當布萊德利夫婦參考房價的起落時，損失趨避開始作祟。他們用房市衰退前的最高點行情來考慮賣價，思考房子當時可以賣多少錢，聚焦於現在的售價相對於歷史最高點的售價的損失金額。

損失趨避傾向和敝帚自珍效應，可能嚴重傷害了我們客觀看待世界的能力，退休積蓄和投資是這種現象發生的其他兩個常見領域。要是你認為自己絕對不會落入損失趨避傾向之害，試問你對下列兩者的回應？

1. 你能以目前所得的 80％ 過活嗎？
2. 你能夠接受減少目前所得的 20％ 嗎？

基本上，這兩道問題是一樣的，從數學上、經濟上、超級電腦的觀點上來說，都是相同的問題。這兩道問題都是在問：所得減少為 80％，你也可以繼續過日到退休生活嗎？然而，我們對第一道問題回答「能」的可能性，高於對第二道問題回答「能」的可能性。[7] 為什麼？因為第二道凸顯了損失——失去目前所得的 20％。我們把損失看得很重，所以在第二道問題中，會聚焦在損失之痛。如果是第一道問題，我們會比較容易做出肯定的回答，因為問題中沒有提到損失。

這種提問架構的差異，甚至會影響攸關生死的醫療決定。醫療專業人員發現，在協助病患家屬決定是否嘗試激進一點的療法時，家屬的回答高度取決於醫療人員如何陳述療

法的潛在有效性。當人們聚焦於正面性時，例如「有20％的存活率」，就比較可能訴諸這種療法（雖然希望不大）；當人們聚焦於負面性時，例如「有80％的死亡率」，嘗試這種療法的可能性就會比較低；儘管兩者的生存機率是一樣的。[8] 我們希望各位所有的損失趨避兩難，都不是這麼重大的決定。

損失趨避傾向和敝帚自珍效應也可能會同時發揮作用，導致我們拒絕免費的退休金，例如公司的相對提撥。當我們把部分所得提撥為退休基金時，任職公司可能也會做出相對提撥，比方說，我們從薪資中撥存 1,000 美元到退休金帳戶，公司就相對提撥 1,000 美元到這帳戶；這表示，我們會免費獲得 1,000 美元。但如果我們沒有提撥的話，公司也不會相對提撥。很多美國人完全不從薪資中撥存一定金額到退休金帳戶，有些人撥存的金額則是未達公司的相對提撥上限（通常會有一定上限）；在這兩種情況下，這些人都是自動放棄獲得免費的錢。

自動放棄免費的錢，我們怎麼可能會做這麼愚蠢的事？有三個原因。第一，撥存部分薪資到退休金帳戶，感覺就像損失，必須放棄一部分現在可花用的錢。我們會把薪水用在很多事物上，例如購買雜貨、晚上去約會、聚餐喝酒等，放棄一部分現在可花用的錢，感覺就像放棄那些消費。第二，退休基金通常被管理人用於投資股市，而投資股市有虧損的

可能性——瞧，這又是損失趨避傾向（後文有更多討論）。第三，放棄公司的相對提撥，感覺起來不像損失，比較像是放棄一筆利得。儘管如果冷靜思考，就會了解一筆「損失」和一筆「未實現利得」其實無異；但實際上，我們不會這麼覺得，我們的行為也不是這麼理性。不相信？下文提供證明。

　　丹進行一項實驗，請實驗對象想像他們的年所得是 6 萬美元，雇主會相對提撥退休金，上限是他們的薪資的 10%。實驗對象被告知，他們有種種的支出，例如食物、娛樂、教育，跟我們一樣，他們必須做出取捨，因為在此實驗中，6 萬美元不足以應付所有的開銷（在現實生活中往往如此）。結果，很少人撥存的退休金達到公司相對提撥的上限額度，大多數的人撥存的金額很少，所以沒有獲得公司提供的免費相對提撥上限金額。

　　這個實驗有個變化版本，研究人員告訴另一群實驗對象，雇主在每個月的月初，已經提撥 500 美元到他們的退休金帳戶裡，這筆錢他們想要留下多少都可以，但前提是，他們必須撥存同等金額的退休金。也就是說，如果他們這個月從薪資中撥存了 500 美元，就可以留下公司提撥的那 500 美元；但如果他們這個月只撥存了 100 美元，就只能留下公司提撥的 100 美元，其餘的 400 美元會扣還給雇主。而且，每個月沒有撥存足額退休金的人，將會收到一封提醒函，告知他們失去多少金額的雇主提撥。這封提醒函會載明雇主預先

提撥了多少金額，員工本身撥存了多少金額，公司後來收回了多少金額，例如：「我們預先提撥了 500 美元，本月您撥存 100 美元，公司收回 400 美元。」這封提醒函讓損失變得很明顯，觸發了這些實驗對象的損失趨避傾向，所以他們很快就開始執行 401(k) 退休金帳戶撥存最大化的計畫。

一旦了解損失趨避傾向，知道很多事情如果架構成「得」或「失」來詮釋發問，就會影響選擇的不同，以及最後的結果（「失」的影響力更大）。所以，我們可以學會重新包裝一下，就像前述撥存多少錢到退休金帳戶的實驗一樣，說服自己採取更有利於長期福祉的行動。

說到長期福祉，損失趨避傾向也蒙蔽我們評估長期風險的能力，這個問題特別影響到我們的投資規劃。當涉及風險，看著自己的投資起伏波動時，我們總是聚焦於當下的潛在損失，很難想到未來的利得。長期而言，股票的投資報酬遠大於債券，但是只看短期時，就會出現許多的短期損失之痛。

假設股價有 55％ 的時間是上漲的，45％ 的時間是下跌的，這算是相當不錯了，但這是指長期而言，不是幾週、幾個月或一年間的表現。問題是，我們在股價漲跌期間的感受非常不同；股價上漲，我們有點高興；股價下跌，我們非常難過（如前所述，量化的話，股價下跌時的難過程度，是股價上漲時快樂程度的兩倍。）由於市場下挫帶給我們的衝擊

感受較為強烈，面對整體的長期趨勢，我們感受到的並不是
55%的上漲和快樂，而是 90%的下跌與難過（45% ×2）。

由於損失趨避傾向，當我們以短期觀點來看股市投資
時，就會感到不安、嫌惡。相反地，若我們能以長期觀點來
看股市投資，感覺就會比較良好，更願意冒險。事實上，施
洛莫・班納齊（Shlomo Benartzi）和塞勒的研究發現，[9]讓
員工看長期報酬率，而非短期報酬率，他們會願意把更多退
休儲蓄投資於股市，因為在採取長期觀點時，損失趨避傾向
就不會作祟。

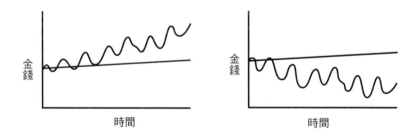

直線代表固定利率，曲線代表波動的報酬。
左圖表示涉及的金額，右圖表示對這些得失的心理反應，
損失趨避傾向使得「損失」造成的心理衝擊為「獲利」的兩倍。
在波動的報酬中（左圖），金額絕對值較大，感受上更為負面。

獲利時，快樂一點點；損失時，非常難過

　　損失趨避傾向可能導致很多其他的投資問題，一般來說，它使我們太快賣掉獲利的持股，因為我們不想失去那些利得；卻使我們繼續持有賠錢的股票太久，因為我們不想實現那些股票的虧損。[10]

　　為了避免短期的損失之痛，人們使用的解方之一是：避開令人心驚膽跳、風險較高的股市，投資於債券，有時則是把錢放在牢靠、但利率幾近於零的存款帳戶裡。債券沒有股票的起伏波動，不會有損失趨避，所以我們不會那麼難過，但難過也許發生在別處：由於我們減損了潛在的長期報酬成長，但當下不會感受到這種損失，只有等到退休時才會感受得到；很不幸，屆時已經太遲了，無法改變什麼。

　　丹和傑夫偏好的另一種方法是，乾脆別去看我們的投資。若我們對不時的小波動很敏感，一個不錯的方法是做出長期的投資決策，然後堅持這項決策，別讓損失趨避傾向影響我們，進而做出魯莽的行動。我們盡量一年只檢視一次投資組合，因為我們認知到自己的不理性，我們知道，如果要和不理性直接對戰的話，輸的會是我們，所以就乾脆避免對戰。雖然這不是《孫子兵法》的絕招，但我們推薦這個戰術！

一次收費，真划算？

　　你有沒有注意到，很多公司對於自己推銷的許多綜合品項，只會收取一筆大的總額？比方說，電信公司針對簡訊、

通話費、資料傳輸、器材租用費、線路費等收取費用，但很
「好心」地幫我們別感受到那麼多筆的小損失之痛，所以只
要我們支付一筆較大的總額——真划算！只會感覺到一筆損
失，但是獲得許多有價值的服務。

這種方法叫做「匯總損失，切分利得」（aggregating
losses, segregating gains），利用的就是我們的損失趨避傾
向，讓我們感覺只有一筆痛苦的損失，但是獲得許多快樂的
利得。當一項產品有許多特性時，對賣方有益的做法是，把
它們區分開來，逐項凸顯，然後再匯總起來收取一個價格，
這種手法使消費者感覺整體似乎比各部加總更誘人。

你可以想像上帝召集了一些天使（視你的宗教信仰而
定），回想創造宇宙的故事。上帝說：「當然，我怎麼會不知
道切分利得的原理？我花了一週的時間，創造出萬物具備的
地球！看呀！有光、魚群、動物、樹木等，一個世界，就一
樣東西而已。如果人類要把它想成花了六天，每天創造出一
點東西，我沒意見。我甚至還留了第七天要休息，看看球
賽呢。」

資訊型廣告（infomercials）堪稱是切分利得的最佳例子。
德國抹布、忍者牌刀組、八〇年代搖滾精選老歌 CD 十片組
……，所有廣告都推銷單一低價可以買到多用途、多功能的
超值商品組合。「它有上蓋，也有底座！不是只有一面喔，
是雙面的！現在，馬上打電話訂購。」

　　傑夫向太座求婚時，曾經考慮表演一段資訊型廣告：「如果妳說『我願意』，不但可以得到我的一隻手，還可獲得我的一隻手臂、另一隻手，以及另一隻手臂。不是只有這樣喔！還有一副身軀、一顆頭顱、一個衣櫥、一些學貸、一位猶太裔的婆婆，以及更多更多！馬上行動，我們將額外贈送不是一個、不是兩個，而是六個甥姪！妳會一年到頭都在買生日禮物！動作加快喔，因為這樣的好康，只有一檔。客服已經在線上了，現在就說『我願意』！」他差點就這麼做了，因為他喜歡好故事，但他擔心這種求婚方式帶來的潛在損失，所以最後還是用了比較不冒險的「妳願意嫁給我嗎？親愛的，請嫁給我吧！」求婚，結果成功了，耶！

你沉沒了我的所有權

　　我們側重損失大於獲益，同時高估自己擁有的東西的價值，這種傾向發揮在「沉沒成本」（sunk costs）上更是極致。

　　「沉沒成本」的概念是，我們在投資一項事物之後，就會變得難以捨棄那項投資，因此會繼續投資下去。我們不想失去之前投資的心血，即便成效不彰，還是會繼續投資下去，痴心妄想地追加投資。這麼說好了，假設你是一家汽車公司的執行長，計畫投資一億美元研發一款新車，公司已經砸了 9,000 萬美元進去，突然間消息指出，對手快要完成一款更環保、更省油、價格更低的新車。所以，要放棄這項計

畫，省下最後的 1,000 萬美元？還是繼續投資那最後的 1,000
萬美元，希望消費者會選購這款在各方面都比較差的新車？

　　再假設另一個情境，你還是汽車公司的執行長，但總成
本預算是 1,000 萬美元，你們還沒有真正投資半毛錢進去。
就在公司打算開始這項計畫時，傳來了對手設計出一款更優
的車子，你們會繼續投資這 1,000 萬美元嗎？

　　在這兩個例子中，決策是完全相同的：要不要投資
1,000 萬美元？但在第一個例子中，很難不去檢視已經投入
的 9,000 萬美元，在這樣的情況下，多數人會繼續投資下
去。在第二個例子中，還沒有投入半毛錢。理性人在兩種情
況下會做出相同的決策，但在現實中，很少人會這麼做。人
生中有許多投資也應該如此：在做決策時，我們不應該只思
考自己已經在工作、職涯、關係、住屋、股票上做出了多少
投資，應該聚焦於「未來」的可能價值。但是，我們沒有那
麼理性，那些決策沒有那麼容易。

　　在我們的生活帳本上，沉沒成本永久歸屬於損失欄，已
經是我們的一部分，永遠擺脫不了了，我們擁有它們。我們
不僅會看沉沒成本的金額，也會看伴隨著那些金額的所有選
擇、努力、希望和夢想，於是它們就變得更沉重了。由於我
們高估這些沉沒成本的價值，所以不願意放棄它們，把洞愈
挖愈深。

　　為了向學生展示沉沒成本的概念，丹設計了一場賽局，

參與者競價購買一張百元美鈔。規則如下：規則一，從 5 美元起標；規則二：競標者一次只能提高 5 美元的出價；規則三：得標者必須支付最終出價後，才能獲得這張百元美鈔；規則四：次高出價者也必須支付最終出價，但是得不到任何東西。隨著賽局推進，競標價格從 50 美元增加到 55 美元，此時，丹已經賺錢了（55 美元＋ 50 美元＝ 105 美元）。但是，競標流程繼續下去，有人出價到 85 美元，另一個競爭者馬上出價到 90 美元，丹喊了暫停，提醒他們得標的人只會賺 10 美元（100 美元－ 90 美元），而且出價次高者將會平白輸掉 85 美元。他問出價 85 美元的人是否繼續，提高到 95 美元？對方回答：「要。」他又問已經出價到 90 美元的人，是否提高到 100 美元？對方馬上回答：「要。」

各位以為，這樣總該結束了吧？沒有，競標並未在出價達到 100 美元時停止。丹詢問原先出價 95 美元的人，是否要加價到 105 美元？此時，出價已經超過 100 美元，如果他們還是要繼續，就是明知道自己會有損失，還是要繼續標下去。雖然這次是損失 5 美元，但繼續標下去的話，損失就會愈來愈大。儘管如此，沒人喊停，雙方繼續你來我往，而且出價愈來愈高。直到最後，其中一個終於發現這件事有多瘋狂了，終於喊停（他就這樣白白輸了 95 美元）。

丹說：「關於這項實驗，我賺到最多錢的一次是在西班牙，我用 100 歐元賺了 590 歐元。為了公平起見，在賽局開

始前，我都會說這是在玩真的。但每次結束，我總是賺錢。我真的以為他們會因此學會沉沒成本的概念，而且我得維持聲譽啊。」

在丹設計的這場賽局／實驗／騙局中，沉沒成本效應快速地使他的學生／目標／靶子，從潛在 95 歐元的獲利（100 歐元－起標價 5 歐元），演變成 490 歐元的淨損失。這就像只有兩家公司在贏家通吃的市場上競爭，其中一家將贏得全部或至少絕大多數的銷售，另一家公司什麼都撈不到一樣。每一季，每家公司都必須決定是否要投資更多的研發和廣告預算，或是乾脆放棄。遊戲玩到一定程度之後，應該可以清楚看出，如果再這樣無止境地競爭下去，將會兩敗俱傷，不管誰贏，兩家都會虧錢。但是，要放棄先前已經做出的投資很難，不再繼續下去真的很難。如果遭遇到這種市場競爭（或是要破解丹的競標賽局），訣竅就是：一開始就不要參與；如果真的參與了，在情況不利時，就應該收手。

學者海爾・阿吉斯（Hal Arkes）和凱薩琳・布倫默（Catherine Blumer），用另一項實驗證明我們通常未能清楚思考沉沒成本。[11] 他們請實驗參與者假設自己花了 100 美元報名一趟滑雪之旅（這個實驗是在 1985 年進行的），然後看到另一趟滑雪之旅，樣樣都更好，只要 50 美元，而他們也買了那趟滑雪之旅。兩位學者告訴這些實驗對象，兩趟滑雪之旅的日期重疊，但是都不能退錢，他們要選擇哪一個？是

100 美元的，還是 50 美元、但遠遠更好的滑雪之旅？有超過一半的實驗對象選擇了 100 美元的滑雪之旅，儘管：1）該行程提供的樂趣較差；2）不論選擇哪個，他們都花費 150 美元。

沉沒成本效應也發生在個人生活的決策。丹有個朋友為了是否離婚而傷神不已，生活被這件事搞得亂七八糟。丹問了他一個簡單問題：「假設你現在沒有和她結婚，你對她的了解一如現實中你目前對她的了解，但你們只是交往了十年的男女朋友。你現在會向她求婚嗎？」這位朋友回答，求婚的可能性為零。丹接著問：「這告訴你，應該做出什麼決定？」丹這名友人的矛盾有多少是來自他一直想著過去，過度看重他對這段婚姻投入的時間和精力，而不是向前看，思考未來將使用的時間和精力。朋友聽懂之後，很快就決定離婚。如果此刻你認為這麼做決定很無情，請容我們加上一條資訊：他們沒有孩子。有時候，捨棄沉沒成本，從不同角度看事情，對大家都有益。

在生活中的許多層面，以往若做出投資，並不代表你就應該留在原地。事實上，在理性世界，先前的投資無關緊要（如果先前的投資失敗了，那真的就是「沉沒成本」，但不論成敗，我們都花光了，消失了），更重要的是：我們對未來價值的預測。有時候，只看未來才是正確的。

擁有未來

所有權改變了我們的觀點，我們很容易產生所有權感，它變成我們判斷與評估得失的基準。

避免落入所有權感陷阱的方法之一是，試著在心理層面把自己和擁有的東西切割開來，以便更正確評估那些東西的價值。我們應該思考目前的處境，想想未來會發生什麼，而不是緬懷過去。這當然是說起來簡單，做起來難，尤其是我們往往對自己的生活和所有物（房子、投資、關係等），投入那麼多的感情、時間和金錢。

所有權使布萊德利夫婦聚焦於他們即將失去的東西——他們那棟漂亮、高度個人化的房子，而不是聚焦於他們未來將獲得的東西——有錢可以買另一間房子，好好吃幾頓美味的晚餐，支付學費讓羅伯特和羅伯塔就讀一流大學，學校離家算近，大約九十分鐘的車程，所以兩人能夠經常去探視，但距離也不會太近，近到每週還得幫忙洗衣服，雖然他們會思念孩子，但是沒到那種地步。

第 9 章
我們關切公平性和費力程度

　　早上，詹姆斯・諾蘭（James Nolan）正在會議中，這是一場簡報說明，大概是浪費時間，但這是工作的一部分。他任職的小機件公司（又是 widget，這名詞好用得很呢！），要他雇用一家顧問公司協助辨識公司的營運缺失。經過六週，詹姆斯和其他中高階主管正在看結果，就是此刻正在向他們展示的許多 PowerPoint 簡報說明。

　　那家顧問公司負責這項計畫的主管吉娜・威廉斯（Gina Williams），抱著三本厚厚的卷宗，吃力地走進會議室，把卷宗重重地放到桌上。四名初級顧問、兩名助理、一名技術部人員，以及一位保全帶來視聽器材、更多卷宗、一部投影機、大量紙張、一桶咖啡、一盤甜點。詹姆斯不明白，他們

為何不在會議前準備好這些東西，但糖分和咖啡因使他不那麼在意這些，他放鬆地坐在椅子上，讓這一天展開。

顧問公司團隊把一切準備就緒，吉娜一絲不苟地展示說明 74 張 PowerPoint 投影片，鉅細靡遺地講述，從兩個月前他們搭上飛機，到所有的會議、文書作業、地點、用餐、補給品，投影片上還有大量的箭頭和頭字語。中場休息 20 分鐘，接著幾張投影片展示了吉娜他們公司的信譽和相片，還有電話紀錄。長達五個小時的簡報說明會，最後一張投影片是結論，上頭的文字說：「別問你們的 widget 能為你們做什麼，應該問你們能為你們的 widget 做什麼？」

會議室內所有人不約而同興奮地站起來鼓掌，甜點的屑屑掉落地上，大家在會議室門口親切握手，那些顧問走向光亮的門廳，懷著新生的成就感與目的感走向未來，喔，耶！

那天稍後，詹姆斯去高階主管辦公室，看著他的執行長欣然開立了一張 72.5 萬美元的支票，給完成這項計畫的顧問公司。72.5 萬美元？考慮到他們所做的一切，似乎完全值得。

那天下午，詹姆斯提早離開辦公室，花 50 美元為車子更換機油。維修廠空空蕩蕩的，他把車子交給維修人員。正忙著打撲克牌的維修人員抬起眼告訴他，要幾個小時後才能完成。

看到那項顧問計畫已經完成，詹姆斯的心情輕鬆了點，決定步行兩英里回家。很不幸地，走到半路，下起了傾盆大

雨。他衝進一家便利商店躲雨，注意到店家從櫃台後方推出
了一整架的雨傘，他走上前去，拿起了一把傘。當看到店家
把 5 美元的標籤撕掉，換上手寫標籤 10 美元時，詹姆斯停
住了。

「你在做什麼？那些傘是 5 美元，」詹姆斯問。

「不，是 10 美元，雨天特價，」店家說。

「什麼？這哪是特價？這是搶劫！」

「歡迎你去比價，找更便宜的，」店家指指外頭，舉目
所見盡是雨。

「太扯了！你認識我的，我經常來這裡買東西。」

「你下次應該買把傘，有時會打折，只要 5 美元。」

詹姆斯翻了好幾秒鐘的白眼，咕噥了一句粗話，把衣領
拉到頭上方，沒拿傘就跑了出去，一路跑回家。剛到家，才
脫下溼透的衣服，雨就停了。他光著上身上樓前，忍不住又
爆了粗口。

汽車維修廠打電話來告知詹姆斯，他的車子需要的檢查
與維修比他們預期的多，要明天才能取車。在詹姆斯還沒能
來得及抗議之前，他們就把電話掛了。惱怒之餘，詹姆斯決
定到外頭慢跑，消消氣。慢跑完，他才發現忘了帶鑰匙。糟
糕！他太太芮妮出差去了，還沒回家，而孩子寄在朋友家，
備份鑰匙放在鄰居那裡，但他們去度假了。眼看著，好像又
要下雨了，詹姆斯不得已，只好打電話找了一名鎖匠，後來

又找了兩個，每個都說可能要花 150 美元到 250 美元，要不就是開鎖，要不就是把鎖整個換掉。他原本預期不會花那麼多錢的，這下他終於醒悟了，他們全都是強盜，偽裝成鎖匠，但是沒辦法了，他請最後聯絡的那名鎖匠來。二十分鐘後，鎖匠抵達，把一支起子轉進去，再用另一把扳手輕輕搖晃，猛地一拉，門開了，前後花了大約兩分鐘。

他們進入廚房，喝杯水，鎖匠說：「謝謝。費用是 200 美元。」

「兩百美元？你只花了大概一分鐘耶！你的意思是……，」詹姆斯動動他的手指：「你一小時收費 12,000 美元？！」

「這個，我不知道。但是，你要付我 200 美元。要不然，我們可以出去，我再把你鎖在外頭，你可以找別人，試試運氣。這只需要一分鐘，隨你便。」

「好吧！」詹姆斯開了一張支票給他。進到房內，開始播放網飛（Netflix）租片，獨自享受片刻寧靜。

稍晚，芮妮返家，心情極好，這趟出差很成功，而且她很高興使用機票比價網站 Kayak，這是她頭次使用這個網站，似乎撿了個大便宜。因為車子還在維修廠，她從機場搭乘 Uber 回家，她很喜歡 Uber，不只是 Uber 的狂熱者，而是超級狂熱者，因為她常有意料之外的行程，使用 Uber 可以免去很多安排車子或查詢大眾運輸工具的麻煩。

　　幾天後，在暴風雪中，她必須外出和一位客戶共進晚餐，很難叫到 Uber。而且，平常到市中心只要 12 美元，現在居然漲到 40 美元！ 40 美元？太扯了！她改用一般叫車服務，決定停用 Uber 表示抗議。接下來幾週，她使用以往的叫車服務，搭乘巴士，借車，湊合著使用種種權宜方法，雖然痛苦，但她就是不喜歡被敲竹槓的感覺。

到底是怎麼回事？

　　公平性就是這麼影響我們對價值的認知。五歲以上、不積極參與政治的人，大多了解公平性的概念，看到它或談到它，我們馬上就能了解，但是，我們不了解公平性在我們的日常金錢決策中扮演多大的角色。

　　一個顧問的建議，雨天裡的一把傘，請鎖匠開門，一趟車資，這些提供給我們的價值，照理說應該和我們認為價格公平與否無關；但是，不論我們買不買某樣東西，願意支付的金額往往高度取決於我們是否覺得價格公允。

　　在評估一筆交易時，傳統經濟模型只比較價值與價格，但現實裡，人們比較價值與價格，再加上其他因素，例如公平性。當有效率、完美的經濟模型解方令人覺得不公平時，人們可能對此解方感到惱怒、痛恨，縱使當一筆交易合理時，縱使當這筆交易仍讓我們獲得好價值時，例如花較多的錢購買一把傘，好讓我們能夠乾著身體回到家，但那種不公

平的感覺會影響我們，影響我們的決策。

根據基本的供需法則，在雨天裡，雨傘價格應該更高（因為需求更高），在暴風雪天裡，Uber 費率應該更高（因為供給較少，需求較多），我們應該完全能夠接受這些較高的價格。換機油或請鎖匠開門的價值，應該與公平感無關，它的價值只在於更快速、更有效率地完成一件事。但是，當我們為了看起來很容易或只花一點點時間的事支付高價格時，會惱怒、翻白眼、跺腳、踢沙，揚言不玩了要打道回府。為什麼？因為我們是認為價格應該公平的小頑童，會因為認為價格不公平而拒絕好價值，也會懲罰不公平性，但在過程中往往懲罰到自己（瞧瞧那濕了一身的詹姆斯）。

有一項非常知名的實驗，展示了我們如何懲罰不公平性。這項實驗名為「最後通牒賽局」（the ultimatum game），儘管名稱聽起來跟那永遠懸而未決的系列電影很像，但這場賽局跟傑森・包恩（Jason Bourne）無關。*

最後通牒賽局有兩個參與者，其中一人是提案者，另一人是回應者，分別坐在不同房間，互不認識，也不會碰面，可以隨心所欲，不必害怕被對方報復。提案者獲得一筆錢，例如 10 美元，可以決定要分多少給回應者，把剩餘的留給

---

*《神鬼認證》系列電影第三部名為《神鬼認證：最後通牒》（The Bourne Ultimatum）。

自己。提案者可以給對方任何金額──5美元、1美元、3.26美元等，若對方接受，他們各自拿走分得的錢，賽局結束；若對方不接受，兩人都無法獲得半毛錢，零，分文未得，這筆錢還給實驗者。

兩人都了解賽局規則，包括這筆錢的總額有多少、分配或不分配方式等。

若我們理性地、合乎邏輯地、像冷血超級電腦 vs. 傑森·包恩那樣思考，就會得出結論：只要提案者分出來的錢大於零，不論多少回應者都應該接受，因為這是不勞而獲之財，任何金額都好過分文未得。若這個世界超理性的，提案者應該分一分硬幣給回應者，回應者應該接受，結束這場賽局。

但是，在最後通牒賽局裡，人們不會這麼行為，回應者總是拒絕他們認為不公平的金額。當提案者要分的錢少於總金額的三分之一時，大多數的回應者會拒絕，兩個人最終分文未得。在現實世界裡，人們只是為了不公平的提議，便拒絕不勞而獲之財，以懲罰某人──他們不認識，而且可能永遠不會再往來的某個人。這些實驗的結果顯示，我們的不公平感可能使我們把零元看得比一元還有價值。

想想看：若我們走在街上，陌生人給我們50美元，我們會因為他自己留了100美元就拒絕，還是向他致謝，並提醒自己餘生天天都來走這條街？當我們跑馬拉松時，某人遞給我們一杯水，我們會因為桌上還有很多杯水而拒絕或丟掉

那杯水嗎？不會，瘋子才會這麼做。但為何在那麼多其他的情況下，我們會聚焦於杯子是半空的——那不公平、沒裝水的部分？

唉，也許我們真的都是瘋子。研究人員發現，在最後通牒賽局中，當回應者獲得不公平的分配時（例如 10 美元只分到 1 美元），腦部活絡的部位不同於當回應者獲得公平分配（例如 10 美元分到 5 美元）時腦部活絡的部位。研究顯示，當我們腦部的「不公平」部位活絡起來時，我們更可能拒絕不公平的提議。[1] 換言之，我們的腦袋不喜歡不公平，這種不喜歡使我們採取行動表達不滿。愚蠢、瘋狂的腦子，我們或許不喜歡這樣，但畢竟還是我們的大腦。

●● 和經濟學家對奕

在最後通牒賽局中，我們拒絕不公平的提案，唯一例外的是經濟學家，他們不會拒絕不公平的提案，因為他們知道什麼是理性的反應。由於他們的這種行為，是被動積極地試圖展現自己比別人聰明，所以如果我們和經濟學家玩最後通牒賽局時，若我們是提案者，就應該盡情做出不公平的冷酷提案，反正他們受過的訓練教他們在這種賽局中的低額提案為預期中的理性反應。

　　詹姆斯拒買價格不公平的雨傘，儘管他亟需一把傘，也買得起，而且當時 10 美元或許是個好價值，能讓他免於被雨淋濕。他沒有拒絕鎖匠，儘管他明顯表達了不滿；他也低估了快速進入自己家中（開鎖）的價值。在體驗到 Uber 隨天氣狀況調高費率之後，芮妮停止使用 Uber 一段時間，儘管在正常天氣狀況下使用 Uber 服務的價值維持不變。

　　（細心的讀者可能注意到了，詹姆斯拒絕多花 5 美元購買一把傘的那天稍早，他的上司為一場冗長的 PowerPoint 簡報說明支付 72.5 萬美元時，他沒有吭聲。詹姆斯的腦袋不認為這兩筆交易互相矛盾，這是有原因的，請稍候，我們很快就會討論到這個。）

　　想像一下，如果可樂販賣機裝設溫度計，而且被寫了程式：當外頭的天氣更熱時，可樂的價格就調高，試問在攝氏 35 度的大熱天時，眾人作何感想？但這是可口可樂前執行長道格拉斯・艾維斯特（Douglas Ivester）為了提高營收而做出的建議。在引發消費者眾怒、讓百事可樂有機會稱可口可樂為投機分子之後，艾維斯特被迫辭職，儘管該公司從未生產這種機器。供需訂價策略是合理的，甚或是理性的，但大眾認為這種構想不公平，彷彿一個厚顏無恥者試圖欺詐顧客，著實令人惱怒。

　　在我們的經濟交易中，「哼聲」四處潛伏，我們喜歡宣示：「別想占我的便宜！」，變成乖戾、愛評判的人。出於怨

憤及尋求報復下，我們放棄看起來不公平的良好價值。

當我們的公平感發揮正義時，我們才不管更高的價格是否有正當理由呢！什麼市場的無形之手，滾一邊去！1986年進行的一項電話訪查（各位還記得傳統電話嗎？），[2] 82%的受訪者說，在暴風雪過後，調漲鏟子價格是不公平的（這是雨天雨傘漲價和下雪天 Uber 費率調漲的古早混合版），儘管在標準的供需法則下，這是有效率、合理且正確的事。

2011 年，網飛在一篇部落格文章中宣布，他們不久將改變訂價結構，將串流服務與 DVD 租片服務拆開（當時每個月合併服務的費用是 9.99 美元），每種服務的收費變成每個月 7.99 美元。換言之，如果你原本只會使用其中一種服務，不管是串流服務或 DVD 租片服務，每個月的費用將會降低 2 美元，但如果你原本就會使用兩種服務，每個月的總費用將會增加將近 6 美元。

雖然網飛的多數訂戶只會使用其中一種服務，你認為他們對此改變做出了什麼樣的反應呢？沒錯，痛恨。不是因為價格變差了（對大多數訂戶而言，價格其實是變好了），他們痛恨是因為這樣「看起來」不公平。* 這些喜愛網飛的忠實顧客決定痛懲網飛，他們失去了大約一百萬名顧客，公司

---

* 損失趨避傾向也在此發揮作用，訂戶不想失去原有的 DVD 租片選擇，縱使自己以前可能不曾使用過，但畢竟選項一直都在的話，想用就可以用。

股價大跌；不出幾週，這項計畫就喊停。人們覺得網飛占便宜，所以拒絕一項對自己仍有高價值的服務——原本價值9.99 美元的服務，只須付費 7.99 美元。網飛的顧客想要懲罰這樣的不公平性，所以願意在財務上傷害自己，捨棄便宜了 2 美元的優質服務，只為了懲罰想像中的兩種服務合計總價要增加 6 美元，沒有考慮到自己不曾結合使用過這兩種服務。

芮妮的 Uber 體驗是根據真實故事（我們討論的所有例子都是根據真實故事）。2013 年 12 月，在紐約市暴風雪中，Uber 費率提高到平常費率的八倍（Uber 的平時費率已經高於一般計程車及叫車服務。）³ 此舉惹怒了許多 Uber 顧客，罵得最凶的是名人（他們有時間發飆），而 Uber 的回應是：新費率只不過是「加成計費」，調高費率以吸引更多駕駛人在不安全的天候與路況下，上路提供載客服務。然而，這個理由無法平息眾怒。

Uber 的顧客通常喜歡 Uber 駕駛的可靠性及可得性，也願意為了這種可得性多付一點錢。但是，當真實的市場供需力量顯著作用時，例如在暴風雪的天候中，司機供給量減少，乘客需求量增加，因而導致價格大漲時，顧客卻突然怒斥付出高溢價。叫不到 Uber，大概也叫不到計程車，乘客叫到計程車的機會渺茫，而 Uber 提高費率，就是為了應付這種供需失衡。平時，我們願意改變我們對公平價格和公平

價值的認知，但只能稍微改變一點點，彈性非常有限。當溢價很大、發生得很突然，而且具有投機意味時，我們就會覺得不公平。

來做個思想實驗。想像一下，有另一種名為 Rebu 的叫車服務，平時收費就是 Uber 的八倍。在暴風雪天支付 Rebu 較高費率，顧客不會有所怨言，因為這本來就是 Rebu 的平常費率；事實上，在暴風雪天仍然支付這種平常費率，顧客可能還會覺得划算呢！只因為 Uber 在人們最需要交通工具時大舉調高費率，就讓人們感到不公平；如果 Rebu 的平常費率就是 Uber 的八倍，在暴風雪天，這樣的價格就不會顯得不公平，雖然在平日可能會被認為太貴了。

看費力程度來決定公平性

為何公平的信念，會改變我們的價值認知？為何我們會貶抑自己認為不公平的事？為何芮妮會捨棄 Uber，詹姆斯寧願在大雨中奔跑，也不願意購買比平日貴 5 美元的雨傘？因為公平的信念，深植於我們心中。然而，什麼東西會影響我們認為這件事公不公平？在很多情況下，都跟投入的心力有關。我們會先看一件事情的費力程度，再評估被要求的價格是否公平。

雨天並不會讓商店賣傘的工作變得更難，雖然暴風雪會增加 Uber 駕駛的工作難度，但不至於難上八倍。這些價

格的上漲，似乎並未如實反映出需要花費的額外心力或成本上揚，所以我們會認為這些價格上漲並不公平。當詹姆斯和芮妮只聚焦在費力程度、乃至於公平性時，忽略了這些服務在當時對他們的價值提升了（讓他們安全、不用淋雨地回到家），儘管服務提供者需要花費的心力程度並未明顯改變多少。

詹姆斯並不認為鎖匠的開價很合理，因為他只花了那麼少的時間。然而，他可能會寧願鎖匠笨手笨腳一點，花更長時間假裝努力才把鎖打開嗎？呵，還真有可能。曾經有位鎖匠告訴丹，他剛開始做這行時，開個鎖得花上老半天，過程中還經常把鎖給弄壞，花費更多時間和成本安裝新鎖。他會收取換掉壞鎖的零件費用，以及開鎖的標準收費，人們都很樂意支付這些費用，還會給他頗為豐厚的小費。然而，他注意到，當他的能力精進，能夠快速開鎖，而且不必把舊鎖給弄壞時（因此不需要換掉舊鎖，向客戶收取零件費用），顧客非但不給小費，還會爭論他的收費。

什麼？那麼，請鎖匠開門到底要花多少錢？這應該是個價值問題，但因為這樣的問題很難訂出價格，大家就會看開鎖花了多少工夫，如果鎖匠明顯費了一番力氣，我們就會樂意多付一點，但其實應該看的是開鎖這件事本身的價值。

我們在無意識間把費力程度與價值結合起來，往往導致我們對能力較差者支付更高價格，因為能力較差者做起事來

顯得費力。但是，我們對那些十分擅長自己的工作，做起事來顯得較不費力、很有效率的人，卻不願意支付高價，只因為他們「看起來」做得很輕鬆，好像沒花什麼工夫，就覺得價值不大。

昂・艾米爾（On Amir）和丹曾經做個一項調查，詢問人們願意付多少錢以救回資料。他們發現，若救回的資料量較大，人們就願意付多一點的錢，但他們最主要看的還是處理這項救援作業的技術人員花了多少時間。[4] 當技術人員只花了幾分鐘就把資料救回，人們願意支付的錢很少；若技術人員花了超過一週才救回同等的資料，人們願意支付的錢就遠遠更高。各位應該仔細想一下：對於成果相同的工作，大家居然願意支付更多錢給較慢的服務！基本上，這都是看重費力程度勝過成果所致，讓我們對能力不足者支付更多錢。雖然這是不理性的行為，但支付更多錢給能力不足者，我們反而會覺得自己更理性，也更為樂意。

有個關於畢卡索的傳說：有一天，畢卡索閒坐在公園內，一位女士走過來，央求畢卡索為她畫一幅肖像畫。畢卡索看了她一會兒，簡單幾筆，就為她完成了一幅完美的肖像畫。

女士讚嘆：「簡單幾筆，你就能夠傳神畫出我，真了不起！我該付你多少錢？」

畢卡索說：「五千美元。」

女士驚呼：「什麼！你才花了幾秒耶。怎麼這麼貴？」

畢卡索回答：「不，它花了我一輩子的時間，再加上剛才那幾秒。」

專長、知識和經驗非常重要，當我們主要根據費力程度來評斷價值時，卻忽略了看向這些層面，好好重視它們的價值。

再來看看另一種情境。你有沒有遇過某個棘手的汽車問題，例如某處總是發出噪音，或是車窗動不了，但是一位師傅用了一個簡單的工具，三兩分鐘就解決了，向你開價 80 美元。大多數的人遇到這種情形會生氣。那麼，如果師傅花了三個小時解決問題，向你收費 120 美元呢？你會覺得更合理一點嗎？如果師傅花了四天才解決問題，向你收費 225 美元呢？不論哪一種，問題都解決了，但第一種只要一個小比例的時間與成本，不是嗎？

有一名電腦維修人員修改了一個組態檔，就把公司一部重要伺服器給修好了，公司付他錢不是因為他做了一項簡單的改變（而且只花了五秒鐘），而是因為他知道要修改什麼、如何修改。或者，想像一下，就像電影裡的情節，一位超級英雄試圖拆解一枚核彈，炸彈正在倒數計時中，世界的命運危在旦夕。此刻，我們希望他笨手笨腳，翻弄許久都搞不定，還是願意付他一大筆錢迅速搞定？關鍵在於切斷那條紅線，喔！不，不對，是藍線！（轟！）

　　但是，難就難在我們很難對知識和技能衡量計費，很難計算是花了多少年、花了多少心力，才能學會並精通那些技能，然後納入收費的考量因素。我們看到的，只是我們為了一項「似乎」不怎麼難的工作付了一大筆錢。

　　餐廳和藝人愈來愈盛行「隨喜付費」（pay what you want）的模式，這種現象充分展現了公平性和費力程度，如何影響我們的價值評估。根據報導，一家採用「隨喜付費」模式的餐廳發現，客人的付費金額低於餐廳採用正常價格模式索取的費用，這聽起來似乎不妙，但在「隨喜付費」的模式下，上門光顧的客人變多了，而且幾乎沒有人不付費，或者只付一點點錢，因此整體來說，這家餐廳賺到更多錢。[5]之所以會有這種較高的付費意願，是因為我們看得到餐廳人員投入的工夫——為我們點餐的服務生、在廚房工作的廚師、烹調出來的餐點、更換餐／桌巾、開酒等，我們覺得必須互惠給予回報。在一家餐廳吃完就拍拍屁股走人，不付半毛錢，不僅不誠實，也不公平。這種情境也顯示，公平性是雙向作用的。

　　再想像一下，「隨喜付費」模式不是用於餐廳，而是用於半滿的戲院。電影結束時，戲院的工作人員請觀眾把願意支付的錢投到一個箱子裡。在這種情況下，顧客可能會覺得自己坐的位置如果沒來的話可能也是空的（還有一半空著呢！），戲院少收一點，損失也不大，畢竟播放器或螢幕都

是一樣的。比較起來，戲院似乎不需要多花任何成本或工夫，沒資格要求多收一點，所以可能只會支付少少的一點錢，甚至不願意付費。

同理，很多人非法免費下載音樂和電影，不會有罪惡感，是因為他們認為創作這些音樂和電影所花的心力發生在過去，只是多下載一次，創作者不需要多花什麼工夫或成本（正是基於人們的這種觀念，非常多的反盜版行動，聚焦於強調盜版對作詞作曲者及表演者造成的傷害，旨在把損失個人化。）

餐廳和戲院的付費意願差別，凸顯了「固定成本」和「邊際成本」在公平性和費力程度觀念中扮演的角色。固定成本（例如戲院座椅和燈光設備），激發我們做出回報的程度，不若邊際成本（例如主廚親手料理的鮮魚及蔬菜，或是菜鳥服務生端著托盤，上頭的玻璃杯還搖搖晃晃，引人嘲弄──各位，別這樣，真的很不禮貌。）

餐廳和戲院的付費意願差別，也顯示了我們雖然會懲罰那些因為看不出費了什麼勁而覺得不公平的價格，但也會獎酬那些看起來很費工夫、所以覺得付費很公平的商務活動。這不又是另一個例子，顯示我們評估事物的方式，與實際價值沒有什麼關係？沒錯，這也把我們帶到下一個討論：透明度（transparency）。

要做到讓人家看到

詹姆斯的老闆毫不眨眼地付給吉娜的顧問公司 72.5 萬
美元，因為他們展現了完成非常詳盡的工作，不僅妥善評
估、滿足他們公司的需求，還做了一場簡報，說明他們花了
多大工夫執行這項計畫。

如果那位鎖匠不對詹姆斯說那麼多不禮貌的話，而是向
詹姆斯解釋自己經過多少努力，才練就今天這麼嫻熟、迅速
的開鎖工夫，兩個人或許就不至於快吵了起來。如果可口可
樂解釋在大熱天時，公司必須新增多少成本讓飲料維持冰
冷，或是補貨人員開車補貨的次數變多了，消費大眾或許就
不會那麼憤怒。經過這些詳細解釋，詹姆斯和可口可樂的消
費者，也許將會願意支付較高價格，不會那麼惱怒了，因為
他們知道背後要花費多少工夫。當投入的心力變得明顯，便
是展現出較高的透明度。

假設有兩支傳統的發條機械錶，一支有透明外殼，眾人
可以清楚看到裡頭複雜的齒輪轉動，我們會因為能夠看到它
的運轉多麼費工夫，願意對這支錶支付更多錢嗎？大概不會
（雖然我們從未實際做過這項實驗）。但是，我們不就是這麼
進行許多的財務交易嗎？

當我們看到生產成本，看到人們跑來跑去、非常忙碌，
看到耗費了多少人力和時間，就願意支付更多錢。仔細想

想，其實這不就是我們認為，勞力密集的事物比非勞力密集的事物更有價值？絕大多數人的付費意願心理，受到客觀衡量工作技能的影響，不若受到表面上費力程度的影響。這理性嗎？不理性。這扭曲了我們的價值認知嗎？是的。這種情形時常發生嗎？你說呢？

到詹姆斯公司做簡報的顧問公司，花了好大力氣重演他們所做的整項計畫，向他們展示了自己投入多少心血。相反地，我們可以想想計時收費的昂貴律師事務所，律師經常被抨擊收費驚人，或許有部分是因為我們沒有看到他們在背後下的種種工夫，只看到律師寄來的帳單。我們只有看到鐘點費，沒有看到律師下的苦心，也沒有看到他們流的汗，還有像吉娜的顧問公司那樣聰明展示的活動。

透明化——把投入於一項產品或服務的工作及努力展現出來，可以幫助公司向消費大眾展示，他們究竟是投入了多少心力來賺我們的錢。唯有當我們知道某樣東西包含了很多努力，才會覺得它有價值，所以在網路上買賣服務，有時是相當具有挑戰性的一種方式，因為在線上有很多努力是看不到的，才會有那麼多人認為不值得花那些錢買應用程式或網路服務。

無論是大公司或小企業，都已經了解到透明化的重要性——展現投入的工夫，藉此證明自身價值，也愈來愈常設法讓消費者知道他們的用心，以提高眾人的評價。比價網站

Kayak.com 就是這樣一家公司，高度致力於透明化。用戶可以看到它正在搜尋飛機航班／機票的進度，而且比較的項目非常細，會顯示日期、時間、價格、航空公司等各種你可能會考慮到的項目。我們會不禁印象深刻，覺得：啊！這個網站怎麼這麼細心，做了這麼多項工作？而且會體認到，如果沒有 Kayak 的話，得花不少時間比較呀。

但是，如果拿來和谷歌搜尋相比，在谷歌搜尋網站上，只要輸入關鍵字，立刻就能獲得搜尋結果。我們大概會想，這應該很容易吧？

另外一個例子是披薩業最創新的改變：達美樂披薩（Domino's）的「比薩催客」（Pizza Tracker）。顧客在線上訂了披薩之後，會有進度表顯示訂單的處理狀態，從已下單、製作中、遞送中……到我們的動脈阻塞，以及醫師開的降血脂藥「立普妥」（Lipitor），喔，達美樂顯然省略了一些步驟，以簡化「比薩催客」，但這些進度表確實成功吸引了更多人上網觀看訂單進度。

一些最不透明的流程是政府的流程。波士頓推出了一項聰明的計畫，試圖使政府的活動變得更透明化。為了讓波士頓的道路維修作業更透明化，市政府張貼出線上地圖，標示工程人員正在修補和計畫修補的所有道路坑洞，向居民展示市府的工作人員正在辛苦做事，儘管他們可能還沒出現在坑洞所在的區域。這下子，波士頓居民便了解了，為什麼在哈

佛園附近會這麼難停車了。

說到波士頓，我們任教於哈佛商學院的友人麥克・諾頓（Michael Norton），想出了其他創意方法來展示透明化的重要性。其中的例子包括一個約會網站，不但向用戶秀出速配對象，也秀出其他不速配的人。藉由秀出數千個不速配的人，這個網站能夠證明花了多大的工夫，從所有用戶精挑細選，幫忙尋找可能會速配的人。[6] 對了，我們有沒有說過，我們真的被現代的約會世界給嚇壞了？還有我們發現，我們的太太真的很可愛啊？

如果 Uber、那位鎖匠、那間賣傘的店家，清楚解釋了隱藏在價格背後的工夫，或許就能使價格顯得較為公平一些。網飛可以向大眾解釋，串流的授權費很高，新收費方案可以降低只使用單一服務顧客的成本，而且網飛可以聚焦在改善每一種服務，同時會推出全新的節目……，但是他們沒有做出解釋。餐廳也可以張貼公告，說明調高菜單價格的原因，例如為了反映瓦斯、食材、雞蛋、勞工成本的提高，或是可以歸咎於稅負提高，或是某個討人厭的白宮官員等。這些解釋和說明，都可能有助於顧客了解及接受價格調漲，但很多企業和商家往往不做這些。沒錯，透明化幫助我們了解價值；但遺憾的是，在經營事業時，我們往往不會想到，解釋自家產品或服務背後投入的工夫或心血，將有助於改變顧客對它的價值評估。

　　不過，透明化雖然可以幫助我們看出價值，有時候也會淪為操縱的工具。吉娜的公司展現出他們投入了大量心力，但成果真如預期嗎？笨拙的鎖匠努力把鎖打開，但是不是浪費了我們一個小時的時間？波士頓的市府員工真的很努力嗎？還是只是在做表面工夫？

　　我們可能受害於透明化或欠缺透明度，而且受害的程度往往高於我們所願承認的。當某間公司向我們展示他們的產品或服務背後花了多少工夫時，我們往往可能會高估價值。透明化顯示某樣東西費工，所以顯得公平，很可能會改變我們對價值的認知，結果導致我們用和真實價值無關的方式來評斷價值。

府上的家事如何分配呢？

　　我們對公平性與費力程度的關切，不只出現在財務領域。雖然我們可能不適合對親密關係提供意見，但我們發現，分開詢問妻子和丈夫（在不同房間內問），請他們說說自己做了多少家事，兩人的回答總額總是超過100％。換言之，他們都認為自己做了很多家事，另一半做得少，分工不公平。

　　為何總額總是大於100％？因為我們看自己總是處於透明的狀態。我們看得到自己做的事，但看不到另一半做了什麼；我們有透明度不對稱性。我們把地板擦乾淨了之後，會

注意到這件事，知道這有多辛苦；但如果地板是別人擦的，就可能不會注意到要擦得那麼乾淨需要多少工夫。我們把垃圾拿去倒，會知道還要分類、倒垃圾有一些步驟，以及這項工作有多髒；若是另一半把垃圾拿去倒，我們可能也沒有注意到。我們使用洗碗機時，會注意到應該分門別類，把碗盤分區排好；若是另一半使用洗碗機，我們只會注意到，根本是排得亂七八糟，隨便丟進去洗一洗就好。

那麼，我們是不是應該效法吉娜的顧問公司，每個月向另一半和孩子簡報一下，擦了多少櫥櫃、洗了多少碗盤、付了多少帳單、換了多少尿片、倒了多少垃圾呢？是否也該學學律師的方法，列出鐘點費？在做晚餐時，我們是否應該詳述，從買菜、切菜、煮菜到收拾的所有步驟呢？或者，我們只要發出聲聲嘆息，讓另一半更重視我們？只能說，跟另一半斤斤計較，也是有不利之處的。如何拿捏平衡，就留給諸位看著辦了！但是，至少也花點心思想想這些吧。別忘了，請離婚律師可不便宜喔，他們是按照鐘點收費的，也不會讓你知道他們花了多少工夫。

善用公平性

在協商、交易、婚姻、生活中，人們總是要求公平，這不是壞事。2015 年，圖靈製藥（Turing Pharmaceuticals）創辦人馬丁・史克利（Martin Shkreli），突然將救命藥達拉匹

林（Daraprim）從一顆 13.5 美元調漲到 750 美元（漲幅高達 5555％），民眾憤怒極了！此舉被視為極度不公平，雖然達拉匹林目前的售價依舊過高，史克利依舊是個 ××，但這件事也引起人們關注長久以來未獲足夠關注的藥品訂價公平性。所以，我們的公平感有時很有助益，甚至在經濟領域。

然而，我們有時會過度看重公平性。在不若史克利事件那樣惡劣的情況下，當價格似乎不公平時，我們會試圖懲罰訂價者，但在過程中，我們往往會懲罰到自己，捨棄原本的好價值。

公平性有很多時候是看費力程度，費力程度往往需要藉由透明化來展示，而生產者或行銷者可以決定自己要有多透明化，利用公平性來凸顯價值，未必總是出自最良善的意圖。

透明化有助於建立信任，藉由展示背後投入的心血，能夠激發人們的公平感，以創造價值。至於會不會有無恥之徒，試圖利用我們對透明化的要求，表現出過甚其實的心力投入，只為了提高產品或服務的價值？這個嘛……考慮到我們花了超過 150 年才寫出這本書，我們得說……不會！怎麼可能會有這種事發生嘛！

第 10 章
我們相信語言文字和儀式的神奇力量

金雪柔這晚加班,她正在負責一項可行性研究,看看是否雇用一支專家團隊,幫助研判他們公司應該製造什麼小機件,以及會不會有人買這些小機件。目前還沒有得出任何決定,但她這項可行性研究有截止期限,公司執行長很焦急,別無選擇,必須完成。偶爾加班,她可以忍受,無法忍受的是在加班時送來的那些難吃壽司。

她的團隊經常向市中心一家據說評價甚佳的法式亞洲料理餐廳 Oooh La la Garden 訂購外送壽司,這間時尚餐廳不久前才開始外送服務,她的團隊在初次訂購時,因為忙碌,她甚至沒看菜單,請同事幫她挑選。同事布萊恩為她選了「滑溜龍捲」,雪柔用紙巾包了壽司捲拿起來吃,心不在焉,

眼睛仍然盯著電腦螢幕。吃完最後一口，她心想：「噁心耶，又脆又軟，這什麼東西呀？」

但在隔壁房間，同事們瘋狂大讚餐點：讚啦！喔，太好吃了……，他們愛死了。雪柔戴起大耳機，專心工作。

不久，布萊恩帶著一瓶紅酒回來，問雪柔要不要來一杯？他說曾經收過這款酒當作週年禮物，很棒！2010 年分的 Chateau Vin De Yum Pinot Noir，應該很不錯。布萊恩倒了一些在雪柔的馬克杯裡，杯身上印著：「全球 500 大最強媽咪」（她的孩子認為這好笑。）雪柔小啜了一口，咕嚕著說：「嗯哼，謝謝！我喝一點就好，待會兒還得回家呢。」接下來的三十分鐘裡，她一邊啜著紅酒，一邊完成她的可行性研究報告的總結。這瓶紅酒還行，沒啥特別的，比不上她家裡的。

下班時，她經過布萊恩的辦公室，給了他 40 美元支付晚餐和酒的費用。「夠嗎？」她問。

「夠了。很棒吧？那是用……」

「很好，下週一見。」雪柔匆匆打斷布萊恩。

那個週末，雪柔和先生理查沿著勞瑞爾街，走到新熱點複合式餐廳 Le Café Grand Dragon Peu Peu Peu，這名稱聽起來像機關槍一樣：peu peu peu。他們的朋友已經到了，雪柔和理查坐入剩下的空位。

「喔，菜單設計得真漂亮！」

「對啊！聽說這裡什麼都很好，」他們的朋友珍妮佛說。

一邊看著菜單，雪柔低聲說：「看看這一道：本地老山羊羊奶起司搭配手工製草飼牛肉，加上鮮採蔬果，有祖傳藤熟蕃茄，混綠熟菜，以及從上千品種挑出來的精選洋蔥，保留獨特的混合風味，進口自世界各地，通過專家的變異數分析。」

理查說：「聽起來很有趣。」

珍妮佛的老公比爾回應：「我覺得，聽起來很像昂貴的起司漢堡。」

兩對夫婦聊了幾分鐘，服務生過來，用現代莎士比亞獨白風格唸出今日特餐。比爾指著菜單上的「spécialité du maison」，請他解釋。

「先生，那是『私房菜』的意思。」

「我知道。我是問，那是什麼？」

服務生清清喉嚨說：「喔……我們的主廚在這裡和他的出生地法國，向來以烹調獨特的當季餐點聞名。」

「知道了，所以是什麼？」

「現在這個季節的話，是很費工的料理——菲力。把在大草原、空氣、水和陽光下無微不至飼養、照料，從出生到上桌都精心規劃的牛肉肉質味道凸顯出來。」

「喔，我還是點這個什麼起司的東西好了。」

不久，酒侍過來，把酒單遞給理查，厚厚的一本，很優

雅的英文書寫體字。理查不是酒類專家，所以請酒侍推薦。

「嗯，2010 年分的 Chateau Vin De Yum Pinot Noir 很出色，是罕見的特優葡萄收成釀造出來的。那年夏天，法國南部的雨量讓地下水變得很豐沛，使得多數葡萄園較低窪的地區，充滿了豐富的沉積物，生長出更美味的葡萄。準確標示的採收時間，比正常時間晚了 144 小時。用山風和淡水讓它們熟成，這款葡萄酒在全球各地贏得了幾個獎項及不少讚美，非常適合極為挑剔的味蕾。」

在座一致同意：「聽起來很不錯，先開一瓶吧！」

酒侍重返，在理查的酒杯中倒了少許。理查舉起杯子，在光線下檢視了一下，把杯子晃一晃，小啜了一口，閉上眼，抿著嘴唇，讓酒在嘴巴裡面轉了轉，留心地沖刷了兩頰，吞下酒，暫停了一下，點點頭，讓酒侍把四人的酒杯注滿。所有人舉起酒杯，理查祝頌了一句，四人碰杯，接著開始忙於享用餐點。

他們一起分享了當日的特別開胃菜，服務生說：「這是本店著名的滑溜龍捲，手工製作，使用主廚精選的魚產，如鮭魚、多春魚卵、紅魽、鮪魚肚，全都是本地養殖收成。撒上飛魚卵、青蔥、用醬油調味的海菜、小黃瓜、鱷梨、堅果，全部都經過清水洗淨，使用銀鉗包捲。」

「嗯……」

「好吃得要命！」

帳單送來，酒、滑溜龍捲、特級起司漢堡、一晚的歡愉和誇誇其談，每對夫婦總計花了150美元，他們認為很划算。

語言文字的神奇力量

這兩幕場景例示了語言改變價值評估的神奇力量。語言能夠影響我們的體驗，使我們格外注意到自己正在消費的東西，把注意力導向體驗的某些部分。語言能夠幫助我們更賞識整個體驗，當我們從一項體驗或某個事物中獲得更大的樂趣時——不論是來自體驗或事物本身，或是來自描述的語言，我們對這項體驗或事物的評價就會愈高，也願意支付更多錢。事物本身當然沒有改變，但我們的感受改變了，支付意願也改變了。所以，語言並非只是用來描述事物的工具，也會左右我們的注意力，影響我們最終享受什麼、不享受什麼的感想。

同樣的壽司和葡萄酒，雪柔在辦公室吃覺得不怎樣，但在餐廳吃，她留意到服務人員描述它們的語言，因此對它們的評價遠遠更高。如果她只是在餐廳吃了一個「起司漢堡」，而不是「本地老山羊羊奶起司搭配手工製草飼牛肉」，她的享受程度應該會遠遠低得多，而且可能會抱怨價格太高。

當然，和朋友一起用餐的價值，高於在電腦前看著顧問公司交來的資料吃東西，我們更願意花錢取得前者的體驗。當食物和這種體驗結合起來時，我們會更享受食物，也願意

支付更多錢。不過，縱使情況相同、食物相同，對食物的描繪方式不同，我們也可能會更喜歡、更享用同一份食物。語言文字具有神奇的力量，能夠改變我們對食物的看法，使相同食物獲得相應於描繪程度的價格。此外，用餐環境（奢華）、社交氛圍（朋友有趣）、對食物的描繪（那些後現代的用詞），全都會創造價值、增進體驗。

　　各位應該看得出，在前述整個情境中，語言是提高價值的最強大元素。照理說，語言文字應該不會使座椅更舒適、使調味更好吃、使肉質變得更嫩、使朋友們變得更有趣。客觀來說，如何描繪一個品項，應該是沒有影響的，一個漢堡就是一個漢堡，一塊褐石就是一塊褐石，一部 Toyota 就是一部 Toyota，不論用多少語言文字或什麼樣的風格來描繪，基本上都不會改變本質。我們獲得的就是一個漢堡、一塊褐石、一部 Toyota，或是一隻雞、一間大樓公寓、一部福特，只是在各項東西之間做出選擇，不是嗎？

　　不是。早年的決策研究就已經顯示，我們其實是在各項東西的描述之間做出選擇，而不是在各項東西之間做出選擇。語言文字改變價值的神奇力量，就在於此。

　　語言文字使我們聚焦在一項產品或體驗的某些特性。想像一下，有兩間餐廳開在一起，一家供應「牛肉去脂80％」的漢堡，另一家也賣差不多的東西，但描繪的是「牛肉脂肪含量20％」，結果有差嗎？有。研究資料顯示，同樣

的漢堡、不同的描繪，導致我們的價值評估大不相同。前一家賣的漢堡強調「去脂」，引導我們聚焦在漢堡的健康、美味、有益的層面；後面那家賣的漢堡的描繪，使我們聚焦在它的脂肪量，我們可能會思考到不健康的層面，結果去查純素主義規則。我們對「去脂」漢堡的評價更高，願意支付更多錢。

語言就像開關一樣，能夠產生新觀點與脈絡。前文中提過，人們表示可以靠目前所得的80％持續到退休生活，但無法接受靠比目前所得低20％的收入持續到退休生活。如果你叫人們每天捐獻幾塊錢給慈善事業，他們願意；但要他們一年捐獻一次總額相同的錢，他們不願意。[1] 在人們眼中，「退款200美元」會讓他們把錢存到銀行帳戶裡，但「獎金200美元」會讓他們選擇到巴哈馬度假。[2] 無論是所得變成80％、捐給慈善事業的錢、200美元的收益，怎麼描述金額都是相同的，但不同描述卻會改變人們的感覺。

酒商堪稱首屈一指的語言操縱者，甚至自行創造了語言，用「單寧」、「複雜性」、「質樸」、「酸度」等來描繪酒的味道，還有詞語描述製酒過程和酒液的滑動，例如當我們搖晃酒杯、酒液沿著杯身下滑時，稱為「酒腿」（leg of wine）。多數人能否區別或了解這些用詞的特性或重要性，並不清楚，但很多人表現得好像很懂一樣，會仔細地倒酒入杯、搖晃杯身、在光線下檢視一會兒、再小啜一口，然

後細細品味。對於描述得非常動人的酒，我們當然願意支付更多錢。

但只是因為描述和過程不同，就為一瓶酒支付更高價格，這是不理性的，因為產品本身沒有改變。然而，實際上，描述動人的酒，確實會帶給我們更高的價值感受；在酒本身並未改變的情況下，語言文字改變了整體的消費體驗。語言文字敘述了一個動人故事，我們聽著從開瓶、倒酒、舉杯聞酒香、喝下到回味餘韻的描述，進入了美酒的故事，增加了我們對這瓶酒和喝酒體驗的價值評估。

語言文字雖然並未改變產品本身，但改變了我們和商品之間的互動，以及我們對一項商品的體驗。語言文字也說服我們，例如，說服我們放慢速度，細心注意自己正在做的事。想像一下，你正喝著舉世最好的葡萄酒，但跟雪柔一樣，一邊在電腦前面工作，一邊喝酒，根本無暇注意。請問，你會享受這杯美酒嗎？反觀，假設你正在喝著一支比較差的葡萄酒，但想著它的歷史、好好品味一番、檢視並珍惜，結果客觀而言，一支比較差的葡萄酒，我們從中獲得的價值，卻可能遠遠多於客觀而言一支更好的葡萄酒。

咖啡產業也常雇用創意寫手，透過語言文字增加商品質感，提高商品價值。我們常常聽到諸如下列的描述：「單品咖啡／單一原產地咖啡」；「公平交易咖啡」；「貓腸子無法消化而自然排出的咖啡豆」或「麝香貓咖啡」（你不會想知

道這是什麼東東）;「原住民落淚伐樹以增加陽光照射而種
植出來的咖啡」。最後這項不是真的,但你可能會相信,因
為每一滴咖啡都有一個動人的故事,而每一項打動人心的故
事細節,都提高了我們願意支付的價格。

巧克力產業也有同樣的現象,有所謂的「單品巧克力／
單一原產地巧克力」（我們兩個是不知道為什麼單一產地豆
子會產生出更好的東西,但消費大眾似乎如此相信）,以及
其他愈來愈貴的產品。英國有家迎合巧克力迷的公司,提供
定期配送服務,以及種種令人沉浸、陶醉的巧克力體驗,當
然是要付費的（誰會認為自己不是巧克力迷呢？）

這種語言趨勢會延伸到多少領域？未來,會不會出現
「單品牛奶」這種行銷話術？餐廳菜單能夠介紹一下那頭在
夏季第二週第五天第三度產奶,為我們的拿鐵咖啡供應牛
奶、來自明尼蘇達州的母牛──貝琪的個性嗎？如果知道貝
琪的母親曾為美國第 42 任總統吃的一支冰淇淋做出貢獻,
或是知道她被運往明尼蘇達州時,坐的是全美第一輛油電混
合式聯結車,或是知道她的嗜好包括吃草、做日光浴、不喜
歡收小費,顧客會不會因此願意對她產出的牛奶支付更多錢
呢？當服務生向顧客敘述他們喝的牛奶的「滑順度」、「乳糖
黏度」、「乳牛特質」時,他們會不會更想看一眼貝琪的照片
呢？由於貝琪生活在環形牧場,我們建議所有人在把餅乾浸
入手工製毛玻璃高杯裝的珍貴貝琪產奶之前,先把玻璃高杯

搖晃幾下，因為這杯牛奶要 13 美元。

語言文字改變了我們對種種產品、服務和體驗的價值評估。經過多個世紀的辯論，我們終於證明了《羅密歐與茱麗葉》女主角茱麗葉・卡普雷特（Juliet Capulet）說的「玫瑰換了別的名稱，還是一樣芳香」，其實並不正確。

促進消費

對一樣東西的享受，來自這樣東西給人的感官作用——食物的味道、車子的速度、歌曲的聲音，也來自我們腦部共同創造出對這樣東西的總體驗，我們可以稱此為完整的消費體驗。

語言文字會增加或降低消費體驗的品質，所以影響到我們的價值評估——不論是巧克力、酒或純種漢堡。產生這種作用的重要語言文字稱為「消費詞彙」，我們用消費詞彙來形容體驗，例如酒的「香味」，或被單的「拼接」等。消費詞彙使人們用不同方式思考、聚焦、注意、放慢感受一項體驗，用不同方式體驗這個世界。

對一道主廚精選餐點做出一分鐘的描述，不僅讓我們把整整一分鐘聚焦在這道餐點上，也為這道餐點提供了脈絡和深度，使我們聚焦在食物的風味、口感和味道上，讓我們用更細膩、複雜的方式思考這道餐點。我們可能會想像這道餐點的擺盤、口感、氣味或刀工，身心都為體驗這道餐點做準

備。當語言文字支持一項體驗，或建構出一項體驗的預期
時，就會改變並增強那項體驗，以及我們的價值評估。

聽著服務生描述餐點和酒，雪柔和理查變得愈來愈投入
其中，愈來愈了解那些商品的特質，以及自己即將體驗到的
樂趣和價值。

以麥當勞為例（雖然這不是最健康的例子），該公司的
電視廣告曾在一首歌曲中，列出它的招牌漢堡的所有食材：
「灑了芝麻的麵包，夾著兩片全牛肉餡，特殊醬料、萵苣、
起司、醃黃瓜和洋蔥！」在廣告播放的三十秒鐘內，我們的
腦海想著會吃到的每一樣東西。相似於那些內容較長的資訊
型廣告，這支廣告解析了整個用餐體驗，讓我們想到吃一口
會包含七種不同的味道。想想看，哪個聽起來更好：多層次
的混合口感，還是只是一個漢堡？

廣告文案使用消費詞彙，凸顯商家想要我們重視的體驗
部分，淡化他們想要我們忽略的部分。別管這些運動鞋的價
格了，也別管多難成為優秀的運動員，只要「做就對了」
（Just Do It！）──耐吉（Nike）口號。別管社會期待乾淨
門面可能會讓你刮傷自己的臉，使用我們的刮鬍刀，你就可
以成為「男人首選」（The Best a Man Can Get）──吉列
（Gillette）。就算你破產了，「生命中有些東西是金錢買不到
的，至於其他東西，你可以用萬事達卡（MasterCard）。」

比較直白一點的廣告文案，則包括：「喝可樂會令你開

心微笑」（Have a Coke and a Smile）——可口可樂；「吮指好滋味」（Finger Lickin' Good）——肯德基；「好喝，不漲肚」（Tastes Great, Less Filling）——米勒淡啤酒（Miller Lite）；「我就喜歡」（I'm Lovin'It）——麥當勞。還有直接說明商品特性的廣告文案，例如 M&M 巧克力：「只融你口，不融你手」（Melts in your mouth, not in your hands）。

傑夫甚至注意到紐約時報廣場（Times Square）的 Europa Café，結合使用種種近似的消費詞彙，大字寫出「放鬆」、「微笑」、「自在」、「歡樂」、「享受」、「風味」、「滋味」等文字，試圖植入顧客的腦海裡，描繪餐廳想要營造的體驗，讓顧客產生更高的評價。這個方法想必奏效了，因為大家都願意在店內花 3.5 美元買一小杯咖啡。在時報廣場，說不定更有用的標語是：「不要理會亂按喇叭的計程車」，「試著不要大口呼吸」，「不要向沒穿褲子的男人買票。」

當消費詞彙不僅描繪我們即將消費的東西，也描述製程時，我們更加賞識這些東西，提高它們在我們心中的價值（還記得公平性和費力程度的影響嗎？）我們和語言文字的互動，使我們對一項商品做出了更多投資。還記得敝帚自珍效應嗎？所有權感會提高我們對一件東西的評價；同理，投入時間對某事物獲得更多了解（例如 IKEA 的書桌或一頓聚餐），賞析整個建構或體驗流程，可能會提高我們的價值評估。

●● 搞笑菜單

搞笑模仿者也注意到餐廳過度使用語言文字包裝的傾向，我們特別喜愛下列這兩個假菜單網站：Fuds（www.fudsmenu.com/menu.html），Brooklyn Bar Menu Generator（www.brooklynbarmenus.com）；兩者都任意挑選文字，為時髦熱點設計出搞笑的新菜單。

身為紐約客，傑夫可以作證，這些搞笑菜單和許多時髦餐廳的菜單毫無違和感！

餐點	頁
精製萊姆盤佐鹽與奶油串	14
迷你藍鰺佐蘋果酒漬火腿	16
羊肉與法式酸甘藍義式煎蛋	14
冬季無花果匯蛤蜊	14
飯鋪	11
開展洋薊	18
驚酒	12
海鹽裸麥麵包	10
葫蘆末、沙丁魚，莢豆韃靼牛肉	14
野韭土司派	14

真可惜，這些餐點不是真的。但是，你不想嚐嚐驚酒嗎？可以搭配飯鋪和野韭土司派？

語言文字傳達費力程度和公平性

語言文字強烈影響到我們對一件事物的價值評估，也是因為能夠傳達費力程度和公平性。如同上一章所述，傳達費力程度的表述極為重要，「手藝」、「手工製造」、「公平交易」、「有機」之類的文字，不但被用來表示創造力、獨特性、政治觀點、健康，也被用來表示格外費力。這些表達費力程度的詞彙告訴我們，這項商品投入了大量的心力和資源，暗示這項商品的價值比外人想像的高，藉此提高商品的價值。

請問，可以預期大家將對下列何者支付更高價格：使用歷史悠久的工具和方法少量生產的起司，還是使用機器量產的相似起司？顯然，少量生產的起司更費工，所以成本更高，我們可能會願意支付較高價格。但如果沒有語言文字的說明，我們可能會沒有注意到兩種起司的差別。

這種刻意表達費力程度的語言文字，隨處可見，應該說太普遍了！起司、酒、披巾、大樓公寓……，到處可見標榜工藝、手工製造、有設計感的說明，不但有「具設計感的品味閣樓」，也有「手工製造的牙線」（是真的！）傑夫某次在飛機上遇到亂流時，試圖翻閱機上雜誌平撫緊張，但在翻到一篇有關工匠純手工釀造私釀酒的報導時，他的心緒卻更糟了。「工匠釀造」的意思是師傅釀造的，不是廠房機器製造的，「私釀酒」本來就常指手工釀造的酒，加了「純手工釀造」

只是贅詞。

「工匠」、「純手工製造」等形容詞無所不在，甚至可能到達惹人厭的地步，但話說回來，使用這類文字的用意何在？在暗示一位技藝純熟者用手工打造了一項商品，根據定義，凡是用手打造出來的東西，都格外費力，所以需要支付較多的錢。想想看，雪柔在辦公桌前吃的那些便宜、沒有描述的東西，跟她在餐廳吃的完全一樣，但服務生巧妙使用種種詞彙，暗示這些東西的製程有多麼繁複——好一個費工啟示法！

共享＝公平？

那麼，「共享經濟」（sharing economy）這個名詞呢？Uber、Airbnb、TaskRabbit 等公司，被歸屬於「共享經濟」，這個名詞以正面的方式架構、描述這些服務。誰不喜歡分享呢？誰不喜歡愛和人分享的人呢？上了小學之後，有誰不認為分享是人類美德呢？沒有。

「共享經濟」這個名詞，令人想到人性的良善面，使多數人更看重所謂共享經濟服務的價值。這個名詞絕對不會使人注意到共享經濟的壞處，因為「共享」這個字詞讓一切顯得無私，就像我們願意讓小妹妹玩我們的樂高，或是捐一顆腎臟給孤兒。其實，未必如此。批評者甚至說，共享經濟的興起是不提供全職就業機會、缺乏員工福利與保

障的勞動市場的副產物，讓工作者保障開了倒車，利用了所謂的「自由工作者的國度」（free-agent nation），是另一個意圖改善我們對失業觀感的名詞。但我們全都喜歡更容易叫到車，不是嗎？

有些公司被指責使用「漂綠」（greenwashing）的手法，或是對自家商品做出輕微的美化改變，以便自稱為「環保」。也有公司被指責使用「粉飾」（pinkwashing）的手法，花錢取得蘇珊・科曼（Susan G. Komen）乳癌防治基金會等組織提供的維護婦女健康認證，因為這些公司知道，我們願意對那些格外致力於造福世界的商品支付更多錢。精明的行銷人員非常善於使用語言文字來建構、傳達美好，但誰能自稱「環保」、「公平交易」、「對嬰兒、樹木和海豚友善」呢？畢竟，根本沒有任何嚴謹的定義和規則，誰都可以創立一個組織，雇用平面設計師設計一個標誌，把這個標誌貼在任何商品上，表達「健康、明智的選擇」，「環保」，「幸福好物協會認證」。*

語言文字提供了一扇窗，讓我們一窺究竟有多麼費工夫，它代表了公平性與品質，而公平性與品質的認知，又成為我們評估價值的一條途徑。這是我們從語言走向價值的漫長多風之路，任何一步都可能失足。

---

* 恭喜各位，你正在看的這本書榮獲「幸福好物協會」認證為 A+++++。
　恭喜你做出一項聰明、有益身心（及荷包）健康的選擇。

愈是看不懂、聽不懂，就愈有價值

語言文字不僅能夠創造「費工」的認知和價值感，還能夠讓我們以為使用這些詞彙的人很專業。以健康照護、金融和法律專業人士為例，我們這些門外漢，根本就聽不懂他們使用的術語，什麼膝關節內側副韌帶、CDO、債務人牢房（debtors' prison）等，連他們手寫的字也讓人看不懂。晦澀難解的語言文字，傳達了一種專業感，提醒我們，使用這些詞彙的人，比我們的知識更淵博，想必努力了很久、下了很多苦心力，才獲得這些知識與技能。能用這麼複雜的語言向我們解說，當然很有價值。

這種語言文字的使用，創造出英國作家約翰・蘭徹斯特（John Lanchester）所謂的「聖職」（priesthoods）——使用意圖令人迷惑、費解、畏怯的繁複儀式和語言文字，讓人們覺得雖然不知道對方到底在說什麼，但只要使用這些專業者的服務，就是把自己交到專家手裡。[3]

餐廳酒侍對酒品的描述複雜且帶有詩意，這項描述本身就具有魅力，但也迷惑了我們這些不懂雨量、收成和單寧的人。這些描述聽起來很特別，因為好像只有專家才會懂——啊！我們何其有幸，能夠受惠於他們辛苦學得、晦澀難解的專業知識。

在這種情況下，欠缺透明度提高了價值，釀酒或任何不

為門外漢所知的流程的晦澀難解度形成了一種複雜感,雖然
實際流程未必真的那麼複雜,但我們感覺到的複雜度,影響
了我們對整個體驗的價值評估。

語言也能讓一項費力工作變成人人爭奪的樂趣

很多人可能以為,生動的描述只能「稍微」改變我們對
一項體驗的評價。事實上,熱烈、明確、打動人心的描述,
能夠大幅改變我們對一項體驗的評價,例如讓雪柔夫婦願意
花 150 美元用餐,而不是一人只有 40 美元。足夠動人的描
述,甚至影響我們最後願意為一項產品或服務支付或收取的
價格。

在馬克・吐溫的名著《湯姆歷險記》(*The Adventures of
Tom Sawyer*) 中,波麗姨媽要湯姆粉刷木板圍牆。當他的朋
友嘲笑他必須幹活時,他回應:「你說這叫幹活?」,「難道
一個男孩每天都有機會粉刷木牆嗎?」,「老太太對粉刷的要
求很嚴格的,不是人人都可以做到。」聽到刷牆的活兒被描
述成一件樂事,他的朋友紛紛搶著體驗刷牆的樂趣,貢獻出
自己的東西,以換取刷牆的機會。

馬克・吐溫在該章結尾寫道:「若湯姆跟本書作者一
樣,是個優秀、聰明的哲學家,他這下就會理解,工作是人
們不得不做的事,玩樂是人們未必得做的事。……每年夏
天,英國有些富紳在平日路線上駕著四頭馬車走上二、三十

英里,他們可是花了不少錢取得這項特權呢!但如果你付工資給他們,這就變成了一項工作,他們就會不幹。」

語言文字的影響很大,可以把一件苦差事變成人人爭奪的樂趣,也可以把一項嗜好變成沒人想做的工作。傑夫每次向《哈芬登郵報》(*The Huffington Post*)投稿時,總會想起湯姆的刷牆故事。不論從哪個方面來看,該報創辦人雅莉安娜・哈芬登(Arianna Huffington)都是史上最強大的刷牆人之一,提供「曝光」機會,完美展現語言文字的神奇力量。

儀式也會增加價值

那麼,儀式和價值評估有何關係呢?理查搖晃酒杯、小啜一口、細細品嚐、舉杯祝頌,這一連串的動作能夠讓紅酒的味道變得更好嗎?沒錯,這些動作增加價值的幅度,遠大於我們的想像呢。

用於一項產品或服務的描繪語言和消費詞彙,往往是相當具有連貫性的,不但用法一致,而且會自動衍生出其他慣用詞語。每次消費、體驗到一項商品(一款酒的香味、一種起司的質地、一塊牛排的部位等),我們總會想到使用類似的詞語。除了前文中探討過的增值功用,語言的這種一貫性——我們會重複使用,以及伴隨而來的一些動作或行為等——形成了儀式。

儀式讓我們將一項體驗,和過去或未來的其他體驗連結

在一起。這種連結提醒了我們，這項體驗是某項傳統的一部分，將這項體驗延伸到過去和未來，因此增添了更多意義。

大多數的儀式源自宗教，猶太教男子做禮拜時頭戴圓頂小帽，伊斯蘭信徒會數念珠，基督教徒會親吻十字架，這類儀式全都有明確的流程和特定的語言文字，將人們和以往的行為和自己本身的歷史連結起來。最重要的是，它們是傳達特別意義感的一種行為，使得凡是和儀式有關的事物，都變得遠遠更有價值，不論這項事物是一段禱告，或是一杯葡萄酒。

還記得前文說過的嗎？享受來自我們體驗到的外部產品或服務，也來自我們大腦裡的感受。跟語言文字一樣，儀式也會提升我們的消費體驗，擴增我們和以往體驗的連結感，進而創造出意義感，增加我們的享受程度。在過程中，儀式讓我們提高對使用或消費物品的評價，不管是一個握壽司或一杯酒，都可能因為我們在消費時做出的行為和動作，變得更高價。

凱薩琳・沃斯（Kathleen Vohs）、王雅瑾、法蘭西絲卡・吉諾（Francesca Gino），以及麥克・諾頓等多位學者研究儀式，[4] 發現儀式能夠增加享受、樂趣、價值，以及人們的付錢意願。在這項研究實驗中，每位參與者獲得一條巧克力，有些人被要求直接拆開吃，其他人則是被要求先用特定方式把巧克力弄碎了之後再吃。基本上，後者是在吃巧克力之前

執行一種儀式，雖然不是很有意義的儀式，但還是一種儀式。這些研究人員又發了胡蘿蔔給另外兩組實驗參與者，有些人被要求按照慣常的方式吃，其他人則要先執行一些儀式，包括轉一轉手指關節、深呼吸、閉上眼睛，然後才開始吃胡蘿蔔。真可惜，他們沒有想到下列這個儀式：咬一口，然後問：「怎麼樣，老兄？」當然，那些實驗純粹是為了科學，不是為了我們的樂趣。

無論如何，研究人員發現，那些先執行過儀式再吃的人，吃巧克力或胡蘿蔔時的享受程度更高。儀式增進體驗與享受（包括在吃之前的期待，以及吃當下的感受），享受程度提高，就更有價值，不是嗎？沒錯。當研究人員詢問實驗參與者的付費意願時，他們發現，那些先做過儀式再吃巧克力的人，願意支付更多錢，而且認為他們吃的巧克力更好吃。

當然，儀式並非只有用特定方式弄碎巧克力，或是深呼吸等，包含了數不清的動作種類和行為模式。舉凡敬酒、握手、飯前禱告，或是先把奧利奧餅乾（Oreo）拆成一半，再舔一舔上頭的糖霜，這種種的儀式幫助我們更察覺於當下，更聚焦在眼前的體驗、事物或消費。

我們在消費時所做的儀式，使得整個體驗變得更特別。我們對它的所有權感會提升，因為我們投入得更多，這些儀式串連了我們的生活和體驗。透過儀式，我們會有更強的掌控感，因為當我們對一項活動變得熟悉時，熟悉會產生掌控

感,而這也會提高價值。

儀式讓食物變得更美味、讓活動變得更特別、讓生活變得更豐富,也讓我們的體驗感覺起來更有價值。就像消費詞彙一樣,儀式使我們聚焦在當下做的事,增加我們的消費享受程度,因為它使我們更投入於這項消費之中。然而,儀式的作用比消費詞彙更進一步,因為涉及了一些活動,包含了特定意義。在執行儀式的過程中,幾乎可以增進任何體驗的感受。

我們可能只是喝了一杯酒,但因為加上品酒的小儀式,所以在喝的時候體驗到更多樂趣。完全相同的兩瓶 Pinot Noir,一瓶倒進馬克杯,另一瓶倒進水晶杯,同時搖晃著杯身,把杯子舉向燈光,讓酒液漫流於舌上,在口裡轉啊轉,你想,理查會對何者評價更高呢?你又願意對何者支付更高價格呢?酒是完全一樣的,照理說,應該獲得相同評價,但其實不然;我們對儀式化的酒,評價更高!我們的這種消費行為,在經濟上當然是不理性的,卻是可以理解的,在一些情況下,甚至是討喜的。

你也許會感到意外

如果你懷疑儀式和語言提升消費體驗的力量,不妨有機會時,先試試看餵小小孩一豌豆泥,再試試看用下列這種方式餵:告訴小朋友,你手裡的湯匙是一架即將降落的飛機,

然後將你拿著湯匙的手臂舉高盤旋，嘴裡發出螺旋槳的聲音，把湯匙一步步送到小朋友的嘴巴裡。雖然你的模樣看起來會很滑稽，但就算是最難纏的小朋友，大口吞下一架小飛機的意願，也高於吃下一湯匙綠泥的意願。* 如果你認為成年人夠成熟了，應該不會受到這種把戲的影響，不妨到一些日本餐廳，或是以表演著稱的餐廳看一下。其實，你也可以只要在吃飯時停下來看一下，當你邊吃邊看著自己絕對不會錯過的節目時，到底吃進了什麼、吃了多少。

我們總是想要相信，我們點的食物一定很好吃、我們的投資應該可以賺錢、我們會找到很好的買賣、可以快速賺錢一夜致富……甚至吃下一架飛機。若語言文字或儀式這麼告訴我們，我們就會停止懷疑（至少先停止一部分的懷疑），然後體驗自己想要體驗的。

儀式和消費話術影響我們，使我們對一項事物的評價高於客觀評價，它們的神奇力量改變了我們的感受，從日常購物，到關於結婚或工作之類的重大決定，以及我們與周遭世界互動的方式，無一不受到儀式和語言文字的影響。

---

* 哈佛學者麥克‧諾頓指出，類似這種佯裝成一架小飛機的餵食方法，早已存在許久。

第 11 章

我們過度重視期望

維尼・戴爾瑞雷（Vinny del Rey Ray）喜歡美好生活，時髦跑車、熱門生意、歡樂時光，他認為自己是所有美好事物的行家。他掌握每一種趨勢，走在潮流前緣，追求極限，凡是被視為「最棒」的東西，他一定要到手，並且以此誇耀、自豪，凡是沒有優異聲譽的東西，他碰都不碰。他不是超級富豪，但他有錢，能夠確保不把自己的生命浪費在較差的產品及體驗上頭。

他穿著最棒的亞曼尼（Armani）西裝，感覺很好，看起來也很好，使他這個商用不動產經紀人，看起來渾身散發出成功人士的氣息。

他今天開著剛入手的特斯拉（Tesla）Model S，去簽了

一筆不動產交易，這是世上最棒的車款，零排氣、高速、外型出色。維尼每隔一、兩年租賃一部新的豪華車，他閱讀所有關於 Model S 的資訊後，才決定試試這款車，試駕後就愛上了。無論是馬力、操控感、駕馭感，全都符合他先前閱讀到的資訊，他能夠感受到夢寐以求的注目眼光與欣羨耳語，這款車簡直就是為他打造的。

維尼相信自己是整個山谷頂尖的不動產經紀人，什麼谷？所有的谷。他今天要和理查‧馮斯壯（Richard Von Strong）簽一筆合約，這馮斯壯是個成功人士，也很難纏，遠甚於維尼。維尼向來沉著冷靜，泰然鎮定，但今天一整天頭疼，他把車停在行經的第一家便利商店的停車場。

進入便利商店後，他尋找超強泰諾林（Tylenol）止痛劑，但沒找到。店員說：「試試看這個快樂農場乙醯胺酚吧！成分和泰諾林一樣，但便宜很多。」

「什麼？你在跟我開玩笑嗎？別給我廉價的仿製垃圾，沒效果，泰諾林才有效。還是謝謝你了，夥計。」

他開車回頭走了幾英里，找到超強泰諾林，用一瓶 3 美元的維他命水，把藥丸給吞下肚。

維尼驅車來到一間豪華飯店，馮斯壯所有的會議都在這裡進行，他向來會租下閣樓套房，用這排場來威嚇他的談判對手。維尼的頭在抽痛，他單手揉著太陽穴，開車行經空著的停車位，直接開到飯店門口前停下，把車鑰匙交給泊車服

務生，耐心地告訴這名年輕人，Model S 是所屬類別中評價最優的車款，性能就像他夢想中的太空船，同時還很環保、可以拯救地球呢。

在電梯內，維尼收到助理傳來的簡訊，馮斯壯因家有急事，由他的事業夥伴葛蘿莉雅·馬許（Gloria Marsh）代替他處理這場簽約商談。維尼深吸了一口氣，緊繃的肩膀鬆了下來，他整整絲質西裝，感覺頭痛舒緩了。

維尼對這場談判放下心來，心想，葛蘿莉雅應該不會像馮斯壯那麼難纏。這麼一想，他就熱切地聽她先出價，回了一個更高的數字，比他原本打算向馮斯壯提的價格還高；他不擔心，因為他相信她鬥不過自己。不幸的是，他的如意算盤打錯了，最後約是簽了，但條件比他預期從馮斯壯那裡取得的還要差，但他仍然感到滿意。

維尼離開飯店時，傳了簡訊給助理，要她盡所能找到一瓶最棒的紅酒。然後，他開著他的 Model S，慶祝去囉！

都是預期在搞鬼

維尼的故事例示了期望如何扭曲我們的價值判斷。維尼期望他的車子的性能與外型，在別人眼中優於其他車款，所以對這款車願意支付的價格，高於其他較不符合他期望的車款。他預期泰諾林舒解頭痛的效果，勝過相同成分、但較無名的止痛劑，所以願意支付更高價格購買泰諾林。他預期男

性談判者比女性談判者更難纏，但也為這種預期付出了代價。

各位若曾關注過股市，一定見過「預期」這個字眼。股價通常反映出一公司的績效表現相對於分析師的預期，像蘋果這樣的公司，可能一季賺了 70 億美元，但若分析師先前預期它能賺 80 億美元，蘋果這一季的績效就是「低於預期」，股價很可能因此下跌。也就是說，相對於預期，蘋果的績效表現不佳。

但是，這其中有一個往往被我們忽視的陷阱：一開始，分析師的預期，把蘋果公司的股價抬升得過高了。分析師預期蘋果將有賺 80 億美元的佳績，因此提高對該公司的評價；我們的大腦對於消費體驗，也是以這種方式運作。

跟公司股票一樣，我們對事物的價值評估，也受到我們最信賴的分析師的預期影響，這名分析師就是我們自己。如果我們預期某樣東西非常棒，對它的評價就會偏高；如果我們預期它很差，對它的評價就會偏低。明明就是同樣一支酒，裝在精美的水晶杯中，我們預期它比裝在一只有裂縫的馬克杯裡的酒更香醇，所以願意對前者支付更高價格。不論是 i 系列的電子裝置、小機件或葡萄酒，這項原理都適用；本質上相同的東西，卻因為我們的預期而有了不同的評價。

我們的腦袋大大左右了我們的體驗——那還用說嘛？

未來是不確定的，我們不知道未來會發生什麼事，縱使我們知道大概的樣子——明天早上六點半起床、沖澡、喝咖

啡、上班、下班回家、親吻心愛的人、上床睡覺。但我們仍然無法預知所有的細節，所有未知的曲折發展，例如在通勤路上遇到高中時期的友人，在辦公室吃蛋糕時，不小心沾到褲子，或是在公司的影印間和梅菲絲發生意想不到的情愫，喔！梅菲絲，妳和妳裝訂的那些文件……。

所幸，我們的腦袋努力為我們填補這其中一些鴻溝，我們用知識和想像力來預料某項未來體驗的細節，這就是「預期」，預期為我們想像中的未來黑白影像增添了色彩。

想像的影響力極大，學者鄧恩和諾頓在合著中，邀請讀者想像在土星環上騎著一頭獨角獸。他們指出：「能夠想像出這種奇異、不真實的活動影像，是人類的神奇能力，也顯示我們腦中的想像力，能夠無止境地馳騁在各種領域。」[1]

想像我們的想像力是一個平面，這個平面上有些小裂縫和鴻溝，那些鴻溝可以被預期的黏膠填補；換言之，我們的心智用預期完成我們對未來的憧憬。我們的心智能力非常了不起，但太多人用肥皂劇來諷刺描繪，真是不應該！

期望的影響作用大

期望改變了我們在兩個不同時期的體驗價值：其一，在我們消費之前，或者可稱為預期期間；其二，在實際體驗之時。這兩種期望以基本上不同、但都十分重要的方式發揮影響力。當我們對一項體驗有所期待時，預期會帶給我們快樂

（或痛苦），然後這些預期也會改變實際體驗本身。

假設，我們預期下個月要去度假。我們規劃這場度假，想像美好的時光、香醇美酒、宜人的沙灘，這些預期帶給我們額外的愉悅。然而，期望的第二項作用遠遠更為強烈。在實際體驗時，期望真的能夠改變我們對周遭世界的感受，一週的度假可能會因為高度期待而變得更愉快、價值更高。因為期待，我們對實際體驗投以更多注意力，更細心品味當下。期望不僅改變我們的心智，也會改變我們的身體；當我們花時間預期某件事時，生理也會隨之改變。伊凡・巴夫洛夫（Ivan Pavlov）實驗的那隻狗，就是一個非常經典的例子，那隻狗聽到鈴聲，預期將有食物可吃，因此流口水。

當我們開始對一件事物有所期待時，身心就會開始做準備，而那些準備可能會影響（通常確實會影響）實際的體驗。

●●什麼？期望會產生影響？

不同於到目前為止探討的其他金錢心理作用，期望跟語言文字和儀式一樣，都可能改變一項體驗的實際價值，不只是改變價值認知而已。第三部會有進一步的探討，屆時我們將說明可以如何使用人類的一些法寶使自己受益。

想要善用預期的力量，就是讓它變好

在預期期間，期望使我們的每一項購買增加或減少價值。若我們預期某個事物是美好體驗，就會為此做好準備，可能是微笑期待，因而分泌腦內啡，或是更正面地看待這個世界。負面預期也是基於同樣的原理，若我們預期某個事物可能很糟時，身體也會為負面體驗做準備，可能是開始緊張、咆哮、感覺壓力很大、低頭注視鞋子等，準備面對這個令人難受的世界。

若我們因為期待度假很有趣而獲得愉悅時，在這預期期間的快樂，會增進我們在實際度假時的體驗。花整整四週想像自己躺在沙灘上喝雞尾酒是有價值的，因為能夠帶給我們快樂。把預期期間的快樂加到實際體驗上──四週的幻想，加上一週的實際度假，就能看出期望把總價值提高到超過實際度假體驗的價值。換個方式來看，就是購買一週的度假行程，可以帶給我們五週的快樂。有些人說，他們買樂透時完全知道中獎的機會渺茫，但是能夠帶來幾天的快樂，快樂感來自想像自己中樂透後會把錢拿來做什麼事。

同理，低期望可能會降低一項體驗的樂趣。如果你一週後將做根管治療，在治療那天到來，每一天你可能都會想像很痛，被擔憂與夢魘搞得惶惶不安。然後，治療當天到了，當然真的就更痛了，因為你不僅要承受根管治療的疼痛，也

要承受對根管治療的恐懼，這絕對很難受。

還記得上一章提過動人的描述和儀式能夠增進消費體驗嗎？期望也具有類似效果。高期望改變我們對實際體驗本身的評價，期望是價值的暗示，它們與我們購買的東西沒有直接的關連性，並不會改變我們購買的東西，但由於它們是我們腦中的認知，改變了我們對這些東西的體驗感受。

為自己做個願景板吧！

期望不僅改變我們對事物的認知，也會改變事物本身的實際表現，以及我們對它的實際體驗。期望具有實質影響，不僅影響我們如何為一項體驗做準備，也影響了這項體驗給人的主客觀感覺。

研究顯示，期望能夠改善表現、增進消費體驗、改變我們的認知，藉此影響我們的評價能力和付錢意願。跟語言文字和儀式一樣，期望幫助我們聚焦在一項體驗的正面（或負面）部分，因此放大那些部分。不論期望源自何處，它們都具有改變現實的力量。

維尼預期泰諾林止痛藥和特斯拉 Model S 能夠產生良好的功效，於是當他實際體驗（吃藥和開車）時，真的產生良好的功效。預期某部卡通很好笑的人，實際在觀看這部卡通時笑得更多、更大聲；預期某位政治人物將在辯論中表現得很好的人，辯論結束後相信這位政治人物真的表現得很好；[2]

預期某種啤酒不好喝的人，實際在喝了啤酒之後，不喜歡的
程度遠遠大於事先沒有這種預期的人。[3]

在德國作家魯道夫・拉斯培（Rudolf Raspe）的經典著
作《吹牛男爵歷險記》（*The Surprising Adventures of Baron
Munchausen*）中，故事主人翁穆喬森陷入沼澤裡，他用自
己的髮辮把馬和自己拉出泥沼。雖然，從物理上來說，這是
不可能的，但穆喬森相信可以做到。他期望這個方法奏效，
就真的奏效了！不幸的是，我們這些非小說人物活在現實世
界中，無法這麼運用期望大舉改變我們的身體；儘管如此，
在現實生活中，期望仍然具有影響和改變的力量。

關於期望如何改變我們的心理活動有大量的研究，下列
是其中一些最驚人且令人不安的發現：

A. 當你提醒女性她們是女性時，她們預期自己的數學課
    業表現會比較差，結果真的就比較差。

B. 當你提醒亞裔女性她們是女性時，她們預期自己的數
    學課業表現會比較差，結果真的就比較差。但是，當
    你提醒這些女性她們也是亞裔時，她們會預期自己在
    數學課業上的表現比較好，結果真的就比較好。[4]

C. 當老師預期班上某些學生的課業表現會比較好、某些
    學生的課業表現會比較不好，這兩類學生的實際表現
    果然如同老師所料。這是因為老師的行為和學生的自
    我期望，受到老師一開始的預期影響。[5]

這些研究背後涉及了更廣、有關刻板印象與成見的作用，就本書討論的主題而言，它們凸顯的是期望能夠改變我們的心境與心智能力。

值得一提的是，除了相信期望會影響人們的心智能力，現在還有一股在全球各地盛行、相信期望能夠影響成果的風潮。從歐普拉・溫芙蕾（Oprah Winfrey）推廣「願景板」（Vision Boards），呼籲為世界貢獻有價值的東西，到優秀運動員深信並使用的意象訓練，世人普遍相信期望的影響力。我們無意在此評論這些方法的科學效用，身為即將成為全球破億暢銷書、一部賣座電影的作者，以及改善人們生活、促進世界和平的要角，我們在某種程度上相信這些方法的功效。

所以，期望確實具有影響力，但期望源自何處呢？

品牌與聲譽

品牌創造出期望，因為品牌提高價值認知，所以品牌真的很有效！品牌絕對會影響主觀認知的產品性能，遠溯至1960 年代的研究，就已經確證這點了。相同的肉[6] 和啤酒，有了品牌名稱，嚐起來味道卻變得更好。[7] 再來看看神經科學的研究發現：人們說，他們覺得喝有品牌的可樂，所獲得的滿足感更大，而且成像顯示，在喝有品牌的可樂時，他們腦部的背外側前額葉皮質層更活絡，這是腦部與情緒和文化記憶有關的部位。[8] 換言之，品牌不僅讓人們說自己更喜歡

某些東西，實際上也讓他們的大腦更享受這些東西。

在一項近年進行的品牌研究實驗中，研究人員請一些有多餘空閒時間的人（通常稱為「志工」）試用產品，其中一些產品標示了知名的品牌名稱，一些沒有。試用結果：參與者認為，知名品牌的太陽眼鏡的遮陽效果，優於較不知名品牌的太陽眼鏡；知名品牌的耳罩隔音效果也比較好。然而，在這些實驗中，所有的產品其實是相同的，只不過品牌標示不同而已；意思就是說，品牌標籤實際上影響了人們對一項產品的效用認知。[9]

你可能以為，品牌名稱只是改善了人們的期望，使人們預期產品的遮陽或隔音效果更好。事實上，品牌名稱創造出來的期望，真的改善了產品的客觀性能。在檢視產品的實際性能時，人們認為知名品牌產品的遮陽或隔音效果更好，便開始自我推銷，變成這些品牌的信徒，皈依了神聖的品牌教會。他們預期知名品牌產品的性能更好、價值更高，這種較高價值預期創造出實際的較高價值，是一種太陽眼鏡與耳罩版的自我應驗預言。

而且，我們對自己信賴的品牌有忠誠度，可能會偏好購買某個品牌的車子，例如 Honda，並且相信這個品牌的價值優於其他品牌，一定更好，因為我們的判斷總是沒錯。學者迪克‧維廷克（Dick Wittink）和顧問拉胡‧古哈（Rahul Guha）的共同研究發現，同一款車子，老車友支付的價格

實際上往往高於首次購買的新車主。[10] 這是一種自我因循
（self-herding）* 和名牌溢價的結合。

聲譽和品牌有關，而且往往無法切割。聲譽也會形成期
望，而且聲譽的這種影響性處處可見。不是只有特斯拉、泰
諾林和亞曼尼這些品牌名稱，使維尼相信自己選擇了更快、
更尊榮、更出色的產品，這些產品的聲譽在他選擇的過程中
發揮了作用。

丹和同僚巴巴‧希夫（Baba Shiv）與齊夫‧卡爾蒙（Ziv
Carmon）共同進行了一項研究實驗，向實驗參與者提供了
SoBe 能量飲料。其中一組只獲得飲料，另一組除了獲得飲
料，還獲得一份文獻聲稱此能量飲料能夠提神並改善解謎能
力，還有許多支持這份文獻的科學研究報告（虛構的）。兩
組人在喝完飲料之後，接受了一份測驗，結果顯示，後者的
表現優於前者。也就是說，「SoBe 能夠提升解決問題能力」
的聲譽，使得實驗參與者預期 SoBe 有助於提升他們的心智
表現，而這種預期使得他們的實際表現真的更好。[11]

1911 年 7 月，《蒙娜麗莎》（Mona Lisa）不過是掛在羅
浮宮的一幅畫作，並不出名。1911 年 8 月，這幅畫被偷了，
在當局追查、尋找這幅畫作的期間，突然湧現了大批人潮，
大排長龍要進入羅浮宮，看這幅畫作被偷了之後的空白牆

---

* 參見第 7 章。

面。對，你沒看錯，觀賞畫作失竊後的空白牆面的人，比失竊前觀賞畫作的人還要多。

這起竊案造就了《蒙娜麗莎》至今的價值。當然，沒有人會偷一幅沒有價值的畫作，但是這起竊案為《蒙娜麗莎》和羅浮宮帶來了長期的價值。如今，這幅畫作可能堪稱羅浮宮最著名的一件藝術蒐藏品，價值無法估量，因為竊案至今創造出來的全球聲譽，比它本身的價值還要高。

傑夫大學讀的是赫赫有名、備受尊崇的普林斯頓大學，他在那裡度過了啤酒和披薩交織的四年時光，預期將在那裡獲得優異的教育（或許他真的獲得了），當然也為此花了不少錢。姑且不論他在這所學校學到了多少知識，從應徵工作、專業人脈到露天野餐派對，他受惠於這間學校的聲譽著實不少。很多學校的聲譽，形塑了許多人的期望——父母、招生辦公室人員、人才招募者、媒人等，當然這不是說那些學校名過其實，但是它們的品牌和聲譽，真的影響了很多人對校友的看法和期望。

過去經驗的影響

過去的體驗，也會左右我們對未來體驗的期望。對一項商品，無論是車子、電腦、咖啡、度假地點的良好體驗，會使得我們對這項商品賦予過高評價，投射到未來潛在的消費上。

好萊塢經常推出賣座影片的續集或翻拍（研究大概會顯示，在所有好萊塢的新拍片計畫中，有145％只是舊片換了新名），為什麼？因為我們喜歡原來的影片，想要用票房答謝。由於共同的過往體驗很好，導致大家對續集（尤其是製片公司）的期望頗高——至少高到願意努力湊到15美元，去看一部足以毀了童年的電影。

過去的體驗形成期望，這種現象的問題之一就是，如果我們的期望和體驗本身差距太大，可能會導致高度失望。當期望與事實差異過大時，期望的力量無法克服這道鴻溝，便會導致逆火。傑西潘尼百貨的顧客期望折扣價，當他們沒有看到折扣價時，就會感到憤怒，儘管真正的售價基本上和以前一樣。

假設有一名青少年從姑媽那裡，獲得了一張25美元的禮物卡做為生日禮物，但姑媽過去多年來給的都是100美元的禮物卡。請問，這名青少年將如何作想？大概會想：「以前都是100美元的，今年只有25美元，變得好爛，損失了75美元。」由於以往的贈禮模式，導致這名青少年不是把新得的25美元視為收穫，而是把金額較低的禮物卡視為損失。

以往的績效不保證未來的成功，我們都明白這個道理，但我們的期望可不是這麼運作的。對！以前如意，不代表未來就一定如意；一塊牛排可能煎得過老，一場颱風

可能會襲擊度假地點，恐怖片的一個嚇人橋段，可能會變成老梗而顯得無趣。沒錯！我們也只有一次機會可以形成第一印象，不論是人或買賣都是如此，但我們的期望不是這麼運作，它們預載了我們以往的體驗，渴望一再適用於相同體驗和新體驗中。

動作和場景也能夠創造期望，把感覺變成事實。把酒倒入各種杯中，杯子的形狀、風格與材質各異其趣，有清酒杯、水晶杯、馬克杯等，就會改變喝的人的價值認知，也會改變酒的價格。還記得在上一章中，雪柔在辦公桌前用馬克杯喝葡萄酒，後來在餐廳和朋友喝了一樣的葡萄酒，但用的是高級的水晶杯？在她眼中，後者的價值變得遠遠更高。

學者馬可・柏提尼（Marco Bertini）、伊利・歐菲克（Elie Ofek）和丹共同做了一項實驗，供應學生咖啡，一組把糖和奶精放在旁邊的精美盤子上，另一組把糖和奶精放在旁邊的保麗龍杯裡。那些從精美盤子上取用糖和奶精的學生，更喜歡自己喝的咖啡，也願意支付更多錢，但他們不知道的是，他們喝的咖啡和那些從保麗龍杯裡取用糖和奶精的學生喝的一樣。[12]

還可以想想看這個情況：一位名家突然興起，在地鐵站拉起了小提琴，在行腳匆匆的過客聽來，就像落魄的街頭藝人；一位業餘玩家在國家劇院演出，聽起來雖然稱不上「出色」，但勝過在街頭演奏時。

時間點不同，影響也不同

當我們先付款後體驗時，期望的作用更大。以「花錢之痛」為例，假設你花了 100 美元，購買一樣在三個月後才會實際使用的東西，你獲得的是：這樣東西，加上三個月的期待，還有各種想像與興奮，所以獲得的多於付出的。甚至，當你真正用了這樣東西之後，還可能會覺得撿到便宜了。

先體驗後付款，在某種程度上，也會減輕痛苦，但減少了期待時的樂趣和價值。在回想過去時，我們必須使用記憶力，再加上那些難以抹滅的事實和細節，所以我們在回想過程中的創意自由度，遠遠低於想像未來時的創意自由度。當我們在夢想未來時，有那麼多的空白可以恣意揮灑，還有種種誘人的可能性──唉，這該死的回憶！

一項以南加大學生為對象的實驗發現，在打電玩之前，如果有時間讓他們想像這款遊戲有多棒，他們從電玩中獲得的樂趣將會更大。延後體驗將會增加社會學家所謂的「垂涎因子」（drool factor），研究人員發了一些巧克力和汽水給實驗參與者，被要求等上一段時間才吃的人，獲得的滿足感更大。[13] 我們出於直覺知道，期待能夠增加樂趣，研究結果也證實了這點；我們比較想不通的是，為什麼社會學領域會有那麼多實驗使用巧克力？

還記得傑夫和太太預購蜜月套裝行程，獲得幾週的期待

和想像的樂趣嗎？這例示了預期有趣的體驗所帶來的好處。
反之，負面預期可能會降低我們的評價。丹和同事曾經做過
一項實驗，給學生喝加了醋的啤酒（只加一點點，但足以改
變啤酒的味道），結果那些被事先告知啤酒加了醋的學生，
比事後才知情的學生更不喜歡啤酒的口味。若你事先告知人
們，某樣東西可能不好吃，他們吃了之後可能會贊同你的看
法，這不只是因為實際體驗使然，也是因為你事前的警告造
成他們的預期使然。[14]

　　未來有無限的可能性，我們總是樂觀展望那些可能性。
預期、想像、期望，全都能夠幫助提升未來體驗的價值，無
論是一場秀、一趟旅行，或只是吃吃巧克力。然而，當我們
回想起一項體驗時，事實將無情左右我們對那項體驗的評
價，我們被迫用事實來填補空白。除非我們是政治人物，但
這不在本書討論的範圍內。

再談儀式和語言文字

　　儀式和語言文字也會創造期望，進而影響一項產品或服
務的表現與體驗樂趣。上一章討論過，詳細的描述──例如
高級餐廳的服務生對菜單項目的詳細解說，能夠增進我們的
注意力、幫助我們聚焦，但我們還未討論過，這樣做也會提
高我們的期望。任何值得花上三分鐘獨白描述的餐點，想必
相當美味吧！這就是我們的期望，說服我們相信自己正在體

驗的事物。

　　儀式能夠增進體驗、減輕焦慮、提升信心、幫助聚焦。在《誰說人是理性的！》一書中，丹描述過愛維寶（Airborne）發泡錠的儀式效益。這種營養補充品聲稱有助於預防或治療一般感冒，在水裡溶解時發出的嘶嘶聲和形成的泡泡，令人感覺有效。這個發泡儀式幫助丹聚焦，讓他預期身體會感覺舒服一些。至於傑夫在上臺演講或打撞球之前，也有一些特定儀式，可能是一直嚼口香糖、吃 Tic Tac 糖、喝薑汁汽水（請別問為什麼）。這些行為是迷信、儀式，還是只是純粹的傻氣？我們不知道。但我們知道，他相信這樣能夠表現得更好，也許是成長過程中受到波士頓紅襪隊（Red Sox）那位古怪三壘手韋德・博格斯（Wade Boggs）的奇怪儀式和輝煌成就的啟示吧！*

了解期望，調整一下

　　期望來自許多源頭，我們在此只搔著了一些皮毛，重點在於認識到，它們有多常見、影響力有多大。期望的影響力

---

* 五度榮獲美聯打擊王的博格斯，每次出賽前必吃雞肉，每次站上打擊區前，必在地上草寫希伯來文的「生命」（Chai）這個單字。他還有其他種種的特定儀式，包括在固定時間開始練習打擊、做伸展操、做防守練習。博格斯是非常優秀的球員，非常遺憾，他後來到洋基隊去。在新英格蘭，大家說這叫「被車輾過」。

無庸置疑，使我們用無關事物實際價值的方式來評估事物價值，而且無所不在。

期望顯然會改變我們對生活中的事物的評價，從泰諾林止痛劑和咖啡之類的普通東西，到藝術、文學、音樂、食物、酒、交誼等較為高層次的東西，期望都發揮了作用。如果我們對一項體驗有高度期望，不論這些期望源自何處，我們將給予較高的評價，也願意支付較高的價格。如果我們對一項體驗的期望較低，對它的價值評估就會較低，願意支付的價格也較低。有時，這是好事——如果我們想要更喜歡自己吃的壽司的話，或許應該為美好的期望及更美味的壽司支付更多錢。但有時，是好是壞，並不是那麼清楚——若我們相信某貴牌的商品優於某雜牌的類似商品，而且我們的期望也導致實際體驗如此，應該花更多錢買名牌嗎？

有些人比其他人更倚賴期望，有些讀者可能會認為，維尼就是個有錢又自以為是的混蛋（在此向這類型的讀者致歉，刻板印象！）我們都希望自己不是混蛋，但我們有時就像維尼一樣，沒有認知到自己的行為，用期望來評價選擇，決定如何花費。

當然，錢本身就是影響價值期望的重要源頭：我們對昂貴的東西期望較高，對便宜的東西期望較低，然後透過一種自我形成的期望與價值反饋迴路，我們獲得（自己願意）支付的價值。

第 12 章

我們很容易缺乏自制力

等到太陽打西邊出來時，羅伯‧曼斯菲爾德（Rob Mansfield）就能退休了。

羅伯是受過高等教育、成功的自雇企業人士，但還沒能存夠積蓄，過上退休生活。二十幾歲到三十出頭那段期間，他任職一家大公司，該公司為員工提供退休基金計畫，包含公司相對提撥，但他選擇不加入，他認為薪資微薄，每一分錢都得花到才能勉強維生，同時享受一點年輕時才能享受的樂趣。從薪資裡撥出幾百美元存入退休基金計畫，在他看來是件蠢事，他選擇等五或十年後，才做這件存錢養老之事。羅伯心想，等到收入大幅提升之後，每個月就能夠存一大筆錢了！就讓未來的羅伯去照顧退休的羅伯吧。

身為自營的自由接案顧問，羅伯現在賺錢不少，收入雖不穩定，但供養自己和老婆沒問題，偶爾還能享受更講究的生活。他每個月撥出一些錢供納稅及醫療保險，但沒有為退休存錢。

五年前結婚時，岳父母向賓客講述他們退休早期的生活故事。他們從年輕就開始節儉儲蓄，現在六十出頭的他們，享受著簡單、不用工作的生活型態，旅行到各地拜訪親戚，打網球，共度美好時光。喔，他們還經常去吃吃到飽餐廳。

這些聽在羅伯耳裡，真是乏味到不行，因為他的生活更精彩。他醉心於經營事業的興奮感，享受在外用餐、到處旅行，每當獲得新合約時，就會購買新玩具犒賞自己。他是經典摩托車俱樂部的會員，每隔幾年就會買一部新的，也經常為自己的蒐藏品升級零件、打蠟、重新烤漆，有時還會騎上路溜達一下。

結婚約兩年後，羅伯的太太在父母的強烈建議下，首次問他有關他的退休計畫。羅伯開玩笑說，他一直都在投資樂透，最近種了兩顆橡子，還買了一張吊床。

他太太瞇起眼睛問：「真的嗎？」

羅伯回答：「假的啦！不用擔心啦。」

「羅伯！」

「不會有問題的。」

當老婆氣沖沖離開他的地盤時飆罵的髒話，讓羅伯心生

了一個很不錯的存錢點子：罵髒話的人要罰錢，嗯，光這罰錢罐，就能夠讓他致富了！

發生了這件事之後，羅伯每個月都考慮開始自設一個個人退休帳戶，但是每到月底，不論賺多少錢，他都覺得無法撥出一筆錢存入這個退休帳戶，因為他有很多帳單要繳，還有不少想為自己和太太做的事——浪漫的晚餐、週末外出度假、購買新的摩托車配件、升級音響設備等，趁著還年輕、有體力時享受生活，比存錢更重要。事實上，多年過去了，他還是沒有存到錢，而且現在接到的工作案子稍微減少一點，今天的這個「未來羅伯」，並沒有比 25 歲的羅伯存到更多錢。

不幸的是，像羅伯這樣沒有為退休生活存錢（或存夠錢）的人有一大票。根據統計，2014 年，近三分之一的美國成年人，還沒有開始為退休生活存錢；在那些最接近職涯尾聲的人（50 ～ 64 歲）當中，有近四分之一的人，還沒有開始為退休生活存錢。[1] 換個方式來說，美國有近四千萬個正值工作年齡的家計單位，沒有攢存任何的退休資產。縱使是那些已經為退休生活存錢的家計單位，戶頭存款仍然遠低於保守估計他們在退休後需要的開銷。[2] 另一項調查發現，30％的美國人的退休存款，少到他們必須一直工作到 80 歲，[3] 而美國人的平均壽命是 78 歲；也就是說，他們在離世前，都還未能過上退休生活。我們不僅拙於存錢，也拙於算數。

一項有趣的調查發現，46％的理財師本身沒有退休基金計畫。[4] 是的，這些幫助人們為退休生活存錢的專業人士，自己卻沒有為退休生活存錢！這是什麼樣的世界呀？只能說，祝你好運。

延遲享樂與自制的能力

羅伯的故事是普遍存在的退休積蓄故事，例示了我們在「延遲享樂」（delayed gratification）與自制方面的問題。我們難以抗拒誘惑，儘管深知怎麼做才是對自己有益。

你會不會剛好昨晚決定，今天要早起運動？若是的話，請舉手。又會不會剛好你今天做的運動，就只有這個舉手？若是的話，請繼續把手舉著。

當然，延遲享樂與自制問題，不只限於用錢心理方面，但我們在這方面的能力，確實經常影響到我們如何理財（或錯誤理財）。我們時時面臨著自制的問題，從日常生活裡的拖延、浪費時間在社群媒體上、吃了第三盤甜點，到危險與致命的行為——沒有遵照醫囑服藥、性交不做防護措施、邊開車邊傳簡訊等。

我們往往活在當下

為何我們的自制力這麼差？因為對於某些東西，我們看重它們的現在價值，遠遠大於未來價值。對我們大有助益、

但要在幾天或幾週或幾個月或幾年後才會到來的東西，對現在的我們來說，價值遠不如眼前益處普通、但可以立刻獲得的東西。未來對我們的誘惑力，遠不如現在。

心理學家華特・米歇爾（Walter Mischel）做過著名的棉花糖實驗，讓四、五歲的小孩獨自待在房裡，分別發給他們每人一顆棉花糖，告訴他們，若能忍耐一段短時間，不吃這顆棉花糖，待會兒會有人分第二顆給他們。結果，大多數的小孩馬上吃了這顆棉花糖，沒能獲得第二顆。

可是，我們不是四、五歲的小孩子，對吧？不會那麼衝動，我們有自制力。那麼，請回答這個問題：現在給你半盒稀有又美味的知名品牌巧克力，或是一週後給你一盒相同的巧克力，你選擇哪一個？想像一下，巧克力就在你的面前，你看得到、聞得到，覺得非常想吃，你會怎麼做？

多數人（成年人）會說，不值得為另外半盒等上一週，選擇現在就獲得半盒。所以，我們跟那些喜歡棉花糖的小孩沒兩樣？

且慢！若我們把這項選擇移到未來呢？比方說，一年後給半盒巧克力，或是一年又一週後，給一盒巧克力，你會選擇哪一個？基本上，問題的本質是相同的，都是值不值得再等上一週。結果，當把這項選擇從現在移到未來再做時，多數人會選擇多等上一週，以獲得一整盒巧克力。當選擇推移到一年之後，我們會認為為了獲得另外半盒，多等上一週是

值得的——喔，或許我們的確是成年人！

其實不然。現在的選擇和未來的選擇這兩者之間的差別，只不過是：現在的決策（現在獲得半盒巧克力，或一週後獲得一整盒巧克力）涉及了情緒，而關於未來的決策則沒有涉及情緒。

當我們想像未來的生活、選擇、環境等境況，思考的東西會不同於我們對現在境況思考的東西。我們很清楚當下的境況，有細節、情緒等，但未來的境況則沒有。未來的我們「可能」是美好的，會做運動、節食、靜坐、早起、為退休生活存錢，而且絕對不會邊開車邊傳簡訊。想像若每個人用自己曾經說過的「從今天開始，我要……」為題寫小說，我們會發現這個世界是何等的多彩多姿。

當然，問題在於我們從未能夠活在未來，我們總是活在當下，而當下有情緒作祟，我們當下的情緒是真實的。反觀我們在未來的情緒，充其量只是一種臆度，它們是想像中的東西，在我們想像的未來裡，我們可以控制那些情緒。所以，這使得我們對於未來所做出的決策，是不受情緒左右的。

然而，由於當下我們的情緒真實又強烈，使得我們一再屈服於誘惑，導致一再犯錯。羅伯每個月（從未來變成過去的每個月），都未能為自己的退休生活存錢，忍不住購買一個新的揚聲器或一瓶輪胎蠟，都是因為當下的情緒作祟使然。

做決策時，若加入了情緒，就會發生這種情形。現在會

誘惑我們，但未來不會。繼續以食物為例，想像我們被詢問一個月後偏好一條香蕉或一塊巧克力蛋糕？香蕉比較健康，對我們有益，雖然蛋糕美味，但我們會說：「我選擇香蕉。」思考未來時，沒有情緒作祟，所以在面對這項食物選擇時，我們會考慮的是營養價值比較，想想何者更有益。但是，當我們面對的是現在選擇香蕉或巧克力蛋糕，可能就會這麼想：「現在，我比較想要吃蛋糕。」在現下的抉擇中，我們考慮了營養價值、情緒和自己的欲望。對大多數的人而言，蛋糕引起的情緒拉力遠大於香蕉，但如果你偏好不選蛋糕的話，我們在此致歉：這個例子舉得真差！

◐ 情緒影響力：現在 ＞ 未來

我們之所以對未來的自己，在情緒上保持超然，主要是因為未來相當不明確；在我們的想像中，未來的自己，往往全然不同於現在的自己。[5] 我們對自己現在需要、想要什麼很了解，勝過對未來需求和欲望的了解與連結。

一顆棉花糖、半盒巧克力或更好的環繞音效，提供的立即享受既生動又鮮明，所以對我們的決策有更大程度的影響。反觀，在未知的未來，那些東西提供的享受，並不是那麼鮮明、具體、真確，所以對我們的

> 決策影響程度甚小。相較於真實的現在，抽象的未來
> 比較難以觸動我們的情緒。

　　思考現在和思考未來（如果是退休，那就是很遠的未來），這兩者之間有情緒上的差別。是否能夠做到為未來存錢，就是一個很好的例子。要能夠做到為退休存錢，我們就必須為將來的幸福，捨棄現在的一些享受，必須為目前無法清楚想像與連結的未來自我做出犧牲，有時我們甚至沒有思考過那個未來的自己呢。現在的我們可能年輕、日子過得拮据，在這種情況下，誰能想得到那個年老、但可能同樣日子過得拮据的我們呢？

　　由於我們應該根據機會成本——這筆錢可以拿來買其他什麼東西？——來判斷價值，若再加上考慮未來的花費，將會使得機會成本的考量變得更複雜。現在想花 200 美元買票看《漢密爾頓》（*Hamilton: The Musical*）音樂劇，以及把這 200 美元用在三十年後某種老年人藥物的可能性，兩者要如何比較？太難了。

　　退休儲蓄這件事特別複雜、不確定性特別多，我們得知道自己何時會退休、退休之前要有多少收入、可能會活多久、投資有多少報酬等。基本上，這就是在預測二十、三十年、四十年後的我們，將會變得如何、需要什麼，這個世界

將為我們供應什麼、成本多少？根本小事一樁，對嗎？

退休規劃工具也不簡單，有計畫和替代計畫，有管理替代計畫的計畫，以及改變替代計畫的管理。有稅負考量，確定給付制與確定提撥制，有國稅局、個人退休帳戶、401(k)、403(b) 等。要搞清楚這些令人困惑的東西，真的很嚇人！就像要想同義字到底還有哪些，或是切片吐司後最棒的發明是什麼一樣，真的太難了。

儲蓄需要我們重視遙遠且不確定的未來，研擬計畫、加以執行，羅伯做不到，很多人都做不到。縱使我們想出很多存錢的好方法，日日仍然得面臨種種的誘惑，還有自制力的挑戰。感受現在的享受，很容易；感受未來的不幸福模樣，很難！如同我們說過的，很多人也說過，所以值得再說一次：在我們的心目中，現在消費某樣東西，好處總是大過捨棄它，把錢留存給未來。劇作家王爾德（Oscar Wilde）早就對此提出一項精闢總結：「我可以抗拒誘惑以外的任何東西。」[6]

擋不住的誘惑

多數人試圖靠意志力來抗拒誘惑，但我們的意志力鮮少足以對抗源源不絕的誘惑，誘惑無所不在，而且隨著科技進步恆常與日俱增。想想我們發明了多少法律來遏阻誘惑：阻止竊盜、禁止酒駕、防止濫用止痛劑、禁止近親結婚……，

若非因為人們想做這些事，就不會出現禁止這些事的法律。

以邊開車邊傳簡訊為例，我們當然能夠權衡「立即閱讀一則簡訊」與「可能車禍喪命」或「導致他人喪命」的成本效益。沒有人會說：「我考慮了邊開車邊傳簡訊的成本效益，考慮過導致他人喪命的成本，考慮過我有多想繼續活下去，經過這些考慮之後，我決定值得邊開車邊傳簡訊。事實上，我從今以後將開始多多這麼做。」

不會有人這麼想的！人人都知道，在開車途中打開手機的那一刻，我們發生事故而喪命的可能性就顯著提高；人人都知道，這麼做是非常愚蠢的行為，讓自己和他人的性命都陷入危險。沒有人會認為這是一個明智的選擇，但我們還是經常這麼做。

為何我們如此愚蠢？因為情緒因素作祟，我們難以延後享受，對我們避開死亡的能力過度自信。種種因素結合起來，扭曲了我們的價值評估。在想像中的未來，我們是「完美的人」，但傳簡訊是當下之事，當下誘惑著我們。

我們花的錢比我們知道應該花的還多，我們吃的比我們知道應該吃的還多，我們實際的罪過比我們知道應該避免的罪過還多（當然，這得視個人信仰而定。）我們理性上知道自己應該怎麼做，但實際上在情緒左右下做的（不管是關乎荷包、口舌之欲、褲襠的行為），兩者之間有落差，誘惑左右了這項落差。

　　在花費和不儲蓄方面，誘惑恆常不斷。關於我們的消費文化，應該不需要在此添墨贅文了吧！若真有不甚了解的讀者，請打開電視、上網、翻翻雜誌，或到購物商場逛一逛，感受一下無所不在的誘惑。

　　羅伯沉浸在誘惑中，在家中用昂貴的視聽娛樂系統環繞自己，在路上騎的是昂貴的摩托車，這些東西時時提醒他擁有什麼、他是怎樣的人、他想要什麼。每一個月，他知道自己應該存錢，但他無法抗拒花錢的誘惑，就跟大多數的小孩和成人一樣，羅伯的自制力低。

　　這是因為想要自制，不僅需要認知與了解當前的誘惑，也需要發揮意志力去避開當前的誘惑，而發揮意志力是需要花費心力的，要費力抗拒誘惑，抗拒我們的本能，拒絕一顆免費的棉花糖、昂貴的摩托車，或是任何能夠引起我們情緒共鳴的東西。

　　我們並不充分了解意志力，但我們知道它是一種很難駕馭的力量。不儲蓄（或儲蓄不足），其實不過是缺乏意志力的一種表現，但存錢需要的不只是意志力。為了存錢，我們首先必須研擬儲蓄計畫，必須認知、了解那些可能誘使我們偏離計畫的情緒，必須發揮意志力去克服那些在每個角落等著我們的誘惑。

　　反觀，不開始為退休生活儲蓄，顯然更容易做到，因為我們不需要改變任何行為，或減少任何現在的享受。用微波

爐做簡便的多脂點心，比購買、清洗、料理新鮮的菜餚要容易得多；繼續胖下去比減肥要容易得多；為我們的行為合理化，比改變行為要容易得多。偶爾偷吃巧克力蛋糕，這怪不得我們呀！誰教它要這麼美味。

控制失靈

除了低估未來，還有哪些因素削弱我們的意志力，降低了我們抗拒誘惑的能力，利用我們的情緒，使我們過度看重現在，使我們無法自制？

大家都知道人類的「性興奮」現象，有些人假「科學」之名研究過此現象。丹和喬治‧羅溫斯坦（George Loewenstein）在 2006 年發表一篇研究報告指出，男性在性興奮時，會做他們在其他時候認為沒品或不道德的事。[7] 另一篇相關的研究報告指出，男性在性興奮之下會做出較差的決定，這篇研究文獻的標題是〈比基尼挑起跨期選擇中的普遍缺乏耐性〉（"Bikinis Instigate Generalized Impatience in Intertemporal Choice"），因為〈這似乎是使用研究經費的一個好主題，也是我想利用時間的方式〉這個標題太長了。[8]

除了興奮，還有其他常見因素導致我們失控，包括酒精、疲勞和分心，這些因素結合起來，打穩了賭場和深夜資訊型廣告產業的賺錢根基。二流音樂，角子機不斷發出的硬幣聲，不容易找到的出口或時鐘，免費雞尾酒，不斷注入的

氧氣，這些全是賭場使用的分心工具。五花八門的廣告內容，冗長的介紹，觀眾在凌晨三點心智運作遲鈍的狀態，這些全是深夜電視節目使用的武器。這些業者靠著我們對誘惑的低抗拒力，打造出輝煌的事業王國。

四面楚歌

當然，自制力的問題並非獨立於其他價值評估問題之外，它也會強化那些問題。我們在前面各章中看過，我們在消費時難以考慮機會成本，忘了相對價值，忽視花錢之痛，忘了期望的影響力，被儀式和語言文字左右等。

除了這些挑戰，現在又加上了更複雜的東西：很多財務決策涉及未來，涉及我們未來將有（或沒有）的錢、欲望和需要，涉及自制力的挑戰。除了評估目前財務選項的正確價值，我們還必須思考未來，這又增添了難度。

還記得第4章汪辛克教授所做的無底洞湯碗實驗嗎？實驗對象不停喝湯，並非只是因為相對性傳達的飢餓暗示（根據湯碗剩下多少來決定喝得多飽）；我們會吃東西，往往只是因為看到食物在那裡，不是因為真的有多餓，只是因為食物擺在那裡，所以出於本能去吃，因為吃帶給我們好感受，是一種誘惑，是擺在眼前的誘惑。沒有自制力的話，就沒有東西能夠阻止我們，除非把碗底的管子抽掉。

幸好我們不是魚，若把太多飼料倒進魚缸，那隻名叫旺

達的金魚會一直吃，直到胃吃撐了，為什麼？因為魚沒有自制力，旺達沒有閱讀這本書，所以當我們對自己的自制力感到難過時，就想想旺達吧！和旺達比較，我們會好過一些；相對於旺達，我們還是比較好的。

　　花錢之痛有一些關於自制力的含義：花錢之痛使我們覺察於選擇，使選擇更加醒目一些，幫助我們發揮一些自制力。若我們使用的是現金、不是信用卡，我們比較可能感受到花 150 美元和朋友共進晚餐的影響性，這種當下的感受，幫助我們對抗吃昂貴餐點的誘惑。同理，那些減輕花錢之痛的機制，使我們的自制力短路，令我們更容易、更快速落入誘惑的陷阱。

　　心理帳戶（尤其是可塑心理帳戶），是另一個我們用以削弱自制力的伎倆。「今晚不該外出用餐，但如果是工作活動呢？嗯，真好吃！」

　　前文討論到我們過度信賴自己時，主要聚焦於相信過去的自己，相信自己以往的金錢決策，或是以往看到的一個不相干的價格，例如一間房子的售價等。但是，我們也信任介於以往的自己和未來的自己之間的東西，未來的羅伯信任現在的羅伯會捨棄當前的享受，為退休生活儲蓄，而現在的羅伯信任未來的羅伯能夠做出更明智、更不自私的退休儲蓄決策。結果是，兩者都不值得信任。不僅羅伯如此，我們都仰賴未來的自己去抗拒誘惑，或是仰賴以往抗拒過誘惑的自

己,同樣也不明智。

　　這些力量和前文討論過的因素,導致我們不正確地評估
價值,缺乏自制力導致我們做出不理性的行為,不論我們對
事物的價值評估正確與否。我們可能以為通過所有的心理陷
阱,得出一項理性的財務評估……,但在很多情況下,缺乏
自制力使我們最終仍然做出不理性的事。保持自制的掙扎,
就像是好不容易克制住自己,晚餐只吃了甘藍菜和藜麥,接
下來又得面對誘人垂涎的甜品車。不管那麼多了,人生只有
一次,你也只會多吃這一次,對吧?

　　我們的文化處處鼓勵我們失去自制力,電視真人秀的賣

🔘🔘 來得快,去得也快

　　丹某次參加一場有許多體育界傑出人物出席的研討
會,前拳王阿里(Muhammad Ali)也在場,當然很難
不去想到他的拳擊生涯對他的人生的長期影響。阿里
願意為了拳擊生涯的成功,忍受種種殘酷的考驗,但
日後為此付出代價,罹患巴金森氏症。我們不評斷他
的決定,因為我們不知道他在做出決定時思考了哪些
因素,或是有什麼科學研究提供參考。但是,我們從
阿里的人生可以看出,我們當前的欲望和未來的福
祉,往往是脫節的。

在那場研討會上，還有一位知名棒球員，向丹敘述他簽下職涯中第一紙合約的故事。當他的教練遞給他第一張薪資支票時，他對只有 2,000 美元感到很吃驚。他簽的是幾百萬美元的合約，他不懂薪資怎麼會那麼少。

於是，他打電話給經紀人。經紀人告訴他：「別擔心，你的錢在我這裡，安全得很，我會幫你投資。等你退休時，就沒有後顧之憂了。在這段期間，我會給你錢花用，如果你覺得需要更多生活費，儘管跟我說，我們討論一下。」

他的同儕領的往往都是巨額薪資，但經紀人不同。他們花的錢更多、開更好的車、做更多昂貴消費的事，但儲蓄遠遠少於他。經過多年的現在，他們大多一貧如洗，他和太太則是過著富足的生活，這全都是拜多年儲蓄所賜。

這位棒球員的描述，點出了一些驚人的事實。許多職業運動員快速賺錢，也在短期間花掉很多錢，而且往往很快就宣告破產。雖然，美國國家美式足球聯盟（NFL）球員平均薪資約 320 萬美元，但有 16％球員在退休後的十二年內申請破產。[9] 有些研究指出，高達 78％的 NFL 球員在退休幾年內，就陷入財務壓力。同

樣地，約 60％的 NBA 球員從球場上退休後，在五年內就陷入財務困境。[10] 類似情形也發生在中樂透的人身上，那些一夕致富的中獎者，有大約 70％在三年內破產。[11]

賺得或贏得大筆財富，加大了自制力的挑戰，而且通常時間愈短，挑戰就愈大。銀行帳戶增加巨額，並不保證我們就能把理財做得更好。

傑夫有個很想研究的假說：他相信，不同於多數人，他能夠管理突然增加的大筆現金。很遺憾，他無法為這項研究計畫爭取到七位數的經費，但他希望很快就會有人支持這項重要的科學研究。

點是看看誰的行為最糟——誰失控、誰爆走、誰抓狂？這類節目不會有「你是否比小五生更愛吃青菜」的主題。自制力問題無所不在，打從亞當和夏娃偷吃禁果（或任何我們選擇的原罪）開始，自制力問題就長伴人類左右。

誘惑不僅無所不在，而且愈來愈嚴重。想想看，我們周遭的商業環境，想要我們做什麼？它在乎什麼對二、三十年後的我們有益嗎？關心我們的健康、家庭、鄰里、生產力、幸福或腰圍嗎？不大可能。

商家只想要我們做對他們口袋有利的事，而且立馬去

做。各種商店、app、網站、社群媒體，全都喧嚷著吸引我們的注意力、時間和金錢，為的是追求他們的短期利益，不是關心我們最佳的長期利益。你猜怎麼著？他們比我們更了解如何觸發我們，而且愈來愈精通此道。

結果是，我們受到的誘惑愈來愈多、愈來愈大，我們的自制力問題變得愈來愈多。伴隨手機、app、電視、網站、零售店，以及任何種類的新一波商業陣線變得愈趨精明，他們愈來愈善於誘惑眾人。好消息是，這並非全然無可救藥，藉由了解我們的行為、我們面對的挑戰，以及我們的財務環境如何鼓勵我們做出糟糕的選擇，其中有些問題是可以解決的。我們可以善用一些小訣竅，幫助自己思考怎樣的用錢方式，有益於我們的長期福祉，而非照顧那些商家的利益。

第三部會討論這些小訣竅，你可以再稍等一下嗎？你有意志力抗拒跳過下一章的誘惑嗎？先不要翻閱第三部的小訣竅。我們相信你有。

第 13 章
我們太側重金錢

　　約莫 2000 年左右，當時較年輕些的丹，想為自己在
MIT 的辦公室添購一張沙發。他看上了一張還不錯的沙發，
售價 200 美元；不久後，又看上另一張法國設計師設計的沙
發，售價 2,000 美元。後者更誘人，低身，坐起來的感覺很
不一樣，至於是否更舒適，或是沙發性能更佳，就不是很清
楚了。而且，高出十倍的價格，似乎不值得。但最後，丹還
是買了那張高價沙發，從此以後，到他辦公室的訪客，總是
費勁地坐上那張低身沙發，起身時就更費勁了。有謠言說，
丹買那張沙發是為了折磨訪客，關於這個謠言，我們就不予

置評了。

貴就是好？

當初在選購沙發時，丹難以評估那張高價沙發的長期體驗，他只是試坐了幾分鐘，但真正要考慮、評估的是：坐上超過一小時是否舒適（答案：很舒適），以及訪客使用沙發的感覺（答案：不大好。經過多年，他現在知道，低身沙發令一些訪客感到不舒適，因為起身時很費力。）丹在選購時，沒有方法可以回答這些疑問，為了知道沙發是否符合需要，他用了一個簡單的捷思法：昂貴，想必就是好。所以，便買了較為昂貴的沙發。

不是只有丹會使用這種決策策略，你會吃便宜的龍蝦嗎？你會吃折扣價出售的魚子醬或廉價鵝肝嗎？餐廳不會廉價促銷這類珍饈，因為他們深知我們對價格的心理反應，深知這麼做會發出什麼樣的強烈訊息。縱使龍蝦、魚子醬和鵝肝的批發市場價格大跌（幾年前的夏季，就發生過這種情形），餐廳也不會把這樣的成本降低反映到餐點的價格上，這並非只是因為商家貪婪，也是因為低價會引發我們對奢侈品品質感到不安。我們可能推論，價格較低意味品質較差；我們開始猜想，這食物可能有問題，斷定比競爭者的還差。

把便宜的龍蝦和鵝肝，換成費用非常低廉的心臟手術呢？一樣。我們會想，這麼便宜一定有問題，然後會想盡辦

法找最優秀的外科醫生;由於我們缺乏這方面的知識,大概
會找收費最貴的醫生。

我們之所以會這樣,是因為我們評估事物的另一種方法
(另一種與實際價值無關的方法)所致:對價格賦予意含。
我們經常無法直接評估一件事物的價值;在這種情況下,便
往往以價格聯想價值。當缺乏其他明顯的價值線索時,我們
尤其會用價格來推斷價值。身為年輕、敏感的 MIT 教授,
丹當時不知道如何評估一張辦公室沙發的價值,所以採用了
唯一可得的指標:價格。十五年後,許多訪客告訴他其實不
舒適之後,他知道自己當年做了一個糟糕的選擇。

在《誰說人是理性的!》一書中,丹探討我們如何習慣
於把高價格視為代表性能。丹和同事蕾貝卡・瓦柏(Rebecca
Waber)、巴巴・希夫(Baba Shiv)、齊夫・卡爾蒙(Ziv
Carmon),共同做過一項研究實驗。[1] 他們發給實驗參與者
一種他們取名為「VeladoneRx」的假止痛藥(其實是維他命
C 膠囊),附帶說明小冊,還找來一個人穿上白袍,扮演醫
藥專業人員。止痛藥貼上了昂貴的價格標籤,每顆 2.5 美
元。然後,研究人員讓這些實驗對象接受電擊,測試他們的
疼痛忍受度。實驗結果顯示,幾乎所有實驗對象在服用
VeladoneRx 之後,疼痛都減輕了。丹和同事再度進行相同
的實驗,但把每顆藥丸的價格標籤改為 10 美分,結果實驗
對象服用藥丸後疼痛減輕的程度,僅為標價為 2.5 美元時的

一半。

　　丹和希夫及卡爾蒙，後來使用 SoBe 能量飲料進行類似的實驗。如第 11 章所述，那些看了科學文獻（虛構文獻）聲稱 SoBe 能夠提神、改善解謎能力的實驗對象，接受測驗的表現優於那些沒看研究報告者的表現。另一項研究實驗顯示，喝折扣價格能量飲料者的表現，比喝正常價格相同能量飲料者的表現來得差。該實驗顯示，那些獲得折扣價格飲料的人，預期飲料的效果比較差，在實際喝了以後，感覺真的比較差，但完全只是因為價格發出的訊息，使他們產生這種預期和體驗感受。[2]

　　不論合理與否，高價格暗示高價值。在醫療、食物、服飾之類的事物，價格也被用於暗示此產品或服務不便宜或品質不差。蘇珊姑媽或許不會買一件 100 美元的 T 恤，但若這價格是傑西潘尼百貨標示的「正常價格」，就會有人願意支付這個價格，它必然是一件高品質的 T 恤。如果蘇珊姑媽只花了 60 美元，就買到這件「正常價格」為 100 美元的 T 恤，顯然就是幸運撿到便宜了！

　　奢華手機品牌威圖（Vertu）的手機性能和服務，其實和大多數其他手機差不多，但不少人願意支付一到兩萬美元，購買象徵尊貴地位的威圖手機，拿來玩《憤怒鳥》。就是有人會這麼認為：「一定值得，否則怎麼會有人買」，然後就花大錢買威圖手機。曾經有一款名為「I Am Rich」的

iPhone 應用程式，上架僅僅一天，就被蘋果公司強制下架。
這款應用程式有什麼功能呢？購買完下載開啟之後，手機螢
幕上會顯示幾個字，確認你富有。就只是這樣，沒別的了！
這款應用程式的售價高達 999.99 美元，有 8 個人購買。我
們誠心希望那些人可以聯絡我們，我們可以提供其他類似的
大好機會喔！

照理說，價格不應該影響價值、性能或樂趣，但實際
上，價格就是會影響。我們被訓練成在每筆交易中根據金額
多少來做出快速決策，尤其是當欠缺其他價值標記時，我們
幾乎總是用價格來斷定價值。

第 7 章討論過，定錨效應及任意連貫性顯示，光是一個
定價就能影響我們的價值認知。我們看到一項商品的第一個
價格，會影響我們對這項商品的評價；甚至不需要價格，可
能是任意數字，例如社會安全號碼，或是非洲國家數目。

以酒為例，我們都聽過，要抓住男人的心，就要先抓
住他的胃。什麼最能抓住男人的胃呢？那就是酒啦！價格
愈高的酒，我們愈喜歡。證據明確：當我們知道自己喝的
酒花了多少錢時，價格與享受之間的關連性，就會變得無
比強烈。喝的是什麼酒，都不打緊了！愈貴的，我們愈享
受。[3] 但用價格來推斷品質，其實是相當愚蠢的評價方法，
若我們能用別的方法來評斷酒的品質，例如產自何處、何
時釀造，甚至認識釀造師傅，知道他先把腳洗乾淨了，才

踏入桶裡踩踏葡萄，那麼我們可能就不會那麼高度使用價格來推斷酒的品質了。可惜，我們通常沒有那些方法與資訊，可以評斷酒的品質。

別把手段當目的

然而，有多少人真正認識釀酒師傅呢？有多少時候，我們能夠知道所有的相關細節，客觀評估一趟狩獵之旅、一個小機件，或一趟充滿小機件的狩獵之旅的價值？這種情況太少了。一件事物應該值多少錢，我們通常毫無概念。在沒有任何脈絡的情況下，我們沒有獨立能力可以正確地評估一件事物，不論它是賭場籌碼、房屋售價或泰諾林止痛劑等。我們就像漂流於財務價值不確定性的大海之上。

在這種時候，價格就成為明顯的尺度。它是數字，很清楚，我們可以用它來比較許多選項。由於用這個顯而易見、看似明確的方法來思考，相當容易，導致我們往往太過注意價格，忽略其他考量。

為何如此？這跟我們喜愛明確性有關。說到決策，尤其是我們的財務決策，有句話是這麼說的：心理學給你一個大致正確（vaguely right）的答案，經濟學給你一個明確錯誤（precisely wrong）的答案。我們喜愛明確（以及明確的假象），因為明確性讓我們覺得知道自己在做什麼，尤其當我們其實並不知道自己在做什麼時。

　　關於錢，很奇妙的一點是，儘管我們不了解事物的價值，但金額是可衡量的。當我們看到一項有許多特性的商品，再看到另一項非常明確、可以比較的特性（價格）時，往往會過度側重後者，因為這麼做比較容易。味道、風格、討喜程度，這些是難以衡量與比較的特性，於是我們最後聚焦在價格上，根據金額做出決策，因為這麼做遠遠更容易。

　　人們常說，他們寧願當一間公司裡薪資最高的員工，勝過當一間公司裡薪資最低的員工，縱使前者的薪水低於後者。你可以問問親朋好友：薪資 85,000 美元的領導人，抑或薪資 90,000 美元的非領導人，他們偏好何者？他們若選擇薪資 90,000 美元的非領導人，很合理，對吧？

　　但如果用不同方式來問金額同樣的問題，人們的回答就不同了。你可以問問親朋好友，下列何者會讓他們「更快樂」：薪資 85,000 美元，公司最高薪的人；抑或薪資 90,000 美元，但不是公司最高薪的人？很多人會說，前者（薪資 85,000 美元、公司最高薪的人），會使他們更快樂。相同的選擇、相同的參數，只是改以「快樂」來架構詢問，答案就改變了。人們對這兩道問題的回答之所以不同，是因為在第一道問題中，大家很容易只想到錢；但在第二道問題中，你提供了另一項焦點：快樂程度。當沒有另一項明確的焦點時，金錢就是預設的焦點。當我們思考一項事物時，例如工作，儘管這其中涉及了許多東西，但金錢非常具體、明確、

可衡量，所以我們很快就想到報酬多少，使得它在我們的決策中扮演了重要的角色。

讓我們來看原理相同、但更尋常的例子——選擇手機。在選擇手機時，考量的因素有很多，包括螢幕大小、速度、重量、相機畫素、安全性、數據量、通信涵蓋範圍等。在這麼多因素下，你應該給予價格多少權值呢？當一項商品的複雜性增加時，仰賴價格來做出決策，就變成相對簡單且更誘人的策略。於是，我們在做決策時，往往聚焦在價格上，忽略了其他許多複雜性。

同理，如同第 7 章探討任意連貫性時所言，多數人難以把非常不同的兩類產品或體驗拿來比較，我們無法用機會成本比較一部 Toyota 或一場度假或二十頓昂貴的晚餐，我們比較的總是同一類的東西，例如車子與車子相比、手機與手機相比、電腦與電腦相比。假設你買了第一支 iPhone，那是當時市面上僅有的智慧型手機，沒有類似產品可以比較，要拿什麼來比呢？（沒錯，當時已有 PalmPilot 和黑莓機，但 iPhone 比它們先進太多，已經成為一個完全不同的產品類別了。更何況，PalmPilot 當時也已經算是老古董了。）我們要如何評估這支手機的價格是否值得？

蘋果最早在推出 iPhone 時，售價為 600 美元。幾週後，該公司把價格降低到 400 美元，此舉創造出一個可以相比的衡量點。一旦一個產品類別中有了多種產品以後，錢(價格)

就成為一種誘人的比較方法，導致我們過度側重價格，聚焦在價格差異上（哇！這個便宜了 200 美元耶），忽略其他特性，當然也繼續忽略機會成本。

容易被拿來相比的，並非只有價格，其他特性若可以量化，也可以當作比較的衡量點。巧克力的美味程度或一輛跑車的操縱性能難以實際量化，這種困難度凸顯了使用價格做為比較點的誘人性：價格總是清清楚楚擺在那裡，很容易比較。舉例而言，百萬畫素、馬力或兆赫，一旦被載明、強調，就變得更容易比較、更明確一點，這稱為「可評估性」（evaluability）。在比較商品時，可量化的特性變得易於評估，縱使這些特性其實並不重要，也會成為更明顯的焦點，使我們更容易用這些特性來評估、比較我們有的選項。而這些特性往往是廠商想要我們聚焦的項目，希望我們因此忽略掉其他特性，例如，我們總是在討論相機的畫素，很少討論相機的故障頻率。一旦一項特性可被量化，我們就會更注意到這項特性，它在決策中的重要性和影響程度就會提高。

學者奚愷元（Christopher K. Hsee）、喬治・羅溫斯坦（George F. Loewenstein）、莎莉・布朗特（Sally Blount），以及麥克斯・貝澤曼（Max H. Bazerman）曾經做過一項實驗，讓實驗對象瀏覽二手教科書，詢問第一組人，願意支付多少錢購買一本狀況完美、內有一萬個詞條的音樂詞典？再詢問第二組人，願意支付多少錢，購買一本封面磨損、內有兩萬

個詞條的音樂詞典？這兩組人互不知道還有另一本音樂詞典
存在。平均而言，第一組學生願意支付 24 美元，購買那本
狀況完美、內有一萬個詞條的音樂詞典；第二組學生願意支
付 20 美元，購買那本封面磨損、內有兩萬個詞條的音樂詞
典。儘管封面其實跟查閱音樂詞彙無關，卻造成了大不同的
結果。

　　研究人員又找來第三組學生，把兩本詞典同時擺在他們
眼前，這下子學生有所比較了，因此改變了看法。平均而
言，這組學生願意支付 19 美元，購買那本狀況完美、內有
一萬個詞條的音樂詞典；願意支付 27 美元，購買那本封面
磨損、內有兩萬個詞條的音樂詞典。有了更清楚的比較項
目──詞條數量，那本較大、條目較多的詞典，就變得更有
價值，儘管封面磨損。只評估單一商品時，學生並不敏感於
內含詞條數量是一萬個或兩萬個；唯有當這項特性變得容易
比較時，才會變成評估價值時的一項重要因素。當我們不知
道該如何評估不同品項時，往往會高度受到那些容易比較的
特性的影響，縱使那些特性（在此例中，為磨損的封面），
跟商品的實際價值沒有多大關係。對第三組學生來說，詞條
數量的重要性提高了，封面狀況的重要性降低了。不過，我
們在做決策時，通常還是很容易過度側重那個最容易看到與
評估的特性：價格。[4]

　　我們傾向聚焦於最容易衡量、比較的層面，有什麼錯

嗎？有的。當可衡量的層面，並不是決策中最重要的部分，只是用來參考的一項指標時，就可能會造成大問題。常客飛行累積哩程就是一個好例子，沒有人的人生志向是始於及終於累積飛行哩數，這只不過是有朝一日可以幫助我們達成想要的目的——一場度假或免費機票——的一種手段。喬治・克隆尼（George Clooney）在電影《型男飛行日誌》（*Up in the Air*）中飾演的角色，一年到頭飛來飛去，也不是為了累積哩數，而是為了其他理由——權力與成功的象徵。

雖然很少人把飛行哩數最大化，當成值得追求的人生目標，但我們往往禁不住追求把任何容易衡量的東西最大化。我們如何把多飛一萬英里，拿來和在沙灘上多消遣四個小時相比呢？一個小時的輕鬆愜意，等於多少英里？

金錢也是一樣，它不是生活中的最終目的，只是達成各種目標和目的的一項工具。但是，相較於快樂、幸福與人生目的，金錢更有形，所以我們在做決策時，往往聚焦於錢，而不是聚焦在最終更有意義的目的。

我們想要快樂、健康、享受人生，常客飛行累積哩程、金錢、艾美獎提名之類的可衡量指標，是最容易評估人生進展的方法。人們經常選擇飛行曲折航線，只是為了獲得更多的累積里程，但整個過程其實降低了整體的飛行愉悅度，因為曲折航線經常會發生班機延遲、座位不舒服，或是隔壁剛

好就坐了一個喋喋不休的業務，一直在跟我們聊他最近愛上的一個妹（唉，老兄，直接開口約她出去不就得了？）

人生遊戲贏家

啊，是的，人生、金錢，何者重要？

金錢是價值與財富的一種象徵，大體而言是個好東西。我們的個人與集體生活，因為錢而更有生氣、更豐富、更自由，但是當金錢做為衡量價值的角色延伸到產品與服務以外的部分時，就不是那麼好了。

由於金錢比愛、快樂、孩子的笑聲等人類需求更為有形，我們往往聚焦於用金錢來衡量人生的價值。仔細思考，我們當然知道金錢並非人生中最重要的東西，臨終者絕對不會說，他們懊悔此生沒有花更多時間和金錢相處。但是，因為金錢遠比生命的意義更容易衡量，而且考慮起來不那麼嚇人，所以我們聚焦在金錢上。

想想看，在對內容創作的酬答方式不同於以往的現代經濟中，我們如何評估一位藝術家的作品價值？由於我們的文化用錢來定義價值，所以你的作品如果未能獲得金錢報酬的話，可能會是件丟臉、喪氣的事，儘管我們可以說，金錢不是藝術的目的。歷史上許多傑出藝術家，要不就是仰賴慷慨的贊助者（如今已經沒有這種人了），要不就是終其一生窮困潦倒；不過，在那個年代，藝術家並不需要和《糖果傳奇》

（Candy Crush）遊戲和Instagram的網帥網美競爭人們的青睞。

傑夫的職涯跟一般人的不大一樣，他當過三分鐘的律師，他是喜劇作家、專欄作家、寫手、講者、男性內衣褲模特兒（最後這項不是真的，但誰都可以有這種夢想啊。）對於他的每一項成就——寫完一本書、上電視、建立人脈、結識丹（街坊傳說傑夫透過交友程式 Tinder 認識丹，那絕對不是真的；他是因為他的第一本書，探討「不誠實」的主題而認識丹），他的家人總是問：「賺了多少錢？」有很長一段時間，這讓傑夫很難過，因為這麼問，顯得他們冷酷無情、瞧不起人，並不了解他做的事情的真正價值。

其實，他們雖然不了解，但並非瞧不起，只是試圖了解，試圖用「賺了多少錢？」這個問句，來了解傑夫所做的事。錢是幫助他們了解的橋梁，他們試圖把傑夫做的那些難懂的事，轉化成自己可以了解的語言：金錢。這是傑夫和他身旁的人看待世界方式的差異，起初這種差異令傑夫感到很難過，但後來他知道，這不只是他們的評論方式，也是他們試圖了解的一種方式，所以就變成一種溝通的語言。這句詢問幫助他們分析傑夫所做的事，並藉此提出評價、意見和支持，這樣他們就可以對他的選擇，做出了解後的奚落、有事實根據的嘲諷，並且有教養地翻白眼，這也算一種進步。

雖然，一些聚焦於錢的行為是可以理解的，但可以說，

這種聚焦的益處早已成為過去式,現在我們全都漫無目的地漂流在財務不確定性的大海上,一心一意只看著錢。

蘋果比蘋果,橘子比橘子

我們應該了解,金錢只是一種交易的媒介,讓我們用來交易蘋果、酒、勞力、度假、教育、房子等,我們不應該賦予金錢任何象徵性,應該把它當成只是一種讓我們現在、以後,或更久之後取得我們需要、想要、渴望的東西的一種工具。

很久以前,有人說蘋果和橘子難以相較,這其實不正確,兩者的比較其實很容易,沒有人會站在水果攤前費心思索自己是比較喜歡蘋果或橘子。當我們用事物帶給我們的享樂程度來評估價值時——稱為「直接享樂評價」(direct hedonic evaluation),我們非常確定哪個選項,會帶給我們更多的樂趣。

真正難以比較的是蘋果和錢。在考量中加入了錢,決策就變得更困難,也出現犯錯的可能性。一項有益的財務決策策略,就是假裝錢並不存在。若我們有時把錢從考量中剔除,會發生怎樣的情形呢?若我們不以金錢成本(費用)來考量一次度假,而是量化這次度假將使我們犧牲多少部電影或多少酒呢?換季添購新裝時,若我們考慮的不是金錢,而

是必須少加多少汽油，或放棄多少次腳踏車維修、犧牲多少天特休所得呢？若我們考慮的不是普通尺寸電視機和大螢幕電視機之間的價格差異，而是考慮若購買大螢幕電視機，我們將因此必須犧牲和朋友外出共進一頓晚餐的樂趣，還得加班 14 個小時，再決定是否購買呢？

當我們從比較錢與東西，改成直接比較東西與東西時，就會從新的角度來檢視自己的選擇。這種方法或許最適用於重大決策。設若我們面對兩項選擇，其一是用高額房貸購買一間大房子，其二是用較低額房貸購買一間中型房子。若用頭期款、每個月的房貸金額、利息等金錢數字，難以比較這兩項選擇；當牽涉其中的賣方、經紀人、房貸業者等，想要我們花更多錢購買較大的那間房子時，抉擇就更難了。但如果我們不光從金錢的角度思考呢？如果我們這麼想：「購買大房子的成本，等於購買較小那間的成本，再加上一次的年度度假、我每個孩子一學期的大學學費，以及在退休前必須多工作三年。沒錯！我負擔得起那間較大的房子，但或許不值得拿這麼多東西來換取多一間臥室和一個更大的庭院。」也可能經過這樣的盤算之後，我們還是決定要購買較大那間，但無論如何，至少頭腦都是清楚考慮了一些其他的用錢方式之後，才做出這樣的決策。

但這種直接比較的方法，未必是最有效率的方法，甚至未必是最理性的方法。花時間把每項交易轉化成不考量錢的

機會成本分析，這件事非常累人。但這是評估我們的決策能力的不錯練習，尤其是在面臨重大決策時。

金錢是福，也是禍，有錢當作交易媒介是好事，但誠如前文所述，金錢時常誤導我們，影響我們聚焦在不對的事物上。為了修正評估，時不時來點不全然考慮錢的衡量方式，對我們有所助益。別考慮事物與錢之間的取捨，改為考慮事物與事物之間的取捨。若你對取捨考量感到滿意了，就下決定吧！否則，就再想一次、兩次或三次。

不論生活境況如何，我們都相信，不該總是從錢的角度，來思考生活中的決策，應該從人生的角度來思考。

別讓金錢主宰你的人生

你大概還記得前幾章談到的一些人物：喬治・瓊斯、蘇珊姑媽、珍・馬丁、度蜜月的傑夫、土桑市的房地產經紀人、湯姆和瑞秋・布萊德利夫婦、詹姆斯・諾蘭、金雪柔、維尼・戴爾瑞雷、羅伯・曼斯菲爾德。他們花了很多時間思考如何花錢，但仍然犯錯、犯蠢，並非只是因為他們搞不清楚錯綜複雜的金錢世界，被不恰當的價值線索與暗示給蒙蔽，也是因為他們花了太多時間思考金錢。他們漂流於不確定的大海上，隨著吸引自己目光的價值線索，猶如祭祀的牲禮一般，漂進了金錢火山口坑底。

本章一開始分析，我們在財務決策中評估價值時如何過

度側重價格，然後分析我們如何在其他重要決策和評估一般生活時過度側重金錢。

　　我們兩個沒有足夠的能力或資格，可以告訴任何人應該如何過活，但我們有充分資料可以證明，我們應該力求擺脫被金錢支配、左右；或者，至少應該試著鬆綁金錢對我們的束縛。

　　我們不想告訴你如何排列生活種種事物的優先順序，也不會告訴你應該把金錢排在家庭、愛、美酒、球隊、小睡等之後，我們只是希望你，重新思考你對金錢的思考方式。

第三部
從錯誤思維汲取教訓

第 14 章

用腦袋花錢

　　我們已經在前面各章，看到我們如何不正確地思考金錢，如何以和實際價值無關的方式去評估價值，以及這些如何導致我們錯誤地思考及花用金錢。我們已經一窺幕後——我們財務大腦的內部運作，了解自己可能過度重視不切要的因素，忽視了重要因素，讓不重要的價值線索誤導我們。

　　那麼，應該如何思考金錢呢？前述這些問題，有何解方？

　　想必有些讀者已經翻閱本書最後幾章，可能很多人在書店翻閱本書時，直接翻到最後幾章找解答。若你是後者，我們：1）為你節省了購買此書的花費鼓掌；但是，2）想要告訴你，你沒有對我們的努力給予正確評價；3）在此提供你簡短版本：說到財務決策，重要的考量應該是機會成本、這

筆購買的實際益處,以及從這筆消費獲得的實際享樂,相較於可以花用這筆錢的其他方式。

在一個完全理性的世界,財務決策中不應該考量的因素包括:

▶ 特價,或「節省多少錢」,或在購買此品項的同時,花了多少錢購買另一品項(相對性)。

▶ 對錢進行分類,花錢時想著來源,以及對各類錢的感覺(心理帳戶)。

▶ 付錢的輕鬆程度(花錢之痛)。

▶ 看到的第一個價格,或是以往買過的價格(定錨效應)。

▶ 所有權感(敝帚自珍效應及損失趨避傾向)。

▶ 一件事看起來是否賣力(公平性與費力程度)。

▶ 我們是否屈服於當前的誘惑(自制力)。

▶ 只比較一項商品、體驗或小機件的價格(過度側重金錢)。

切記:這些東西其實並不影響一項購買的實際價值,儘管我們可能以為會影響價值。若我們完全理性的話,還有其他不會改變一項購買的實際價值的其他因素,但因為我們有種種的思考怪癖,這些因素最終改變了體驗的價值,包括:

▶ 那些在我們消費時,用來描述、介紹的華美語言文字,以及我們在實際體驗一項事物時所做的行為(語言文字和儀式)。

▶ 我們對消費體驗的預期，而不是消費體驗的本質（期望）。

語言文字、儀式和期望屬於另一群因素，不同於前述其他因素，因為它們會改變體驗的感受。打七五折，或一鍵支付，這些永遠不會改變一項事物的實際價值。認識釀酒流程，在湖邊野餐時有戴著白手套的酒侍為我們倒酒，這些可以使整個體驗變得更有意義、更有趣、更有價值。

若我們完全理性的話，語言文字、儀式和期望，不會影響到我們的花錢決策，但我們是人、不是機器人，很難說語言文字、儀式和期望絕對不會影響我們，也很難說在什麼情況下納入這些因素考量是錯的，尤其當它們具有增進體驗的作用時。若我們預期一種酒將帶給我們更大的享受——因為服務生的介紹、場合、酒瓶、品酒儀式等，我們可能就真的獲得更大的享受。所以，讓這種情形發生是錯誤嗎？或者，我們應該為此附加價值付錢嗎？

不論語言文字、儀式和期望是否能夠增添價值，要不要加入它們，應該由我們決定。我們應該為了獲得更多價值而選擇這些不理性的附加東西，而不是讓這些影響因素強加諸我們身上、影響我們。既然已經了解這些，我們可以決定要不要及何時讓這類因素（例如倒酒的儀式）來增進體驗。

坦白說，我們不確定我們是否想生活於一個沒有語言文字、儀式和期望的世界，在這樣的世界裡以純粹自然的情緒狀態來體驗事物，這樣的世界聽起來不大有趣。我們只需要

確保自己能夠掌控這些重要影響因素的使用方式就行了。

從相對性到期望，你現在已經知道人類如何思考錢，知道當我們思考錢時，有哪些不理性的偏見在影響我們。接下來，你應該在做每一項財務決策時，謹記你學到的東西。

這並不容易，對吧？看起來相當難。我們之所以決定分析何以我們總是做出愚蠢的金錢決策，而不是告訴你在任何情況下該怎麼做，這是有原因的。其一，我們根本不知道每一種情況下的正確做法，沒人知道這個。再者，我們不想給你魚，我們想讓你知道，你一直以來是如何釣魚的，以期你未來能夠選擇更好的釣魚方法。你可能會覺得這樣不大厚道，把一堆資訊丟給你，然後就跟你說拜拜，彷彿把你丟到溪裡，不給你划槳，轉身走人，還大笑著對你說：「你死定了！」

其實，我們多數人都是樂觀者，不會想著自己沒救了、死定了，我們相信自己有能力克服在金錢方面犯的許多錯誤。

只要用用腦袋，我們可以改善自己的財務決策。第一步就是覺悟，經由前幾章的探討分析，我們已經完成這一步了。下一步就是把這項覺悟，轉化成有效規劃、具體行動、做出改變。

我們已經探討過我們做得糟糕或不正確的許多事，現在可以開始檢視行為細節，找出協助改善的工具。行為經濟學的主要啟示之一是，我們生活環境的小改變，能夠產生重要

的影響。基於此理,我們相信,為改善我們做決策(尤其是財務決策)的方式,最好的第一步就是詳細了解人類的弱點。

我們先來看看可以怎麼做,以避免、修正或減輕自己在評估價值時,所犯的每一種錯誤。

- **我們忽視機會成本。**從機會成本的角度來思考一項消費或交易,更清楚考慮獲得這項東西,將會犧牲什麼?舉例而言,我們可以把錢轉化為時間:這筆錢相當於多少小時的工資,或多少個月的薪資?亦即,得做多少工作,才能賺得購買此事物所需花費的錢?

- **我們忘了凡事都是相對的。**看到一個特價時,我們不應該考慮原先的價格是多少,或是我們省下多少錢,應該考慮的是實際上要支付多少錢。購買一件從 100 美元降價為 60 美元的襯衫,並不是「節省了 40 美元」,而是「花了 60 美元」。蘇珊姑媽的荷包從未實際獲得那 40 美元,但她身上(或她姪子身上)這件很醜的襯衫,花了她 60 美元。

至於較大、較複雜的消費,可以把各項費用分開來考慮。也就是說,當我們購買有許多附加選項的東西時,例如一部車子或一間房子,應該把每一個附加選項分開評估。

我們應該試著別用百分率來思考,當呈現給我們的資料是百分率形式時(例如受託管理資產的 1%),就應

該多花點工夫，算出這百分率實際上代表多少錢。荷包裡的錢是明確的，以絕對值存在。100 美元就是 100 美元，不論它是一筆 1,000 美元消費的 10％，或是一筆 100,000 美元的 1％，仍然是買了 100 盒 Tic Tac 糖的 100 美元。

- **我們善於劃分**。預算規劃可能是有益之事，但請牢記這項簡單原理：錢具有可替代性，這一塊錢跟那一塊錢是完全一樣的，不論是來自工作收入、繼承到的遺產、中樂透、搶銀行，或是兼差在爵士樂團當貝斯手賺得的外快（嘿，敢於夢想）。所有的錢都是我們的，屬於「我們的錢」這個總帳戶。當我們發現自己正在揮霍特定「類別」的錢時（只因為心理上把錢歸為「獎金」或「贏得的錢」而感覺可以揮霍時），必須暫停下來，提醒自己，這仍然是「我們的錢」，錢就是錢，無分類別。

    在此同時，必須記得：使用心理帳戶分類支出，對於我們這些無法一貫、即時做機會成本計算與分析的人來說（其實是所有人），可能是一種實用的預算規劃工具。另一方面，也是一種潛在危險的工具，因為可能會導致我們用錢方式的不一貫。話說回來，若是正確使用這項工具的話，可以幫助我們大致維持想要的用錢方式。

- **我們逃避痛苦**。在所有不理性、混亂的用錢方式當中，花錢之痛堪稱是最棘手、最不祥的一個。維持一些花錢之

痛，可以幫助我們至少考慮一些選項的價值，以及其中涉及的機會成本。花錢之痛能使我們在購買前暫停一下，考慮是否該在此時花這筆錢，幫助我們考慮機會成本。

問題在於，那些設計付款機制的人，不想要我們暫停一下，考慮其他選擇，再多多思考。因此，花錢之痛的最佳解方，或許是別用信用卡；或者，更簡單的方法是，在每次花錢時，先揍自己一拳，讓自己實際感受到疼痛，不過這恐怕非長久之計，因為醫藥費帳單終究會上門。

在現實中，各位當然不會就突然完全不用信用卡，但我們應當謹慎且懷疑看待最新的金融科技與機制，尤其是那些旨在讓我們付款時更輕鬆、容易，不需要花太多時間與注意力的機制。要不了多久，就會出現讓我們一眨眼就完成付款的機制，千萬別註冊使用。

- **我們太相信自己。**信賴自己——信賴我們以往對價格的判斷、選擇及反應，通常被視為好事。提倡自助的權威大喊：「相信你的直覺！」（這些權威還因此賺了不少錢。）但這往往不是好點子，尤其是在用錢方面。說到用錢，信賴我們以往的決策，經常會導致定錨、從眾及任意連貫性的問題。所以，我們應該質疑那些看似「隨機」的數字、明顯標示的建議零售價，以及定價高到爆的商品。舉例來說，當你看到一雙定價 2,000 美元的鞋子，或是標價 150 美元的三明治時，要特別當心次高價格的鞋

子或三明治（或是摺得像三明治的鞋子），因為那些最高價格往往是刻意訂價，使你覺得這些次高價格顯得相對便宜很多。

　　除了質疑別人訂的價格，我們也應該質疑自己訂的價格。我們應該避免總是重複做相同的事，例如總是購買一杯 4 美元的拿鐵咖啡，只因為我們以往總是這麼做。我們應該不時停下腳步，思考及質疑本身的長期習慣；那些未能從自己的消費史中學習的人，必然會重蹈覆轍。我們應該思考，一杯拿鐵對我們來說，真的值 4 美元嗎？或者，每個月的有線電視、網路等綁售方案，真的值 140 美元嗎？或是，加入健身房，每次掙扎於尋找停車位，在進到健身房後，邊滑手機邊踩腳踏車一個小時，這真的值得嗎？

• **我們高估自己擁有的東西或可能失去的東西的價值。** 我們不應該堅信即將進行的房屋裝修，將可提高未來轉售房子的價值。我們應該認知到，我們的品味也許是獨特的，別人或許有不同看法。裝潢本身沒有什麼不對，只要我們認知到一點：裝潢可能只是提高房子對我們而言的價值，看在他人眼中未必有同等價值。

　　我們應該當心廠商、店家或銷售人員提供的試用與促銷，因為他們知道，一旦我們「擁有」某樣東西，評價就會提高，變得更難捨棄。

　　沉沒成本無法回收，花掉的錢就是花掉了，覆水難收。在做決策時，應該只考慮我們目前的境況，以及未來的可能境況。我們可能以為沉沒成本應該影響我們的未來決策，其實不然。我們應該像《冰雪奇緣》（*Frozen*）的無數可愛小粉絲那樣，對著父母大喊：「Let it go! Let it goooo!」。

- **我們關切公平性與費力程度。** 不論是被趕下鞦韆的 5 歲小孩，或是沒能獲得晉升的 35 歲成人，我們全都會在人生的某個時點，學到一項簡單的啟示：這個世界不公平。很抱歉。

　　別糾結於某樣東西的價格公平與否，只須思考它對我們值不值得。請鎖匠來開門、請人救回電腦檔案、在寒冬叫到計程車，這些對我們來說是很有價值的，就別糾結於他們的收費公不公平了，他們或許不會學到教訓，但沒有他們提供的服務，我們就進不了家門、在大雨或風雪中流落外頭、失去電腦檔案。

　　某樣東西的價格是否公平、是否費了很多工夫，我們也可能認知錯誤。別忘了！知識和經驗是有價值的。鎖匠、藝術家、撰寫金錢心理學的書籍作者，他們的服務或作品的價值，並非來自我們看到的時間與心力投入，而是來自他們一輩子發展自身專長所投入的時間和心力。高明工匠的手藝看起來毫不費力，其實不然。他

們歷經千錘百鍊才達到此境界，但我們沒有看到那些千
錘百鍊。從畢卡索到養育子女，有時候，最困難的工
作，看起來比實際容易得多。

　　但我們也得當心，別被表面上的費工夫給騙了。我
們喜歡透明化，很多廠商和行銷人員都知道這點，刻意
用透明化來表現出多麼費工夫。所以，對於過多的透明
化，我們得當心。若一間顧問公司刻意展現投入了多麼
大的工夫，卻沒有什麼實際成果，但收費要 10 萬美元，
請再三思。若一個網頁只出現一張處理進度表和一個「立
刻付款」的按鍵，請繼續搜尋。若另一半把碗盤放進洗
碗機清洗，或是用洗衣機洗衣服時咕噥抱怨，或是悲
嘆、叫囂抗議、裝出痛苦與絕望神情，呃……安全起
見，我們或許應該體貼地為他們提供足部按摩服務。

• **我們相信語言文字和儀式的神奇力量。**二十世紀傑出哲
學家團體「全民公敵」（Public Enemy，他們剛好也是一
個嘻哈樂團）說得好：「別相信炒作。」若某樣東西的描
述或消費的流程冗長、浮誇，我們大概會為此描述及流
程多付錢，儘管這描述及流程可能並未增添任何實際價
值。

　　當心那些不恰當的費力程度捷思法：工匠的價值在
於技藝，我們應該為他的技藝付錢，鮮少理由為他使用
的那把鐵鎚付錢。

在此同時，也別忘了，語言文字和儀式可以改變我們的體驗品質。因此，若我們選擇接受，就應該擁抱它們，讓它們幫助增進體驗。

• **我們把期望化為事實**。期望為我們提供理由，使我們相信某個東西將是好的（或壞的）、美味的（或難吃的），期望並未改變這個東西的本質，但改變了我們的想法與體驗感受。我們應該覺察期望的源頭──不論它是源於夢想與渴望的樂趣，或是品牌名稱、偏見或展示所引發的誘惑。或者，如同許多哲學家及二流平面設計說的：「不要看封面來評斷一本書。」

我們（本書作者丹和傑夫）想在此重申一點：跟語言文字和儀式一樣，期望可能真的改變我們的體驗，我們可以利用期望的這個特性讓自己獲得益處，或者他人可以利用期望的這個特性來占我們便宜。

買了一瓶酒之後，我們可以操縱自己相信這瓶酒的價值，比我們支付的價格高出 20 美元：我們可以醒酒，倒入精美酒杯中，搖晃杯身，聞酒香。我們知道這一切儀式可以帶來更好的體驗，這是我們本身在利用期望。

但我們不想讓某人耍花招，誘使我們多付不應該花的 20 美元購買一瓶酒。我們聽到酒侍敘述釀造年分、單寧、獲獎佳績、酒標、評價、帶有接木骨莓果味，相信它一定很有價值，這是他人在利用期望來影響我們。

事實呢？我們體驗到的是酒的客觀滋味（如同機器人的品嚐結果），或是在體驗中包含了我們的期望，以及期望滋生的種種心理影響？其實，兩者都是事實。想像有兩瓶相同的酒，但其中一瓶有不同的瓶子外形、顏色、酒標與推薦，我們的期望可能使我們對這兩瓶酒有非常不同的體驗。盲喝（或由機器人品嚐）將會發現，這兩瓶酒嚐起來相同。

然而，我們不像盲目的機器人那樣過活（我們並非完全了解人工智慧和神經科學，也許我們真的像盲目的機器人那樣活著，但畢竟還是人類。）所以，我們不應該低估一項事實：我們的期望可能改善我們的飲酒體驗，這種情形確實發生，是真實的體驗。

被他人操縱或自我操縱，由我們選擇。我們不想不情願或不察地被人操縱，但我們可以選擇被人操縱，或是設計一種機制自我操縱。曾經站在廚房洗碗槽邊吃飯的人都知道（大概人人都有這種經驗吧！），相同的一頓飯菜，在有格調的餐廳餐桌上吃，遠遠更為享受。

• **我們過於側重金錢**。價格只不過是顯示事物價值眾多特性的其中一個，或許是我們能夠容易了解的一項特性，但不是唯一重要的特性。在評估事物的價值時，我們應該考慮使用其他的評估標準，縱使這些標準不易衡量。我們漂流於不確定性的大海之上，別讓他人的價值概念

（亦即價格）成為你抓住的救援。價格只是一個數字，雖然是決策中一個重要的部分，但不是、也不應該代表全部。

- **整體方針**。當我們對一樣東西的價值沒有任何明確概念時，應該做些研究，上網查詢，調查一下，詢問別人。如今，網際網路提供了巨量資訊，我們沒有理由不以知識武裝自己。我們不需要花上一週時間研究一包口香糖的價格，但在前往汽車經銷店之前，應該花幾個小時或至少幾分鐘做點研究。

◉◉ 知識落差愈大，愈需要做購買前研究

在汽車經銷業，銷售員（知道很多）和一般消費者（知道很少），存在著相當大的資訊不對稱性。汽車銷售員經常會利用這種知識落差，尤其傾向利用這種知識落差來占特定類群消費者的便宜。誰呢？女性及少數族群！

所以，有些人更受益於買車前的線上查詢研究。誰呢？女性及少數族群。

汽車經銷業是特別狡猾的商業環境，有很多金錢陷阱和文化偏見。但這裡的留心要領，適用於其他環境與場合：當我們擁有的知識或資訊比較少，而且這種

知識落差可能被用來對我們不利時（所有人在生活中都經常遇到這種情況。）就算只花點工夫做些研究，也能獲益良多。[1]

增加知識與資訊是有益的事，這不僅指購買前的調查研究，也包括了解我們本身、我們的偏見，以及我們在用錢方面常犯的錯誤。

第 15 章
免費忠告

　　記得：免費是有代價的，代價就是「免費」高度吸引我們的注意力。

　　俗話說的好：「天下沒有免費的忠告。」

　　沒錯：這一章花了出版社一整頁的成本。

第 16 章

如何增加自制力

　　探討我們對金錢的思維時，自制是值得特別關注的一個層面。縱使我們得以清除妨礙我們做出理性財務決策的許多內在與外部障礙，欠缺自制力仍然可能在我們抵達終點線之前絆倒我們。我們或許能夠正確研判各種選項的價值，但若我們無法自制，最終還是會做出錯誤的選擇。

　　欠缺自制肇因於我們低估未來（這是因為我們沒有對未來投入情感），以及我們的意志力未能克服當前的誘惑。所以，要如何提高自制力呢？和未來的自己建立情感連結，抗拒當前的誘惑。但這是說得容易，做得難……

回到未來

我們把未來的自己想成另一個人，因此為未來儲蓄，使我們覺得像是把錢交給一個陌生人，而不是交給自己。[1] 因此，解方之一就是和未來的自己建立情感連結。

心理學家海爾・赫斯菲爾德（Hal E. Hershfield）研究種種克服這項缺點的方法，他的發現大致上總結出一個重要概念：使用簡單工具來幫助我們更鮮明、更有連結感、更能夠想像未來的自己。[2] 例如，想像和未來年紀更大的自己交談，或是寫一封信給年老的自己。我們也可以思考自己在65歲、70歲、95歲、100歲時的需求、欲望、最棒的玩具、最難過的遺憾。

和未來的自己交談，有助於改變我們的思維，增加我們抗拒當前誘惑的意志力。我們不需要想像未來的自己和現在的自己進行嘲笑、批評的談話——「唉，真糟糕！年輕時的我不儲蓄，所以現在才會流落街頭，睡在紙箱裡！」我們可以、也應該進行正面、有益的談話。例如，預付一間很好的飯店房間，在辦理入住時，當被告知費用已付清時，我們可以對更年輕時的自己說：「嘿，過去的我，你為我預付了這個豪華房間，你這傢伙真棒！」現在，想像一下這段談話的內容不是預付一間飯店房間，而是在401(k)退休金帳戶裡存了50萬美元。

　　除了和未來的自己交談，我們也應該使用其他機制，幫助我們對年紀更大的自己產生情感。當我們愈能使未來變得生動、明確，就愈能和未來的自己建立情感連結，會更關心未來的自己，更為未來的自己著想。

　　使自己變得更關心未來的方法之一，是改變我們最重要的決策環境之一：人力資源部門。人力資源部門通常是員工做出儲蓄決策的地方，因此這個部門應該布置成像間診所或養老院，或者更好的是，布置成像養老院裡的診所，擺放了用碗盛裝的硬糖果、推圓盤遊戲的推桿、祖母用的馬克杯，還有其他種種提醒人們思考老年與長期的東西。現在，全球有愈來愈多的自雇者，這種方法顯然愈來愈難實行；或許，當我們要做出退休儲蓄方面的決策時，可以考慮把我們的餐桌布置成像人力資源辦公室。

　　一項研究發現，用明確的日期來敘述未來，而非用時間量來敘述時，人們比較不會那麼低估未來。比起告訴你，你將在二十年後退休，不如告訴你，你的退休日期是「2037年 10 月 18 日」，更可能使你開始為退休生活儲蓄，因為明確的日期使未來變得更鮮明、具體、真實、具有關連性。[3]人力資源專業人員和投資理財顧問，倒是可以使用這個簡單、容易的小改變，幫助激發人們多多儲蓄。

　　我們也可以善用科技，和未來的自己建立更直接（但有點悚然）的情感連結：當我們和電腦生成的老年版本的自己

互動時，能夠刺激我們增加儲蓄。[4] 我們對未來的老人產生感情及移情作用，想讓這個人的生活更舒適，不論是利他意識或利己之心使然，結果都相同：我們會覺得應該照顧這個老人——這個「未來的我」。

或許，有人會覺得這聽起來很像科幻片的劇情，但其實這是滿有效的方法。不必想像和年老的自己交談，直接看著電腦生成的年老的自己，和那個未來的自己互動。要是真的能夠「回到未來」，我們大概會問某期樂透的中獎號碼，或是某場美式足球超級盃的比分；不過，就算不能做到這個，看著電腦模擬出來、模樣更清楚的這個年老者，至少會讓我們更傾向為他（她）存更多錢。還有，看著那個未來的自己，也可能使我們想要開始吃得更健康一點、多做一點運動，多多滋潤我們的皮膚。

當然，多數人無法邊填寫退休金計畫表格，邊來趟這種回到未來的虛擬實境之旅。我們要如何推廣、應用這個概念呢？或許，我們的薪資明細或信用卡上，應該附加一張我們年老相貌的模擬照片。或者，為了利用我們對未來的渴望與情感，我們可以模擬年紀更大的自己做種種美好之事、過種種美好生活的情境照片——遠足、度假、假日兒孫成群的團聚照片，以及贏得奧運金牌、發表總統演說、太空梭發射等的照騙。

尤里西斯約定

在財務決策方面，我們可以嘗試種種方法，使現在和未來的自己，表現得更符合自身的長期利益。方法之一便是使用有束縛力的自制約定，或是稱為「尤里西斯約定」（Ulysses Contract）。

你或許還記得希臘神話中尤里西斯和海妖賽蓮（Sirens）的故事？尤里西斯知道，若賽蓮用歌聲誘惑他，他就會隨著她們的聲音而去，船隻將觸礁沉沒，他的船員們將喪命，如同之前的許多船員一樣。尤里西斯無法控制自己，但他想聽賽蓮的歌聲（他聽說她們的最新專輯是《炸彈》），他知道自己將無法抗拒她們的魅惑，因此要求船員把他綁在船的桅杆上，這樣既能聽到賽蓮的歌聲，又不會受到她們的迷惑，隨著欲望跟著她們而去。尤里西斯還要求船員用蠟封住他們自己的耳朵，這樣就聽不到賽蓮的歌聲，或是他央求鬆綁的聲音，可以避免大家航向死亡。這個方法奏效了！他們的船安然通過海妖賽蓮出沒的海域。

「尤里西斯約定」指的是我們為了抗拒未來誘惑而樹立的阻礙，我們不給自己任何選擇，消除自由意志。常見的財務性質尤里西斯約定包括：預先對信用卡設定限制，或是只使用預付的簽帳金融卡，或是取消這些金融卡，只用現金。另一種尤里西斯約定，有一個完全非荷馬風格的名稱：

401(k)。

　　401(k) 尤里西斯約定，是一種不理性、但非常有效的策略。最理性的長期儲蓄方法是，等到每個月的月底，檢視所有帳單和開銷之後，再決定存多少錢。但我們全都知道採行這種策略的結果：永遠不會存錢，就像那個熱中經典摩托車、喜歡在他的男人窩裡享受的羅伯・曼斯菲爾德。該怎麼辦呢？我們可以選擇一種不理性的策略：預先提撥一筆金額儲蓄，儘管我們並不知道每個月將有多少收入或需要多少開銷。至少，我們承認自己欠缺自制力，所以採取行動，幫助自己每個月做出想做的決策。401(k)（及其他類似的機制）固然不是一種理想策略，但勝過什麼都不做。重要的是，這種方法仰賴對我們長期有益的一次性簡單決策，只需要克服誘惑一次，而不是一年得克服誘惑十二次。克服誘惑一次已經是夠難了，要克服十二次，更難。減少誘惑是幫助做出更佳決策的一種好方法，儘管這不是製作真人實境秀的好方法（電視公司沒有採納傑夫提出的《歐佛蘭帕克市節儉嬌妻與理性丈夫》節目企劃書。）

　　另一種聰明方法是，把退休儲蓄提撥設定為自動預設選擇，使我們必須主動選擇退出，才不會被提撥。這種方法不僅可以免去每個月在當前誘惑與未來儲蓄兩者間拉鋸取捨，連必須選擇參加退休儲蓄提撥計畫的一次性決策都免了。

　　若我們自動預設為參加退休儲蓄提撥計畫，慣性及懶惰

傾向將對我們有利，因為我們更可能不去對這項預設選擇做出任何更改，於是從一開始就接受這項選擇，為退休存錢，並且繼續留在這項退休儲蓄計畫中。儘管，從邏輯上來說，關於儲蓄的決策就只是一項關於儲蓄的決策，自動預設為參不參加應該是一樣的，但在自動預設為不參加之後，若要參加，就必須主動辦理，光是這點就足以構成儲蓄的障礙。自動預設參加的概念，違逆了傳統經濟學的思維（傳統經濟學認為，我們應該能夠且總是能夠做出明智、理性的決策），但它與行為科學中曲曲折折的人類行徑一致。

當羅伯還是二十幾歲的受雇員工時，他的公司讓員工自主選擇參加退休儲蓄提撥計畫，他沒有主動選擇參加。若該公司當時推出的是自動預設參加制，羅伯也許不會主動去辦理不參加。預設選擇，再加上人類天生的懶惰與慣性，對他的長期儲蓄造成大不同的結果。

這類自動儲蓄計畫，包括退休儲蓄、大學儲蓄、保健帳戶等，利用了導致自動花費非常普遍的那些心理陷阱（例如花錢之痛、可塑心理帳戶等），使我們蒙益。「自動儲蓄」與「自動花費」，我們當然知道何者是更好的選擇，但若交由我們自行選擇，未必能夠選擇更好的那個。

儲蓄的尤里西斯約定真的管用，學者娜娃・艾許拉夫（Nava Ashraf）、狄恩・卡蘭（Dean Karlan）和衛斯理・尹（Wesley Yin）一項共同研究發現，選擇對銀行帳戶設限，

把錢自動存入儲蓄帳戶的實驗對象，一年內儲蓄增加了
81%。[5]

　　另一項研究則是讓實驗參與者同意，自動把未來加薪的
一部分撥入儲蓄帳戶，目前的收入不受影響，他們未來的薪
資仍然增加，只不過因為部分加薪被自動存入儲蓄帳戶，所
以可支用的所得沒那麼多。這種方法同樣有效，使這些人的
儲蓄增加。這是另一個利用心理陷阱來對付缺乏自制力的好
例子，在這個例子中，利用的心理陷阱是「維持現狀偏見」
（status quo bias），以及不想做出改變的傾向。[6]

　　另一種促進儲蓄、鼓勵我們堅守儲蓄計畫的方法是指定
用途──指定一定金額的錢，給特定帳戶和心理帳戶。當指
定用途是我們主動、刻意的決定時，將對我們的儲蓄有所幫
助（這不同於前文探討的，那些無意識、直覺反應的心理帳
戶會導致問題。）指定用途能夠防止我們把錢花在其他種種
用途上，尤其是那些原本沒有計畫要消費的項目。我們可以
在薪資明細上，明顯標注指定用途，或是把錢撥入區分的銀
行帳戶，或是如同第 5 章探討的預算劃分，把每週的裁量性
經費，放進一張預付簽帳金融卡裡。* 這些做法可以提醒我

---

* 在每週一或每週五把每週的裁量性經費放進一張預付簽帳金融卡裡，
　何者較佳？答案是：週一。為什麼？因為若在週五做這件事，我們在
　週末便會感覺富有，偏偏在週末時更可能恣意消費，不去管下週三、
　四的需求。若在週一做這件事，一整週我們有更既定的開銷，包括上

們自己設下的規定，幫助我們對自己「當責」。

此外，我們可以進一步用情緒來操縱自己，例如運用天性中最棒的工具：罪惡感。學者迪利普・索曼（Dilip Soman）和阿瑪・奇瑪（Amar Cheema）所做的一項研究發現，若在指定用途標記中加入了孩子的名字，人們比較不會挪用或濫用金錢。[7]沒錯，裝錢的信封袋上若寫上孩子的名字，父母比較不會亂花錢，會存下更多錢。多麼古怪、殘忍、直接、有效的法子啊，孩子幫助我們存錢耶！

當然，我們也可以考慮終極版的財務性尤里西斯約定。尤里西斯要船員把他綁在桅杆上，我們可以試試進一步的束縛與懲罰，設立一間以母夜叉為標誌的紀律銀行，由這間銀行接掌我們所有的金錢決策。雇主可以把我們的薪資撥入這間銀行，由銀行直接代繳我們的帳單。銀行每週發給我們一筆生活費，這些錢都有指定用途，不能隨心所欲使用。但銀行經理可以視需要改變規定，若我們透支或違反預設規定，將會遭到懲罰，因為我們不乖。何不乾脆把這個方法和前文介紹的一個點子結合起來？把這家銀行的標誌，設計成一個母夜叉施虐電腦生成的年老版本的我們？想必，這麼一來，可以刺激人們花錢去做某事。

下班通勤和三餐費用等，我們可能會做點規劃，多存點錢供週末揮霍。相同的邏輯與做法，也可以應用在薪資支配上。

　　當然，我們不會想要這麼一家銀行（不管它使用什麼標誌），但若可以不用經常為理財煩惱，我們的生活是否能夠變得更愉快一些？若我們能夠一舉把多數財務決策和責任外包給一套系統，讓那套系統為我們理財，我們的生活是否會更輕鬆一些？雖然這麼一來，我們會失去一些自由，但同時也能免去一些煩惱。本書的兩位作者認為應該可行，但不是很確定。你可以測試一下，把所有的錢交給我們代理，看看結果如何（開玩笑的，不必真的所有的錢啦！）

　　在此必須指出一點，除了理財，尤里西斯約定可能非常有助於生活中幾乎所有領域的誘惑。丹任教的大學部學生告訴他，在考試那週，他們把電腦交給某個朋友，請朋友幫忙更改臉書密碼，這樣在考試結束之前都無法登入，因為密碼不對。丹的一些 MBA 女學生說，當她們不想和某個約會對象深交時，就會穿著很醜的內衣。或許，我們也可以設計一種尤里西斯約定，讓我們在每次受到誘惑時，必須閱讀荷馬的著作《奧德賽》（*Odyssey*），而且是希臘原文版。

好好款待自己一下

　　另一種應付自制力問題的方法是「替代性獎酬」（reward substitution）。前文提過，我們面臨的挑戰之一是，我們對未來獎酬（兩顆棉花糖、一整盒巧克力）的評價，遠低於我們對當前獎酬（一顆棉花糖、半盒巧克力）的評價，儘管當

前獎酬遠遠少於未來獎酬。若我們完全繞過激勵作用較低的
未來獎酬，用另一種當前獎酬來代替呢？會不會使我們展現
出更大的自制力？

丹曾在醫療過程中，有過特別相關的體驗。高中時，一
次意外爆炸事件導致丹全身嚴重燒傷，在醫院長期治療期
間，他感染了 C 型肝炎，後來他被告知，美國食品藥品監
督管理局徵求對象接受一種新的干擾素治療測試，丹加入這
項試驗。這項治療要求丹每週接受三次某種很不舒服的注
射，為期一年半，每次注射後，丹整晚飽受煎熬──顫抖、
發燒、嘔吐……，若能完成這項療程，可以降低他未來三十
年罹患肝硬化的可能性，但他必須忍受一晚的痛苦。這是一
個犧牲現在以換取未來福祉的例子，而且是相當顯然、極端
的例子。

丹堅毅地完成了這項療程，而且後來得知，他是這項臨
床試驗計畫參與者當中唯一完成的。丹之所以能夠完成這項
療程，並非因為他是什麼超人，也不是因為他優於我們其他
人（傑夫在此大喊：「他不是！」），而是因為他了解替代性
獎酬。

每當他必須接受這些注射治療時，就會款待自己租一部
影片。他回到家，自行注射，然後遠在那些痛苦的副作用還
沒發作之前，立刻觀看他滿心期待的影片。他把一件不舒服
的事（注射藥物）和一件享樂的事（看電影）連結起來，雖

然偶爾會挑到難看的浪漫喜劇，令他覺得更難受。在不久的
未來，我們將出版一本書，名為《幫助丹克服噁心徵狀的十
大強片》。

丹沒有嘗試想像未來的自己，建立連結；他沒有聚焦在
獲得一顆健康肝臟的益處，那些未來益處固然重要，但無法
和當時那些痛苦的副作用相比。所以，丹不是讓自己關切未
來福祉的重要性，而是選擇改變當下的環境，為自己提供一
個不那麼重要、但遠遠更立即可做的明顯理由（看電影），
讓自己為了這個理由，在今天做出一些犧牲（注射藥物，承
受副作用的痛苦。）丹不是聚焦在更重要、但不那麼立即呈
現的益處（降低將來罹患肝硬化的可能性），而是聚焦在不
那麼重要、但現在就可以獲得的益處（看電影），這就是替
代性獎酬。

若我們為理性行為提供替代性獎酬，或許可以促使人們
更明智地花錢、更常存錢。美國有些州正在這麼做，把錢存
入儲蓄帳戶的人可以獲得彩券，每一筆存款可以獲得一張彩
券，有小小的機會可以贏得一筆錢。[8] 這類贈送彩券以鼓勵
儲蓄的方案頗有成效，這是另一個替代性獎酬的例子。

還有很多其他方法，可以應付不同情況下的自制力問
題。最起碼，我們必須知道一點：欠缺自制力總是構成一道
阻礙，就連下一章探討的一些很好的財務決策方法，也可能
會因為這道阻礙而失靈。

第 17 章

想一些方法，聯手對抗

　　前文已經討論過一些對抗錯誤用錢心理的方法，我們應該認知到一點：知道應該如何改變行為是一碼事，實際做出改變是另一碼事。知、行是兩件事，尤其是在用錢方面，我們不但得對抗人類的自然傾向，還要對抗積極誘惑我們做出糟糕財務決策的金融環境。在我們生活的世界，外力不斷想要我們的錢、時間和注意力，使我們難以理性思考，採取明智行動。

　　舉例而言，我們都知道，說明房貸的利率，人們很容易判斷哪個房貸方案較佳：利率 4％ 低於利率 4.5％。儘管如此，人們並不會花太多時間去找更便宜的房貸；很多人不了解，就算只是稍微低一點的利率，例如從 3.5％ 降到

3.25％，長期累積起來，將是一大筆節省。

但是，當房貸經紀人在提供的選項中，加入扣減點數（mortgage point）費用時，例如預付一萬美元，可以把利率降低 0.25％時，我們比較選項的能力就完全崩潰了。突然間，計算從一個層面（利率），變成兩個層面（預付款＋利率）。在這變得稍微複雜一點的決策環境中，我們往往犯下更多的錯。

你可能會說：「喔，是啊，複雜的東西很難搞得清楚」，但是房貸經紀人深知，當選項涉及了許多層面時，我們難以計算價值，於是突然間，房貸就有了愈來愈多的選擇。這些美其名是「為消費者提供更多選擇」的方案，提供我們做出明智決策的機會……，但當然，更多的資訊與選擇，意味的是我們更容易犯更多錯。這套制度不是為了幫助我們而設立的，是要加劇我們的財務失策。

為了改善財務決策，我們不僅得對抗本身的缺失，還得對抗那些意圖加劇和利用這些缺失的制度。這真可謂是一場硬仗，我們的對抗變得更艱辛，不僅個人得調整思維，在用錢方面更明智思考，整個社會也必須設計出更能夠幫助明智思考的制度（若希望周圍的人也能做出更好的用錢決策的話），使我們做出對自己和整個社會有益的選擇，而不是做出對那些利用我們的錯誤思維來自肥的人有利的選擇。

現在就愈了解我們本身的缺失和限制，將來就愈能加以

應付。沒有人能夠預測未來，不論是投資績效、健康狀況、工作，或世界事件、名人總統、會喝酒的機器人。*

不過，我們可以確知的一點是，未來將使我們的用錢決策變得更難。比特幣（Bitcoin）、Apple Pay、視網膜掃描、亞馬遜網站的偏好選項、無人機送貨等，愈來愈多的現代科技系統，設計得讓人更容易買得更多。我們生活的環境不利於做出深思熟慮、理性的決策，有了這些現代工具，我們只會愈來愈難做出符合長期最佳利益的選擇。

資訊時代的誘惑

我們現在已經知道，許多商家為了利益，想方設法吸引我們的時間、荷包及注意力。我們可能認為自己應付得了，畢竟，我們相信自己是明智、理性的人類。所以，我們只需要能夠幫助做出好決策的正確資訊，就能夠立刻做出正確決策，對吧？

吃太多？只要提供卡路里資訊，我們就會節制了。儲蓄不夠？只要開始使用退休儲蓄規劃計算機，我們的儲蓄就會開始增加了。邊開車邊傳簡訊？只要告訴大家這項行為多危險就行了。孩子輟學？醫生為病患進行檢查之前不洗手？只

---

* 感謝連環漫畫《凱文的幻虎世界》（*Calvin and Hobbes*），傑夫曾經幻想他將來能在紐奧良的某家女孩夜總會吹薩克斯風。

要向孩子解釋為何應該繼續上學，告訴醫生為何檢查前應該先洗手，問題就能解決了。

不幸的是，生活沒有那麼簡單。現代人在生活中的多數問題，不是因為欠缺資訊，因此我們一再試圖藉由提供更多資訊來改善行為的努力，往往以失敗收場。

我們正處於歷史上一個有趣的轉折點，科技既能夠帶給我們益處，也能夠對我們造成傷害。目前，大多數的金融科技都對我們有害，因為都是在誘使我們花更多錢、花得更快，使我們在用錢方面思考得更少，而且更經常抗拒不了眼前的誘惑。若我們只仰賴本能，以及總是便於使用的金融科技，將會任由多不勝數的機制擺布，那些機制影響我們，使我們一再做出抵擋不住短期誘惑的決策。

舉例而言，數位錢包被吹捧為現代消費發展之巔，使我們不再需要攜帶和使用現金，帶給我們高度彈性，為我們節省時間，使我們不再那麼需要聚焦於管錢，而且還能提供資料，幫助我們分析以往的消費。這全部聽起來，就像一個科技至福的烏托邦紀元，排隊的長度將會縮短，簽名更快速，門徑與享樂將會變得更容易、更快速、更無摩擦，支付的種種麻煩將被消除；我們將邁入一個新的、後貨幣的財經極樂紀元。

且慢，可別那麼快下結論。更可能的情境是，這些現代金融工具將導致我們的消費行為惡化，我們可能會花得太

多、太容易、太輕率、太快、太常。這樣的未來面貌，對收帳者或破產律師來說看起來是光明的，但對我們大多數的人而言，光明來自錢包燒光錢所發出的熊熊火焰。

所幸，我們可以不讓這種情況發生。已經有愈來愈多人認知到，那些意圖讓我們花錢花得「更便利」的科技，未必對我們真正有利。人們已經開始思考，不僅要調整自己的用錢行為，也要改變金融環境、金融工具，以及金融預設選項。

我們可以藉由設計出幫助我們、而非引誘我們的系統、環境與技術，擴增我們的知識。我們可以利用那些原本對我們有害的行為與技術，讓它們變成對我們有利。我們可以把一切顛倒過來，利用我們的思維怪癖，使自己獲益。

要如何改變金融環境？如何建立相反於 Apple Pay 和 Android Pay 的系統？亦即，要如何幫助自己更清楚思考花費，不再使用那些支付系統草率花錢？要如何不再只是做「消費之後」的事，例如建立一套會計系統登錄開銷，而是打造一套在我們「做出財務決策之前」就能提供協助的制度？我們應該重新思考，真實的我們無論時間、注意力和認知能力都有限，針對有種種思維怪癖的我們，有益的支付工具應該是什麼模樣？從了解我們能夠做好什麼、不能做好什麼出發，就可以設計出真正有益的用錢與存錢機制。

本書揭露人類心理與行為的許多缺點，也提供一些方法反過來利用這些缺點，使我們獲益。我們希望這些小訣竅能

夠啟發大家採取下一步，發展出對我們都有幫助的工具。

手機也可以是強大的理財工具

我們來看看行動應用程式的世界。十年前還聞所未聞的行動應用程式，如今已是尋常工具。這些工具旨在娛樂、教育、迷住我們，若行動應用程式能夠幫助我們的身心健康，何不用來幫助我們做到財務健全？

為了衡量機會成本，我們何不開發一款行動應用程式，幫助我們隨時隨地執行種種的計算與比較？這款行動應用程式可以讓比較自動化：想要買這雙 100 美元的鞋？滴滴滴，行動應用程式啟動了！這 100 美元可以讓你和愛人一起看場電影、吃吃爆米花，在看完電影之後，你們還可以去喝點美酒。你想要這雙鞋子，還是和愛人來場完美的約會？

為了管理心理帳戶的好／壞層面，何不開發一款行動應用程式，建立分類預算，並設定上限。當某一類的開銷接近預算上限時，就發出警告，提醒我們？

為了對付有害的損失趨避傾向，也許可以開發一款行動應用程式，在計算選項的期望價值時，不理會我們認為該選項目前是有利得或虧損。想要賣房子嗎？也許這款應用程式能為你訂定適當價格，修正你對房子的主觀情感所產生的不當評估。

這些都只是一些小點子而已，我們想要強調的是：隨身

攜帶的手機，不僅可以導致我們分心、受到誘惑，也可以是幫助我們做出更佳即時決策的強大工具。加州矽谷的每一間咖啡店，都有一些待業的程式設計師，等著幫忙開發出更多有益的行動應用程式。

◐◑ 過猶不及

愈來愈多的研究顯示，過多資訊可能會妨礙行為的改變。[1] 現在，坊間都有監測睡眠、心率、卡路里、運動、步數、階梯數、呼吸等的行動應用程式，更別提有無數監測我們的消費、網路使用及其他行為的應用程式。我們生活在個人量化的時代，可以立刻得知自己正在做的事情的數量，還有已經做了多少、應該做多少。能夠獲得資訊固然很好，但過多資訊其實會降低我們的樂趣，即便我們從事的是一些有益的活動，例如運動、睡眠、減肥、儲蓄等。伴隨著資料增加，我們必須花工夫去衡量、追蹤及思考這些資料，這可能會使活動本身，從「生活型態」變成了「工作」，導致我們從事這些有益活動的興致降低。所以，縱使資料能夠幫助我們了解自己應該做什麼，但過多資料會打擊我們利用資料以採取行動的意願。

任何事物都是一樣的，無論是葡萄酒、冰淇淋、科

技、打盹，適度才是王道──沒錯，就連葡萄酒和冰淇淋也應該適量（我們其實不想加上最後這句，但我們的律師和醫師堅持。）

一枚金幣的效用

電子錢包使我們比較感受不到花錢之痛，可能會因此增加消費，但我們可以設法提高自己的花錢覺察度，以提高花錢之痛，減少消費、增加儲蓄。

我們不是很常想到存錢這件事，當我們終於想到要存錢時，這樣的想法卻很少引領我們付出實際行動來增加儲蓄。為了了解電子錢包的設計對人類消費行為的影響程度，丹和同事在肯亞對一個行動支付系統的數千名顧客，進行了一項大規模的實驗。實驗參與者被分成很多組，A 組每週會收到兩則簡訊：一則是在每週的一開始收到，提醒他們要儲蓄；另一則是在一週結束時收到，報告他們這一週的儲蓄金額，以及存款總額。B 組的人收到的簡訊內容稍有不同，簡訊被架構成像是發自這些參與者的孩子，呼籲父母為「我們的未來」進行儲蓄。

另外四組是被誘使儲蓄組，亦即提供「財務誘因」以鼓勵儲蓄。C 組的人若該週儲蓄金額達到 100 先令，可在該週最後一天獲得 10％的獎金；D 組的人若該週儲蓄金額達到

100 先令，可在該週最後一天獲得 20％的獎金。E、F 組的人若該週儲蓄金額達到 100 先令，分別可得 10％及 20％的獎金，但與 C、D 組不同的是，E、F 這兩組加入了「損失趨避」因子：研究人員在每週一開始，先把 10 先令或 20 先令存入這些人的帳戶，並告訴這些人，若他們該週儲蓄未達 100 先令，這些預存獎金將被領走。（就財務上而言，在每週最後一天獲得獎金，其實等同於贏得並留下每週一開始預先撥入的獎金，但 E、F 組的參與者若當週儲蓄未達 100 先令，將體驗到失去原本已經撥入帳戶的錢的損失之痛，為了避免損失，他們增加儲蓄。）

最後一組參與者（G），也收到那些相同的簡訊，外加在實驗一開始時收到一枚金幣，上頭浮刻了 1-24 的數字（金幣一面刻 1-12，另一面刻 13-24），分別代表這項為期二十四週的實驗的當週號碼。他們被告知，把金幣放在家中明顯可見的地方，若他們在該週進行儲蓄，就用一把刀在金幣上代表該週的數字上刮個記號。[2]

A 組是所謂的對照組（只收到一般的提醒簡訊），B 到 G 組是處置組（獲得激勵或誘因）。猜猜看，為期六個月的實驗結束時，表現最佳的是……（擊鼓……）金幣組。雖然其他每個處置組的儲蓄都稍有增加，但金幣組的儲蓄是那些只收到簡訊的人的兩倍。你可能會猜，勝出者會是獲得 20％獎金者（D 組及 F 組），或是每週開始預先獲得 20％獎

金的人（F組）；事實上，多數人預測，這是激勵人們儲蓄最有效的方法，但實驗結果顯示，這種預測錯了！

簡單的一枚金幣，怎麼會促成如此顯著不同的行為呢？別忘了，所有實驗參與者都收到提醒儲蓄的簡訊，研究人員檢視這些人在每週各天的儲蓄金額時發現，他們在收到提醒簡訊當天，金幣並未產生明顯效益，金幣影響最大的是在簡訊以外的那些天數中。擺在家中明顯之處的這枚金幣，改變了人們在一天當中對自己所做之事的思考，使儲蓄行動變得顯著。當他們在家裡走動時，不時會瞥見這枚金幣。他們有時會去觸摸、談論它，察覺到它的存在。金幣的實質存在，使他們在日常生活中，想起儲蓄這件事，進而採取行動。雖然不至於到無時無刻不看著、想著，但是不時看到、想到，已經足夠促使他們採取行動，產生大不相同的成效。

這是一個很好的例子，說明我們對金錢的思維、我們身為人類本身的缺點，都可以被用來設計出有效的方法。照理說，最能引起我們反應的，應該是「金錢最大化」的方法（在此例，就是20％的獎金，免費的錢），但實際不然。影響我們最大的，是左右我們的記憶力、注意力和思考的東西（在此例，就是金幣。）別悲嘆這是財務人格違常現象，值得高興的是，我們可以在許多生活領域中，設計出類似這種金幣作用的機制，幫助刺激儲蓄。

展現儲蓄的價值

儲蓄的實體象徵，對人們產生更顯著的提醒作用。我們可以把這個基本概念，延伸、應用到更大的社區或群體，試著改變社會的價值觀，溫和地施壓人們減少消費、增加儲蓄。

我們經常觀察同儕和鄰居怎麼做，看他們的房子、車子、度假，藉此來判斷適當的消費水準，這些都是我們看得到的東西。反觀，他人的儲蓄，則是我們無法明確看到的東西。如果我們不去打探，或是不雇用俄羅斯的年輕駭客，我們無法得知同事撥存了多少錢到 401(k) 帳戶，通常只能看到他們花多少錢買新衣、裝修廚房、買新車。由於我們看得到、知道他們的這些消費，便會感受到「消費水準必須向瓊斯那家人看齊」的社會壓力，但我們看不到他們的儲蓄，所以就不會感受到「儲蓄水準必須向瓊斯那家人看齊」的社會壓力。

來看看其他地區的文化。在非洲一些地方，人們的儲蓄方式是購買更多頭羊。若日子過得還算不錯，財產中會有更多羊，大家都知道某人有多少頭羊。在某些地方，人們的儲蓄方式是購買磚塊，把磚塊堆在屋外，直到有足夠的磚塊可以增建一間房，大家都看得到每一戶有多少磚塊。

但是，在我們的現代數位文化中，儲蓄就大不相同了。當我們把錢存到一個大學儲蓄帳戶或 401(k) 退休帳戶裡時，

我們不會獲得鑼鼓喧天的誇耀，或是更耀眼的聖誕節燈飾。當我們買了一份禮物給孩子時，他們看得到禮物，可能向我們致謝；但是，當我們把這筆錢存到他們的 529 大學儲蓄計畫帳戶裡時，他們看不到。

　　如何讓這類「看不到的東西」變得清楚可見呢？這麼做，並非只是為了讓我們的良好行為受到激賞，也可以在親友和社區內啟動關於儲蓄的談話，使我們為了將來犧牲當前的享受時，可以得到別人的支持，而不是自己默默、祕密在做這些事。

　　當我們在投票箱行使公民的權利義務時，我們獲得一張「我投票了！」的貼紙。當民主在近年間來到伊拉克及阿富汗之類的國家時，那裡的人民驕傲地舉著沾了紫色油墨的手指，象徵他們參與了民主。我們是否也可以為儲蓄義務設計出類似的東西，展示我們為自己和孩子開設了哪些種類的儲蓄帳戶？

　　當我們把超過 15％的所得儲蓄起來時，可不可以獲得表彰的貼紙，或是小獎盃、大雕像，或在我們的衣領或房子上，加上鮮紅色的金錢（$）標誌？在房子外頭豎立那種巨大的溫度計，標記每一個儲蓄里程碑？好啦！那是俗不可耐的做法，但若是我們真的這麼做，無疑全都會存下更多錢。在這種做法被我們的社會／文化接受之前，或許我們可以先從別的做起，例如頌揚自己終於繳完房貸或車貸？與其為你

的女兒舉辦「甜心的 16 歲生日宴會」，不如舉辦「甜心！我現在負擔得起送我 16 歲的女兒上大學」宴會？

或許，這些點子聽起來不切實際，但我們想要凸顯的，是有助於促進儲蓄的原理：把看不見的儲蓄，變得明顯可見。至少，有件事人人都可以做到：從鼓勵儲蓄的對話開始，鼓勵大家談論明智的儲蓄率是多少。這樣，我們將不再只是比誰的車子更大、更豪華，有時也會比較誰的儲蓄率更高。

◖◗ 瞧瞧我多棒！

展現明智的決策和利他抉擇，好處不僅限於財務領域，在其他生活領域，頌揚良好的行為也有益處。

以全球暖化為例，除了資源回收、偶爾對新聞台咆哮個幾聲，很少人經常性地為了地球的未來福祉，做出個人犧牲。若我們使用替代性獎酬來展現這麼做的價值呢？基本上，這指的是，我們能否使人們基於錯誤理由做正確的事？嗯，可以，而且我們確實這麼做。

以豐田普銳斯（Prius）和特斯拉為例，這些車款讓駕駛可以向其他人傳達，我們是寬宏、關愛地球、更好的人。他們可以微笑地看著自己，心想：「我是一個優良人類。」他們向世界展示購買這台環保車的決

定，他們相信，其他人會看著他們和車子說：「你開這麼棒的環保車，一定是個很棒的人！」對抗全球暖化的直接報酬，也許並非人人都有，若是添加了這些自負，或許就能激發更多人關心如何使海平面上升速度減緩個一、兩天。

我相信孩子有美好的未來

　　研究顯示，若父母為孩子開設大學儲蓄帳戶，孩子在人生中的表現更好。另一項同等重要的研究發現是，為窮人提供一些資產，他們大多會開始儲蓄，未來的財務境況將會有所改善。這些正面效果的背後機制，包括了敝帚自珍效應、損失趨避、心理帳戶，以及定錨效應。美國有些州現在正結合這兩項研究發現，端出一些方案。

　　育兒帳戶（child development accounts, CDAs）是針對培育子女而設立的儲蓄或投資帳戶，這類方案為新手父母提供：一個自動的大學儲蓄帳戶、初始存款 500 美元或 1,000 美元、政府相對提撥、帳戶明細、定期提供有關大學的資訊、提醒為孩子的大學教育存錢。

　　這類方案何以有效？原因同於前述實驗金幣有效刺激儲蓄的道理。育兒帳戶除了幫助家庭存錢，也運用我們的心理，提醒父母及孩子，上大學是人生中可以企及的事、甚至

是預期中的事，但必須為了這項目標存錢。帳戶明細讓家庭知道資產的成長情況，至於知道自己有能力和工具上大學的那些孩子，將對此懷抱著更大的希望，更專注、更未來導向地朝往這些目標邁進。這些父母及孩子，比較可能圍繞著「上大學」這個概念，發展出期望和認同。[3]

育兒帳戶是另一個為了促進儲蓄及儲蓄心態，刻意設計出來的金融環境的例子。這類方案提醒人們儲蓄，提供所有權感，藉由凸顯長期目標的重要性，幫助人們克服不願犧牲當前消費的心理。這一切使得用錢心理，稍微變得偏向對我們有利。

把錢存到其他帳戶，欺騙自己一下

大多數人的生活型態是：有固定所得（薪水、福利等），有一些固定支出（房子、交通、保險等），其餘則是所謂的裁量性經費。我們可以自在使用部分的裁量性經費，但也應該避免動用到其中一些，再重新歸類為儲蓄、延後消費或應急備用金。

我們可以在劃分裁量性經費的用途上下工夫，例如分為「任意花用類」、「禁止任意挪用類」等，採取對自己有利的做法。通常，我們會視活期存款帳戶的餘額來決定裁量性經費與支出，當餘額較少或是我們覺得餘額較少時，就會限制自己的消費行為；當我們覺得餘額較多時，就會消費得更多。

　　有幾種方法可以利用這種存款餘額規則，幫助自己增加儲蓄，例如，從帳戶多轉一點錢到儲蓄帳戶，或是刻意把餘額降到很低，使我們認為自己變窮了，因而限縮消費。當然，我們也可以請雇主，直接把我們的部分薪資所得存到別的帳戶，使我們「忘記」這些儲蓄。在這類方法之下，我們仍會根據存款餘額來決定應該花用多少，但會減少一、兩次的外食，以及對自己的小獎勵，因此總支出將會減少。

　　基本上，把部分的錢「藏」起來，我們就能減少支出。沒錯，雖然如果停下來想一想，我們會知道把錢藏到哪裡去。但是，我們可以利用這項人類本身的缺點：「認知惰性」（cognitive laziness）。我們不常思考其他帳戶裡有多少錢，若這些帳戶的錢是直接轉入的，但不是我們轉入的，我們對這些帳戶的思考就會更少。所以，像這樣「欺騙自己」，是一種容易又有效的策略。這不是永久性的欺騙，但可以幫助我們減少不理性的消費。

投幣式用電，忘記你的投資

　　還有很多花招，可以幫助我們儲蓄。例如，在英國，一些人選擇在想要啟動居家暖氣時投幣到電表裡，這是利用花錢之痛的心理力量來降低電費。不同於一般在抄表員抄表後，由電力公司寄發帳單於一定時間內支付的模式，這些英國人採用自行投幣用電模式，經常為了居家更暖和一點，在

心理上感受花錢之痛；這麼一來，他們可以決定是否不開暖氣，加穿一件毛衣就好。

這些都是精打細算的人。接下來，來看看那些錢多到可以忘記一部分的人……。富達投資（Fidelity Investments）的專家發現，投資組合報酬最佳的投資人，是那些完全忘了自己有投資資產的人。[4] 也就是說，在進行投資之後，就把投資組合放到一邊，不再嘗試交易或管理，不落入從眾、過度重視金錢、損失趨避、高估自己擁有物的價值等傾向的陷阱；不被期望所害的那些投資人，最終獲得的投資報酬率最高。做出明智投資選擇後就擺在一邊，不再理會，使得他們減少犯下金錢方面的錯誤。我們也可以這麼做，我們可以夢想自己有一個大型的投資帳戶被我們遺忘了……。

在此也要指出一點，一些成功的投資人把他們的投資資產晾在一旁，是因為他們過世了。這顯示，「裝死」不只是避免被熊攻擊的好方法，也是很好的投資策略（這個中或許可以得出關於「熊市」的啟示，但本書已近尾聲，就不談這個了。）

財富錯覺

我們對於「喔！這杯咖啡每天花 4 美元」和「喔！這咖啡一年花 1,460 美元」兩者有不同的反應；我們以怎樣的時間架構（小時、週、月或年）來敘述一筆支出，將大大影響

我們對消費的價值看法，以及我們的消費決策智慧。

在一項實驗中，研究人員給實驗對象 7 萬美元薪資，對第一組人的敘述方式是：「時薪 35 美元」，對第二組人的敘述方式是：「年薪 7 萬美元」，結果第一組的儲蓄少於第二組。當我們以年薪來陳述薪資水準時，我們會傾向採取更長期的觀點，這使得我們為退休生活存更多錢。在美國，多數低所得工作採用支付時薪的模式，這往往導致人們不為長期儲蓄的問題更加惡化。

總額 10 萬美元的退休金，看起來大於每個月 500 美元的長期累積總額，這種現象名為「財富錯覺」（illusion of wealth）。[5] 財富錯覺是一種思維缺陷，但我們可以利用它設計出有助於促進儲蓄的制度。在退休儲蓄方面，以月為單位來敘述退休所得，將使我們覺得退休儲蓄低於我們所需，讓我們心想：應該要增加儲蓄金額。同理，在 401(k) 明細單上，把預期退休時的預測每月退休所得擺在其他資訊之前，可以凸顯我們需要的儲蓄仍然很高。有些退休儲蓄計畫，已經採取這些做法，成效很不錯。[6]

更了解我們對數字的這種思維怪癖之後，我們可以思考如何利用來增進自己的長期福祉，改變我們的儲蓄行為及選擇。使用正確的時間結構是這其中的一項重要因素，為了說服人們從薪資撥出更多錢進行儲蓄，我們應該以年為單位來架構他們的所得；為了說服人們相信未來需要更多儲蓄，我

們應該以月為單位來架構他們的開銷。前文提到的母夜叉標誌，或許也有所幫助。

除了這類架構數字的方法，還有其他的實用方法，可以處理我們的年所得，提高我們的幸福感，減少不當的支出決策。當我們有固定所得，例如每月收入 5,000 美元時，我們往往會增加生活開銷，以符合這 5,000 美元所得水準的消費範圍。若在此之外，我們給自己一筆獎金呢？我們會如何使用這筆錢？

丹曾經請他的學生想像自己為他工作，可以選擇每個月加薪 1,000 美元，或是在年底獲得一筆 12,000 美元的獎金。幾乎所有人都同意，每個月加薪 1,000 美元才是更理性的選擇，因為可以更早獲得這筆錢。所有人都說，每個月加薪，或年底獲得一整筆獎金，使用方式將會有所不同。若每個月獲得這筆錢，算是經常性所得流量的一部分，他們會把這筆錢用於平常事務上，例如支付帳單及每月開銷。但是，若是在年底獲得一筆總額，這筆錢將不會來自薪資的心理帳戶，所以他們會感覺更自在、慷慨地用於享樂購買，不是只用來支付帳單。或許，這 12,000 美元不會就這麼全部被花掉，但至少會有一部分被更無拘束地花用。

所以，讓你選擇每月薪資 6,000 美元，或每月薪資 5,000 美元，外加年底獎金 12,000 美元，生活品質有何不同？選擇前者的人，大概會有稍微好一點的車子、公寓、三餐，生

活品質提高一點，但無法為自己做什麼特別的事。選擇月薪
5,000 美元外加年底獎金 12,000 美元的人，將可以把獎金拿
來做一點特別的事，例如購買一台摩托車、好好地度個假，
或是開設一個儲蓄帳戶。

聽起來，這似乎和前文所說的總額與儲蓄相抵觸，其實
不然：1）前文談的是儲蓄，這裡談的是消費；2）我們是人
類；3）沒有人會責備一貫的人類行為。

說到儲蓄，人們經常使用「先支付給自己」（"pay
yourself first"）這句話。的確，我們應該這麼做：每個月領
到薪水時，先撥出一筆錢給未來的自己，亦即儲蓄／投資。
但如果有相當穩定的收入，一個可以帶來更大樂趣的方法
是：先把這筆固定收入的一部分移走，把開銷調整到較低的
消費水準，再把移走的一部分當成一筆獎金。這樣，我們就
可以把這筆獎金的一部分，用在我們非常喜歡的事物上。沒
錯，我們應該先支付給未來的自己，但我們也可以移走一點
點現在的自己。

第 18 章

停下來，想一想

　　前面幾章提供了一些例子，說明如何設計金融環境，把我們常見的心理缺點，轉化成對自身財務有利的工具。

　　我們可以從全球各地所做的實驗與行動中汲取無數的這類例子，核心概念都是：財務心理學及行為經濟學揭露了人類的思維怪癖，這些思維怪癖被有心者加以利用而牟利，但我們也可以利用這些思維怪癖來改善錯誤思維導致的結果。現在已經出現一些這樣的行動，但以現實世界的情況來看，這方面顯然仍然需要遠遠更多的努力。

　　若我們能夠設計出更多這類機制，改善我們的金融環境，減輕用錢心理錯誤造成的影響，削弱導致我們迷途的外力，自然很好。

但事實是，我們的敵人不只是那些外力，那些外力也不是我們的最大敵人，我們的最大敵人是我們自己。若我們本身一開始不做出糟糕的價值判斷，就不會被剝削利用到現今這個程度。我們必須了解與接受本身的錯誤和缺點，別相信你所有的思維，也別再頑固認為自己很明智，以為自己不會上這些花招的當，或是以為這些花招只在別人身上管用。

智者有自知之明，愚者毫不懷疑地打開荷包。

我們總是對不切要的價值線索做出反應，只要認知到這點，就有機會學習、成長，改善財務境況——並且有更多錢去慶祝這種成長（但願能夠稍微延後這慶祝。）

傑出漫畫家山姆・葛羅斯（Sam Gross）曾經畫過一幅漫畫，內容是兩個男人站在一幅巨大看板前，看板上寫著：「停下來，想一想。」（Stop and Think.）其中一個男人側過臉對另一個男人說：「這確實讓人停下來，想一想。對吧？」

在我們的財務旅程中，我們需要這樣的路標干擾我們，把我們從財務夢遊中喚醒。而且，我們需要這種路標經常出現，提供我們片刻、暫停、多一點的摩擦，把我們帶出自動消費的狀態，使我們更覺察於當下的體驗與感受，幫助我們思考自己正在做的事。

若我們坐在沙發上，手裡捧著一大包爆米花或餅乾，比較常見的情況是會一直吃下去，直到某個時刻驚覺這樣不對。如果有同量的爆米花或餅乾，但是分裝成四小袋，每次

吃完一袋，要換一袋新的時，我們會暫停一下。小小的暫停
動作，讓我們有個機會省思，決定自己是否要繼續吃。結
果，分成多袋裝提供的暫停，使我們吃的零食量少於捧著一
大袋時吃的零食量。

將這種傾向推及財務領域，若把一段時期可用的所有
錢，都裝在一只大信封袋裡，我們往往會花掉所有的錢，就
像坐在沙發上一股腦兒吃完一大袋零食一樣。如果把總額相
同的錢，分裝在多個不同的信封袋裡，當每一袋的錢花完
時，我們的支出便會消停一下。要是在這些信封袋上，寫上
孩子的名字，更容易阻止我們不停地花錢。[1]

暫停讓我們有機會思考自己正在做的事，創造了一個決
策點。我們會在這個決策點上評估（不論是多麼微小的評
估），重新考慮自己的下一步。本書討論了我們在財務生活
中面臨的許多決策，我們通常都不會暫停一下，思考這些決
策，甚至往往沒有察覺到自己面臨、做出了這些決策。我們
在不知不覺間做出許多財務決策，也在當中的許多決策中，
收到無數不當的價值線索及暗示，並且一再地對這類不當的
價值線索及暗示做出反應。如果我們能夠多加留意，或許時
而就會停下來想一想，因此做出更好的決策。

生活中充滿各種決策，大決策、小決策、重複性決策。
遇到購屋、結婚，或選擇就讀哪所大學之類的重大決策，我
們當然得停下來想一想，盡量多加思考價值和支出。大多數

的人都會這麼做,雖然做得不夠,但至少會做到一定程度。

小決策——例如在市集上揮霍一番,或是在週年慶晚餐上多點了一道菜,通常不值得花費時間和心力去擔心價值線索。在這類小決策中思考價值線索固然是好事,但是每個小決策都這麼做的話,我們肯定會瘋掉。

至於重複性決策,基本上就是我們在生活中一再做出的小決策,屬於習慣,例如買咖啡、購物、外出用餐,或是每週為心愛的人買花。個別而言,每一筆購買是小額消費,但如果做出大量的小額消費,累加起來就會產生大的影響。我們或許不該每次都對每一筆重複性購買思考再三,但可以偶爾停下來想一下,例如在學期結束時,或一季結束時,或讀完一本書時。(關於買花給心愛的人,我們只是開玩笑的啦!花錢向另一半示愛哪有足夠的?)

當然,這不是說,應該從每個層面質疑每一項財務決策,就算我們真的能夠做到,這也是經濟上理性,但心理負擔太大了,實非明智之舉。此外,沒有人想變得畏畏縮縮、小氣巴拉,總是擔心害怕自己的決策。所以,別事事質疑,應該享受生命,但應該質疑那些最可能導致長期傷害的金錢決策。

我們應該不時思考:一筆購買實際上能夠帶給我們多少享樂、多少價值?想想看,這筆錢還可以花在什麼地方上?為何我們會做出這項選擇?如果我們能夠察覺並了解自己在

做什麼，以及為何在做這件事，必定能夠漸漸改善消費決策的能力。

金錢是一個抽象、困難的概念，難以處理、難以思考，但我們在用錢方面所犯的錯誤並非無可救藥，只要足夠了解誘因、工具，以及我們本身的心理，就能夠善用一些小方法來做出反擊。若我們願意花更多時間深入探索人的心理，或許能夠改善我們的行為、我們的生活，擺脫財務困惑和壓力。

金錢重要但愚蠢，我們也是一樣

傑夫曾經收費為一位角逐五年級學生會某項重要職務的競選人撰寫競選演說（她後來當選了，否則傑夫不會在此分享這個故事。）在這份工作中，他大部分的時間用來吹捧此人的父母——成功的避險基金經理人——是好人，儘管他其實認為，他們的財富以及他們和金錢的關係，已經扭曲了他們的價值觀，也扭曲了他們和孩子的關係。為何傑夫要對他們撒謊，接下這份工作呢？當然是為了錢（雖然傑夫很想說是「為了故事」，但其實主要是「為了錢」。）

金錢使人做瘋狂的事，那些後來破產的樂透得主和職業運動員，讓我們學到一項啟示：縱使有很多錢，也不會讓思考金錢的事變得更容易，有時正好相反。

那麼，我們該怎麼做呢？可以試著放棄現代經濟，設法找出不使用金錢（貨幣）的方法。我們可以去一個編織竹籃

的社區生活，或是建立一個不使用金錢、完全以物易物的社群，用一個阿爾巴尼亞進口的三趾 blork 交換一餐。但是，這麼一來，我們就沒有當代戲劇、藝術、旅行和美酒可以享受了。金錢讓我們發展出龐大、錯綜複雜、了不起的現代社會，讓我們的生活值得過，金錢值得賺。

所以，就設法與金錢和平共存吧！有愈來愈多的億萬富豪捐出財富，因為他們認知到給予的價值和極度富有的負作用。有愈來愈多的文獻，探討如何從消費中獲得更大的樂趣、意義和滿足感；我們的友人麥克・諾頓和伊麗莎白・鄧恩的合著《快樂錢》（*Happy Money*）便是這個領域的先驅。或許，你剛好也有一些好點子，請大方分享、好好發展，探索它們的可能性。讓我們繼續思考錢事，思考如何找到與這個棘手、但重要的發明和諧共存的方法。

我們也應該開始和朋友討論錢。當然，要討論如何用錢、存多少錢、花多少錢，以及我們在錢事上犯的許多錯誤並不容易，但我們應該幫助彼此處理錢事，幫助彼此應付有關金錢的複雜決策。

金錢並不是人生中唯一重要的東西，但對所有人來說都很重要。我們花超多時間思考錢，但是經常錯誤思考。

我們可以繼續讓訂價者、銷售人員、商家，利用我們的心理、行為、傾向及愚蠢。我們可以等待社會或政府推出方案，保護我們免於受到自身愚蠢所害。或者，我們可以變得

更加覺察、了解本身的限制，設計出一些專屬於自己的方法加以修正偏誤，管控我們的財務決策，使我們珍貴、有限但無價的生命，天天變得更富有。

要怎麼做，一切取決於我們。最後，請共同舉起盛了美酒的寒酸馬克杯，祝頌更美好的明天。乾杯！

丹與傑夫

謝辭

丹與傑夫在此衷心感謝錢：感謝你如此複雜，感謝你如此難以思考，感謝你讓金融世界變得超級複雜。

也要感謝下列諸位：信用卡、房貸、隱藏費用、行動銀行、賭場、車商、理財顧問、亞馬遜網站、房地產出售物件登記冊、契約小字、蘋果與橘子。沒有諸位，我們的生活將遠遠更單純；但那麼一來，就不需要這本書了。

感謝本書引用過的研究人員、教授及作者們的傑出研究和文獻，沒有這些，本書將充滿純粹的推測。

感謝 Elaine Grant、Matt Trower、Ingrid Paulin，沒有他們的優異才能，本書將夾雜一堆的胡說八道。

沒有 Jim Levine 的愛與支持，以及 Matt Harper 的洞察力與熱情，我們兩個無法寫就此書，所有內容將只是硬碟裡的一個毀損檔案。

傑夫也在此感謝他的父母，一個不知感恩的孩子只會這麼做；此外，他要感謝他的手足在不知感恩的領域當開路先鋒；感謝他的太太安妮的耐心、鼓舞與愛；感謝他的孩子史考特與莎拉展現這世上最棒的笑聲；感謝丹在北卡羅來納州的一家餐廳，用他的以色列腔（儘管在美國住了幾十年了，還是有鄉音）詢問傑夫：「也許，我們應該合寫一本有關金錢的書？」

丹也愛他的家人，但選擇把細節留給讀者自行想像。

注釋

前言　不只跟錢有關

1. Kathleen D. Vohs (University of Minnesota), Nicole L. Mead (Florida State University), and Miranda R. Goode (University of British Columbia), "The Psychological Consequences of Money," *Science* 314, no. 5802 (2006): 1154–1156.

2. Institute for Divorce Financial Analysts, "Survey: Certified Divorce Financial Analyst® (CDFA®) Professionals Reveal the Leading Causes of Divorce," 2013, https://www.institutedfa.com/Leading-Causes-Divorce/.

3. Dennis Thompson, "The Biggest Cause of Stress in America Today," CBS News, 2015, http://www.cbsnews.com/news/the-biggest-cause-of-stress-in-america-today/.

4. Anandi Mani (University of Warwick), Sendhil Mullainathan (Harvard), Eldar Shafir (Princeton), and Jiaying Zhao (University of British Columbia), "Poverty Impedes Cognitive Function," *Science* 341, no. 6149 (2013): 976–980.

5. Paul K. Piff (UC Berkeley), Daniel M. Stancato (Berkeley), Stéphane Côté (Rotman School of Management), Rodolfo Mendoza-Denton (Berkeley), and Dacher Keltner

(Berkeley), "Higher Social Class Predicts Increased Unethical Behavior," *Proceedings of the National Academy of Sciences* 109 (2012).

6. Maryam Kouchaki (Harvard), Kristin Smith-Crowe (University of Utah), Arthur P. Brief (University of Utah), and Carlos Sousa (University of Utah), "Seeing Green: Mere Exposure to Money Triggers a Business Decision Frame and Unethical Outcomes," *Organizational Behavior and Human Decision Processes* 121, no. 1 (2013): 53–61.

第 2 章 當機會找上門

1. Shane Frederick (Yale), Nathan Novemsky (Yale), Jing Wang (Singapore Management University), Ravi Dhar (Yale), and Stephen Nowlis (Arizona State University), "Opportunity Cost Neglect," *Journal of Consumer Research* 36, no. 4 (2009): 553–561.

第 3 章 價值主張

1. Adam Gopnik, Talk of Town, "Art and Money," *New Yorker*, June 1, 2015.

2. Jose Paglieri, "How an Artist Can Steal and Sell Your Instagram Photos," CNN, May 28, 2015, http://money.cnn.

com/2015/05/28/technology/do-i-own-my-instagram-photos/.

第4章　凡事都是相對的

1. Brad Tuttle, "JC Penney Reintroduces Fake Prices (and Lots of Coupons Too, Of Course)," *Time*, May 2, 2013, http://business.time.com/2013/05/02/jc-penney-reintroduces-fake-prices-and-lots-of-coupons-too-of-course/.

2. Brian Wansink, *Mindless Eating: Why We Eat More Than We Think* (New York: Bantam, 2010).

3. Aylin Aydinli (Vrije Universiteit, Amsterdam), Marco Bertini (Escola Superior d'Administració i Direcció d'Empreses [ESADE]), and Anja Lambrecht (London Business School), "Price Promotion for Emotional Impact," *Journal of Marketing* 78, no. 4 (2014).

第5章　這裡分一點，那裡分一點

1. Gary Belsky and Thomas Gilovich, *Why Smart People Make Big Money Mistakes and How to Correct Them: Lessons from the New Science of Behavioral Economics* (New York: Simon & Schuster, 2000).

2. Jonathan Levav (Columbia) and A. Peter McGraw (University of Colorado), "Emotional Accounting: How Feelings About Money Influence Consumer Choice," *Journal of Marketing Research* 46, no. 1 (2009): 66–80.

3. 同上注。

4. Amar Cheema (Washington University, St. Louis) and Dilip Soman (University of Toronto), "Malleable Mental Accounting: The Effect of Flexibility on the Justification of Attractive Spending and Consumption Decisions," *Journal of Consumer Psychology* 16, no. 1 (2006): 33–44.

5. 同上注。

6. Eldar Shafir (Princeton) and Richard H. Thaler (University of Chicago), "Invest Now, Drink Later, Spend Never: On the Mental Accounting of Delayed Consumption," *Journal of Economic Psychology* 27, no. 5 (2006): 694–712.

第6章 我們會逃避痛苦

1. Donald A. Redelmeier (University of Toronto), Joel Katz (University of Toronto), and Daniel Kahneman (Princeton), "Memories of Colonoscopy: A Randomized Trial," *Pain* 104, nos. 1–2 (2003): 187–194.

2. Drazen Prelec (MIT) and George Loewenstein (Carnegie

Mellon University), "The Red and the Black: Mental Accounting of Savings and Debt," *Marketing Science* 17, no. 1 (1998): 4–28.

3. Nina Mazar (University of Toronto), Hilke Plassman (Institut Européen d'Administration des Affaires [INSEAD]), Nicole Robitaille (Queen's University), and Axel Lindner (Hertie Institute for Clinical Brain Research), "Pain of Paying? A Metaphor Gone Literal: Evidence from Neural and Behavioral Science," INSEAD Working Paper No. 2017/06/MKT, 2016.

4. Dan Ariely (MIT) and Jose Silva (Haas School of Business, UC Berkeley), "Payment Method Design: Psychological and Economic Aspects of Payments" (Working Paper 196, 2002).

5. Prelec and Loewenstein, "The Red and the Black."

6. For a review: Dilip Soman (University of Toronto), George Ainslie (Temple University), Shane Frederick (MIT), Xiuping L. (University of Toronto), John Lynch (Duke University), Page Moreau (University of Colorado), George Zauberman (UNC Chapel Hill), et al., "The Psychology of Intertemporal Discounting: Why Are Distant Events Valued Differently from Proximal Ones?" *Marketing Letters* 16,

nos. 3–4 (2005): 347–360.

7.   Elizabeth Dunn (University of British Columbia) and Michael Norton (Harvard Business School), *Happy Money: The Science of Happier Spending* (New York: Simon & Schuster, 2014): 95.

8.   Drazen Prelec (MIT) and Duncan Simester (MIT), "Always Leave Home Without It: A Further Investigation of the Credit-Card Effect on Willingness to Pay," *Marketing Letters* 12, no. 1 (2001): 5–12.

9.   Richard A. Feinberg (Purdue), "Credit Cards as Spending Facilitating Stimuli: A Conditioning Interpretation," *Journal of Consumer Research* 12 (1986): 356–384.

10.   Promotesh Chatterjee (University of Kansas) and Randall L. Rose (University of South Carolina), "Do Payment Mechanisms Change the Way Consumers Perceive Products?" *Journal of Consumer Research* 38, no. 6 (2012): 1129–1139.

11.   Uri Gneezy (UC San Diego), Ernan Haruvy (UT Dallas), and Hadas Yafe (Israel Institute of Technology), "The Inefficiency of Splitting the Bill," *Economic Journal* 114, no. 495 (2004): 265–280.

第 7 章　我們太相信自己

1.　Gregory B. Northcraft (University of Arizona) and Margaret A. Neale (University of Arizona), "Experts, Amateurs, and Real Estate: An Anchoring-and-Adjustment Perspective on Property Pricing Decisions," *Organizational Behavior and Human Decision Processes* 39, no. 1 (1987): 84–97.

2.　Amos Tversky (Hebrew University) and Daniel Kahneman (Hebrew University), "Judgment under Uncertainty: Heuristics and Biases," *Science* 185 (1974): 1124–1131.

3.　Joseph P. Simmons (Yale), Robyn A. LeBoeuf (University of Florida), and Leif D. Nelson, (UC Berkeley), "The Effect of Accuracy Motivation on Anchoring and Adjustment: Do People Adjust from Provided Anchors?" *Journal of Personality and Social Psychology* 99, no. 6 (2010): 917–932.

4.　William Poundstone, *Priceless: The Myth of Fair Value* (and How to Take care Advantage of It) (New York: Hill & Wang, 2006).

5.　Simmons, LeBoeuf, and Nelson, "The Effect of Accuracy Motivation on Anchoring and Adjustment."

6.　Dan Ariely (Duke University), *Predictably Irrational* (New York: HarperCollins, 2008).

第8章　我們會高估自己擁有的東西的價值

1. Daniel Kahneman (Princeton), Jack L. Knetsch (Simon Fraser University), and Richard H. Thaler (University of Chicago), "The Endowment Effect: Evidence of Losses Valued More than Gains," *Handbook of Experimental Economics Results* (2008).

2. Michael I. Norton (Harvard Business School), Daniel Mochon (University of California, San Diego), and Dan Ariely (Duke University), "The IKEA Effect: When Labor Leads to Love," *Journal of Consumer Psychology* 22, no. 3 (2012): 453–460.

3. Ziv Carmon (INSEAD) and Dan Ariely (MIT), "Focusing on the Forgone: How Value Can Appear So Different to Buyers and Sellers," *Journal of Consumer Research* 27, no. 3 (2000): 360–370.

4. Daniel Kahneman (UC Berkeley), Jack L. Knetsch (Simon Fraser University), and Richard Thaler (Cornell), "Experimental Tests of the Endowment Effect and the Coarse Theorem," *Journal of Political Economy* 98 (1990): 1325–1348.

5. James R. Wolf (Illinois State University), Hal R. Arkes (Ohio State University), and Waleed A. Muhanna (Ohio

State University), "The Power of Touch: An Examination of the Effect of Duration of Physical Contact on the Valuation of Objects," *Judgment and Decision Making* 3, no. 6 (2008): 476–482.

6. Daniel Kahneman (University of British Columbia) and Amos Tversky (Stanford), "Prospect Theory: An Analysis of Decision under Risk," *Econometrica: Journal of Econometric Society* 47, no. 2 (1979): 263–291.

7. Belsky and Gilovich, *Why Smart People Make Big Money Mistakes.*

8. Dawn K. Wilson (Vanderbilt), Robert M. Kaplan (UC San Diego), and Lawrence J. Schneiderman (UC San Diego), "Framing of Decisions and Selection of Alternatives in Health Care," *Social Behaviour* 2 (1987): 51–59.

9. Shlomo Benartzi (UCLA) and Richard H. Thaler (University of Chicago), "Risk Aversion or Myopia? Choices in Repeated Gambles and Retirement Investments," *Management Science* 45, no. 3 (1999): 364–381.

10. Belsky and Gilovich, *Why Smart People Make Big Money Mistakes.*

11. Hal R. Arkes (Ohio University) and Catherine Blumer (Ohio University), "The Psychology of Sunk Cost,"

Organizational Behavior and Human Decision Processes
35, no. 1 (1985): 124–140.

第9章　我們關切公平性和費力程度

1.　Alan G. Sanfey (Princeton), James K. Rilling (Princeton), Jessica A. Aronson (Princeton), Leigh E. Nystrom (Princeton), and Jonathan D. Cohen (Princeton), "The Neural Basis of Economic Decision Making in the Ultimatum Game," *Science* 300 (2003): 1755–1758.

2.　Daniel Kahneman (UC Berkeley), Jack L. Knetsch (Simon Fraser University), and Richard H. Thaler (Cornell), "Fairness as a Constraint on Profit Seeking: Entitlements in the Market," *American Economic Review* 76, no. 4 (1986): 728–741.

3.　Annie Lowrey, "Fare Game," *New York Times Magazine,* *Jan.* 10, 2014.

4.　On Amir (UC San Diego), Dan Ariely (Duke), Ziv Carmon (INSEAD), "The Dissociation Between Monetary Assessment and Predicted Utility," *Marketing Science* 27, no. 6 (2008): 1055–1064.

5.　Jan Hoffman, "What Would You Pay for This Meal?" *New York Times*, Aug. 17, 2015.

6. Ryan W. Buell (Harvard Business School) and Michael I. Norton (Harvard Business School), "The Labor Illusion: How Operational Transparency Increases Perceived Value," *Management Science* 57, no. 9 (2011): 1564–1579.

第10章 我們相信語言文字和儀式的神奇力量

1. John T. Gourville (Harvard) and Dilip Soman (University of Colorado, Boulder), "Payment Depreciation: The Behavioral Effects of Temporally Separating Payments From Consumption," *Journal of Consumer Research* 25, no. 2 (1998): 160–174.

2. Nicholas Epley (University of Chicago), Dennis Mak (Harvard), and Lorraine Chen Idson (Harvard Business School), "Bonus or Rebate? The Impact of Income Framing on Spending and Saving," *Journal of Behavioral Decision Making* 19, no. 3 (2006): 213–227.

3. John Lanchester, *How to Speak Money: What the Money People Say—and What It Really Means* (New York: Norton, 2014).

4. Kathleen D. Vohs (University of Minnesota), Yajin Wang (University of Minnesota), Francesca Gino (Harvard Business School), and Michael I. Norton (Harvard Business

School), "Rituals Enhance Consumption," *Psychological Science* 24, no. 9 (2013): 1714–1721.

第 11 章　我們過度重視期望

1. Elizabeth Dunn (University of British Columbia) and Michael Norton (Harvard Business School), *Happy Money: The Science of Happier Spending* (New York: Simon & Schuster, 2014).

2. Michael I. Norton (MIT) and George R. Goethals, "Spin (and Pitch) Doctors: Campaign Strategies in Televised Political Debates," *Political Behavior* 26 (2004): 227.

3. Margaret Shin (Harvard), Todd Pittinsky (Harvard), and Nalini Ambady (Harvard), "Stereotype Susceptibility Salience and Shifts in Quantitative Performance," *Psychological Science* 10, no. 1 (1999): 80–83.

4. 同上注。

5. Robert Rosenthal (UC Riverside) and Leonore Jacobson (South San Francisco Unified School District), *Pygmalion in the Classroom: Teacher Expectation and Pupils' Intellectual Development* (New York: Holt, Rinehart & Winston, 1968).

6. James C. Makens (Michigan State University), "The Pluses

and Minuses of Branding Agricultural Products," *Journal of Marketing* 28, no. 4 (1964): 10–16.

7. Ralph I. Allison (National Distillers Products Company) and Kenneth P. Uhl (State University of Iowa), "Influence of Beer Brand Identification on Taste Perception," *Journal of Marketing Research* 1 (1964): 36–39.

8. Samuel M. McClure (Princeton), Jian Li (Princeton), Damon Tomlin (Princeton), Kim S. Cypert (Princeton), Latane M. Montague (Princeton), and P. Read Montague (Princeton), "Neural Correlates of Behavioral Preference for Culturally Familiar Drinks," *Neuron* 44 (2004): 379–387.

9. Moti Amar (Onno College), Ziv Carmon (INSEAD), and Dan Ariely (Duke), "See Better If Your Sunglasses Are Labeled Ray-Ban: Branding Can Influence Objective Performance" (working paper).

10. Belsky and Gilovich, *Why Smart People Make Big Money Mistakes*, 137.

11. Baba Shiv (Stanford), Ziv Carmon (INSEAD), and Dan Ariely (MIT), "Placebo Effects of Marketing Actions: Consumers May Get What They Pay For," *Journal of Marketing Research* 42, no. 4 (2005): 383–393.

12. Marco Bertini (London Business School), Elie Ofek (Harvard Business School), and Dan Ariely (Duke), "The Impact of Add-On Features on Consumer Product Evaluations," *Journal of Consumer Research* 36 (2009): 17–28.

13. Jordi Quoidbach (Harvard) and Elizabeth W. Dunn (University of British Columbia), "Give It Up: A Strategy for Combating Hedonic Adaptation," *Social Psychological and Personality Science* 4, no. 5 (2013): 563–568.

14. Leonard Lee (Columbia University), Shane Frederick (MIT), and Dan Ariely (MIT), "Try It, You'll Like It," *Psychological Science* 17, no. 12 (2006): 1054–1058.

第 12 章　我們很容易缺乏自制力

1. Polyana da Costa, "Survey: 36 Percent Not Saving for Retirement," *Bankrate*, 2014, http://www.bankrate.com/finance/consumer-index/survey-36-percent-not-saving-for-retirement.aspx.

2. Nari Rhee (National Institute on Retirement Security) and Ilana Boivie (National Institute on Retirement Security), "The Continuing Retirement Savings Crisis," 2015, http://www.nirsonline.org/storage/nirs/documents/RSC%202015/

final_rsc_2015.pdf

3. Wells Fargo, "Wells Fargo Study Finds Middle Class Americans Teeter on Edge of Retirement Cliff: More than a Third Could Live at or Near Poverty in Retirement," 2012, https://www.wellsfargo.com/about/press/2012/20121023_MiddleClassRetirementSurvey/.

4. Financial Planning Association Research and Practice Institute, "2013 Future of Practice Management Study," 2013, https://www.onefpa.org/business-success/ResearchandPracticeInstitute/Documents/RPI%20Future%20of%20Practice%20Management%20Report%20-%20Dec%202013.pdf.

5. Hal Ersner-Hershfield (Stanford), G. Elliot Wimmer (Stanford), and Brian Knutson (Stanford), "Saving for the Future Self: Neural Measures of Future Self-Continuity Predict Temporal Discounting," *Social Cognitive and Affective Neuroscience* 4, no. 1 (2009): 85–92.

6. Oscar Wilde, *Lady Windermere's Fan* (London, 1893).

7. Dan Ariely (MIT) and George Loewenstein (Carnegie Mellon), "The Heat of the Moment: The Effect of Sexual Arousal on Sexual Decision Making," *Journal of Behavioral Decision Making* 19, no. 2 (2006): 87–98.

8. Bram Van den Bergh (KU Leuven), Sigfried Dewitte (KU Leuven), and Luk Warlop (KU Leuven), "Bikinis Instigate Generalized Impatience in Intertemporal Choice," *Journal of Consumer Research* 35, no. 1 (2008): 85–97.

9. Kyle Carlson (Caltech), Joshua Kim (University of Washington), Annamaria Lusardi (George Washington University School of Business), and Colin F. Camerer, "Bankruptcy Rate, among NFL Players with Short-Lived Income Spikes," *American Economic Review*, American Economic Association, 105, no. 5 (May 2015): 381–84.

10. Pablo S. Torre, "How (and Why) Athletes Go Broke," *Sports Illustrated*, March 23, 2009, http://www.si.com/vault/2009/03/23/105789480/how-and-why-athletesgo-broke.

11. Ilana Polyak, "Sudden Wealth Can Leave You Broke," CNBC, http://www.cnbc.com/2014/10/01/sudden-wealth-can-leave-you-broke.html.

第13章 我們太側重金錢

1. Rebecca Waber (MIT), Baba Shiv (Stanford), Ziv Carmon (INSEAD), and Dan Ariely (MIT), "Commercial Features of Placebo and Therapeutic Efficacy," *JAMA* 299, no. 9

(2008): 1016–1017.

2. Baba Shiv (Stanford), Carmon Ziv (INSEAD), and Dan Ariely (MIT), "Placebo Effects of Marketing Actions: Consumers May Get What They Pay For," *Journal of Marketing Research* 42, no. 4 (2005): 383–393.

3. Felix Salmon, "How Money Can Buy Happiness, Wine Edition," Reuters, October 27, 2013, http://blogs.reuters.com/felix-salmon/2013/10/27/how-money-can-buy-happiness-wine-edition/.

4. Christopher K. Hsee (University of Chicago), George F. Loewenstein (Carnegie Mellon), Sally Blount (University of Chicago), and Max H. Bazerman (Northwestern/Harvard Business School), "Preference Reversals Between Joint and Separate Evaluations of Options: A Review and Theoretical Analysis," *Psychological Bulletin* 125, no. 5 (1999): 576–590.

第14章　用腦袋花錢

1. Florian Zettelmeyer (UC Berkeley), Fiona Scott Morton (Yale), and Jorge Silva-Risso (UC Riverside), "How the Internet Lowers Prices: Evidence from Matched Survey and Auto Transaction Data," *Journal of Marketing Research* 43,

no. 2 (2006): 168–181.

第16章 如何增加自制力

1. Christopher J. Bryan (Stanford) and Hal E. Hershfield (New York University), "You Owe It to Yourself: Boosting Retirement Saving with a Responsibility-Based Appeal," *Journal of Experimental Psychology* 141, no. 3 (2012): 429–432.

2. Hal E. Hershfield (New York University), "Future Self-Continuity: How Conceptions of the Future Self Transform Intertemporal Choice," *Annals of the New York Academy of Sciences* 1235, no. 1 (2011): 30–43.

3. Daniel Read (University of Durham), Shane Frederick (MIT), Burcu Orsel (Goldman Sachs), and Juwaria Rahman (Office for National Statistics), "Four Score and Seven Years from Now: The Date/Delay Effect in Temporal Discounting," *Management Science* 51, no. 9 (2005): 1326–1335.

4. Hal E. Hershfield (New York University), Daniel G. Goldstein (London Business School), William F. Sharpe (Stanford), Jesse Fox (Ohio State University), Leo Yeykelis (Stanford), Laura L. Carstensen (Stanford), and Jeremy N.

Bailenson (Stanford), "Increasing Saving Behavior Through Age-Progressed Renderings of the Future Self," *Journal of Marketing Research* 48 (2011): S23–S37.

5. Nava Ashraf (Harvard Business School), Dean Karlan (Yale), and Wesley Yin (University of Chicago), "Female Empowerment: Impact of a Commitment Savings Product in the Philippines," *World Development* 38, no. 3 (2010): 333–344.

6. Dilip Soman (Rotman School of Management) and Maggie W. Liu (Tsinghua University), "Debiasing or Rebiasing? Moderating the Illusion of Delayed Incentives," *Journal of Economic Psychology* 32, no. 3 (2011): 307–316.

7. Dilip Soman (Rotman School of Management) and Amar Cheema (University of Virginia), "Earmarking and Partitioning: Increasing Saving by Low-Income Households," *Journal of Marketing Research* 48 (2011): S14–S22.

8. Autumn Cafiero Giusti, "Strike It Rich (or Not) with a Prize-Linked Savings Account," *Bankrate*, 2015, http://www.bankrate.com/finance/savings/prize-linked-savings-account.aspx.

第17章 想一些方法，聯手對抗

1. Jordan Etkin (Duke University), "The Hidden Cost of Personal Quantification," *Journal of Consumer Research* 42, no. 6 (2016): 967–984.

2. Merve Akbaş (Duke), Dan Ariely (Duke), David A. Robalino (World Bank), and Michael Weber (World Bank), "How to Help the Poor to Save a Bit: Evidence from a Field Experiment in Kenya" (IZA Discussion Paper No. 10024, 2016).

3. Sondra G. Beverly (George Warren Brown School of Social Work), Margaret M. Clancy (George Warren Brown School of Social Work), and Michael Sherraden (George Warren Brown School of Social Work), "Universal Accounts at Birth: Results from SEED for Oklahoma Kids" (CSD Research Summary No. 16–07), Center for Social Development, Washington University, St. Louis, 2016.

4. Myles Udland, "Fidelity Reviewed Which Investors Did Best and What They Found Was Hilarious," *Business Insider*, September 2, 2004, http://www.businessinsider.com/forgetful-investors-performed-best-2014-9.

5. Daniel G. Goldstein (Microsoft Research), Hal E. Hershfield (UCLA), and Shlomo Benartzi (UCLA), "The

Illusion of Wealth and Its Reversal," *Journal of Marketing Research* 53, no. 5 (2016): 804–813.

6. 同上注。

第18章 停下來，想一想

Soman and Cheema, "Earmarking and Partitioning," S14–S22.

財經企管 BCB642

金錢心理學
Dollars and Sense:
How We Misthink Money and How to Spend Smarter

作者 — 丹·艾瑞利 Dan Ariely
　　　傑夫·克萊斯勒 Jeff Kreisler
譯者 — 李芳齡

總編輯 — 吳佩穎
責任編輯 — 邱慧菁
特約編輯 — 吳依亭
封面設計 — FE 設計 葉馥儀

出版者 — 遠見天下文化出版股份有限公司
創辦人 — 高希均、王力行
遠見·天下文化 事業群榮譽董事長 — 高希均
遠見·天下文化 事業群董事長 — 王力行
天下文化社長 — 王力行
天下文化總經理—鄧瑋羚
國際事務開發部兼版權中心總監 — 潘欣
法律顧問 — 理律法律事務所陳長文律師
著作權顧問 — 魏啟翔律師
社址 — 臺北市 104 松江路 93 巷 1 號
讀者服務專線 — 02-2662-0012 ｜傳真 — 02-2662-0007；02-2662-0009
電子郵件信箱 — cwpc@cwgv.com.tw
直接郵撥帳號 — 1326703-6 號　遠見天下文化出版股份有限公司

電腦排版 — FE 設計
製版廠 — 中原造像股份有限公司
印刷廠 — 中原造像股份有限公司
裝訂廠 — 中原造像股份有限公司
登記證 — 局版台業字第 2517 號
總經銷 — 大和書報圖書股份有限公司｜電話 — 02-8990-2588
出版日期 — 2018 年 4 月 26 日第一版第一次印行
　　　　　 2024 年 4 月 22 日第一版第三十五次印行

國家圖書館出版品預行編目（CIP）資料

金錢心理學／丹·艾瑞利（Dan Ariely），傑夫·
克萊斯勒（Jeff Kreisler）著；李芳齡譯 . -- 第一版 .
-- 臺北市：遠見天下文化 , 2018.04
352 面；14.8X21 公分 . -- (財經企管；BCB642)

譯自：Dollars and sense : how we misthink money
and how to spend smarte

ISBN 978-986-479-417-1(平裝)

1. 金錢心理學 2. 個人理財

563.014　　　　　　　　　　 107005562

定價 — 450 元
ISBN — 978-986-479-417-1
書號 — BCB642
天下文化官網 — bookzone.cwgv.com.tw
本書如有缺頁、破損、裝訂錯誤，請寄回本公司調換。
本書僅代表作者言論，不代表本社立場。